「平均的日本人」がわかる138

グループSKIT 編著

PHP文庫

○本表紙図柄＝ロゼッタ・ストーン（大英博物館蔵）
○本表紙デザイン＋紋章＝上田晃郷

はじめに

「平均」に対するリテラシーを磨こう

世には「納得の平均値」もあれば「驚きの平均値」もある

日本人は、何かと周囲を気にする意識が強い。

「オレの収入、ひょっとして、みんなと比べて少な過ぎないか？」

「私の体型、ひょっとして、みんなと比べて太めじゃないかしら？」

「自分と同じ年齢で、ほかの人はどれぐらい昇進してるんだろう？」

何しろ日本人は横並びが好きだ、周囲から外れた存在になるのは誰だって怖い。

こういったことが気になるのは、無理もないことだろう。こうした疑問に答えるデータとして、よく引き合いに出されるのが、様々な「平均値」だ。

政府の統計機関、新聞、市場リサーチ機関などによって、平均寿命、平均株価、平均収入ほか、多くの「平均」データが公開されている。世の中の様々な「平均値」

を見ていくと、たとえば、モテ期が来る年齢の平均、トイレットペーパーの使用量の平均、東京ディズニーランドの人気アトラクションの待ち時間の平均といった、よくもこんな平均値を調べたな、というものも少なくない。

本書はこのような、日本の様々な「平均」を集めた。なかには、「〇〇の平均はこれぐらい」と、多くの人が思っているようなイメージとは大きく異なる数字もあれば、おおむね予想通りと感じるような数字もあるだろう。

また、ひとくちに平均と言っても、対象者の年齢層、性別、地域、時期など、データを取る条件によって数字が変わることは少なくない。

一例を挙げれば、じつは日本の中学生の体重は都市部と地方では2キログラム前後も異なる。それでは、都市部と地方のどちらが重いのか？　またその理由はなぜか？　これは実際に該当する項目のページを読んでいただきたい。

現代日本での平均値だけを見れば「へえ」で済んでしまうところだが、過去との比較、海外との比較によって、意外な事実が見えて来る場合もある。また一例を挙げれば、戦後の日本では食生活の変化によって体格の平均が向上しているにも関わらず、じつは新生児の平均体重は微減を続けているのだ。

さて、こうした「平均」を見ていくうえで重要なのは、「平均＝大多数の数値」

ではないということだ。冒頭に触れたように、平均年収と自分の年収を比較して一喜一憂する人間は少なくないだろう。しかし、実際の収入金額は、職種や勤務地、勤続年数などによって大きなばらつきがある。

仮に、10人の収入の平均値が500万円だったとしても、9割の人間が500万円近い金額を得ているというわけではなく、実際には9人が300万円だが、1人が2000万円で全体の平均を押し上げている、ということも充分あり得る。したがって、冷静に考えれば、平均収入と自分の収入額をそのまま比較するのは、あまり意味がない行為と言えるかもしれないのだ。

はたまた、統計の取り方によっては「平均」から見えなくなってしまうデータもある。仮に、貯蓄額の平均が1000万円となっていても、それはあくまで貯蓄がある人の平均額であって、じつはそもそも貯蓄額がゼロの人の方が多数であったとしても、それは平均に含まれないことになってしまう。

このように、平均から知ることのできる事実、平均から考えられることは少なくない。本書を通じて「平均」に対するリテラシーが磨かれれば幸いだ。

「平均的日本人」がわかる138　目次

第1章　ニホンのお金

第2章 ニホンの年齢

第3章 ニホンの数

第4章 ニホンのサイズ

第5章 ニホンの時間

第1章 ニホンのお金

年収1000万以上は3%！給与の平均は415万円

◉給与額の分布図

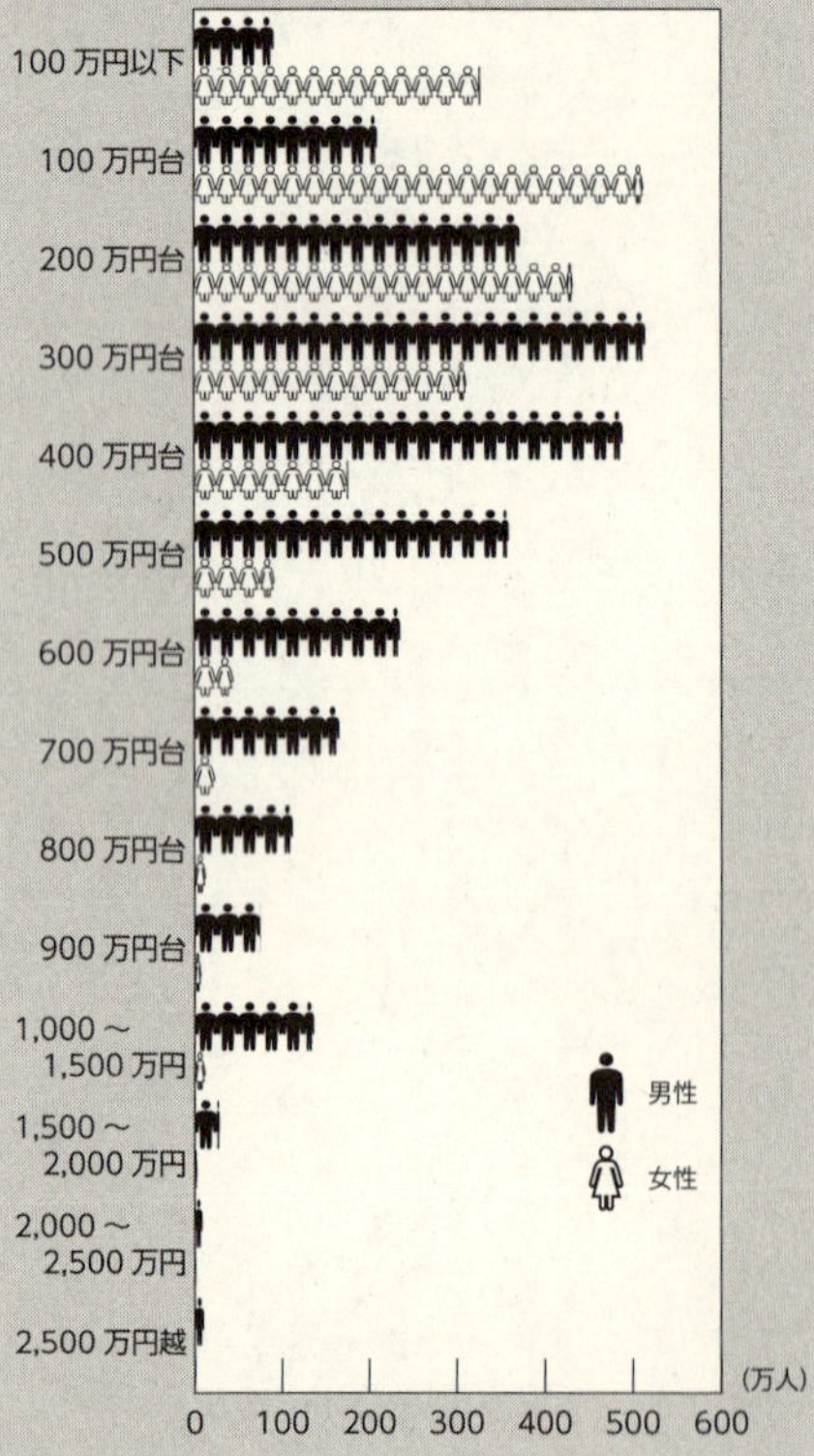

【出典】国税庁『平成26年分 民間給与実態統計調査』

20代と50代では収入差は2倍以上！

国税庁の発表によれば2014年の日本の給与の平均額は415万円だという。当然ながら、ほとんどの人間がこの金額、というわけではない。

内実を見ると、性別、年齢などで金額のばらつきはきわめて大きい。調査対象の給与所得者は総数4756万人だが、その20％以上を200万円以下が占める。とりわけ、女性だけで約17％だ。一方で1000万円以上の人間は約4％ほどだが、なかには2500万円以上という人もいて、全体の平均を押し上げている。年齢別で見れば、20～24歳の男性は平均265万円だ。一方、55～59歳の男性では632万円で、これと同年代の女性が270万円と2倍以上の差がある。以上は「給与所得者」が対象なので、自営業やフリーランス、国家公務員、地方公務員、日雇い派遣の労働者などは含まない。そこで、1年間に生産された富の平均額である1人当たりGDPをみると3万8054ドル（約457万円）だ。一見、給与額の平均と大差ない額だが、子どもや老人や主婦を除いた「就業者数」は総人口のおよそ2分の1である。そこで単純に金額を2倍すれば914万円！　どうやら、サラリーマン以外の人間は、相当に稼いでいるようである。

もっと評価して欲しい？ 自分が納得する平均年収は649万円

●自分に適正な年収・年俸額（有識者） 対象者：15〜69歳

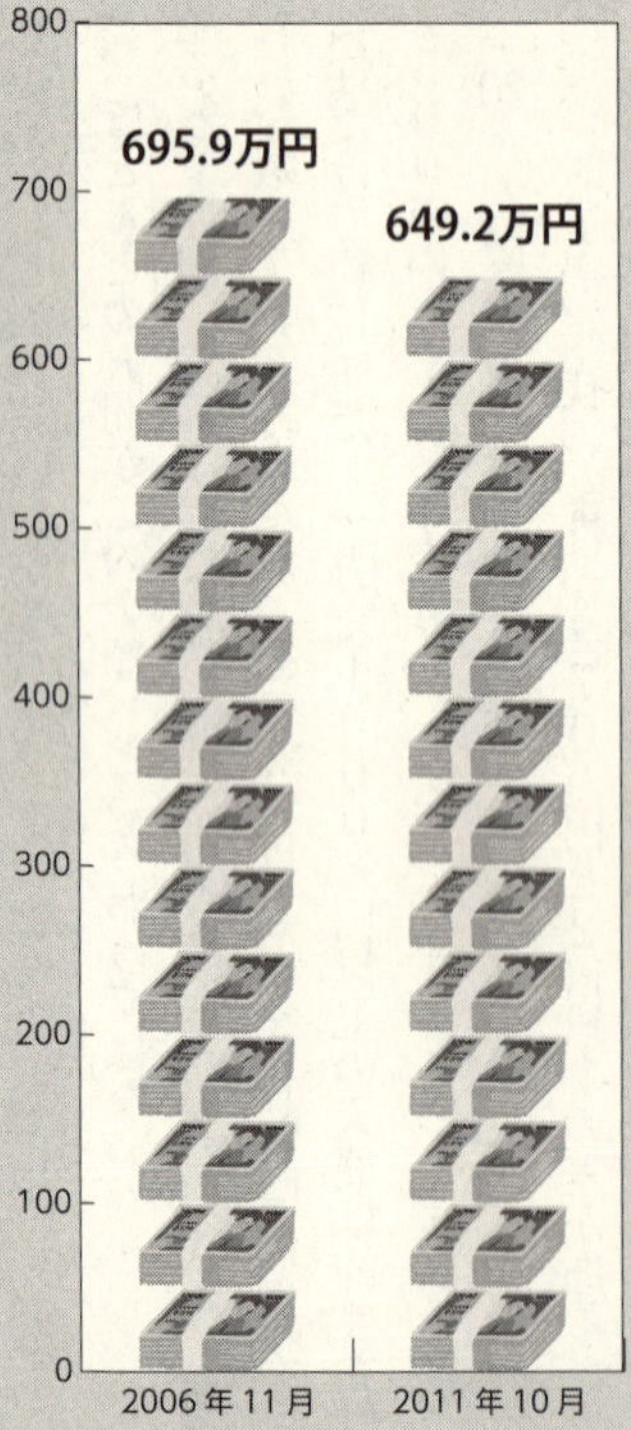

【出典】「ADK日本人の平均調査」2011
https://www.adk.jp/wp/wp-content/uploads/news/20110123_1.pdf

理想と現実のギャップは200万円以上

日本人の平均年収が415万円であることは、別の項目（16ページ）で触れた通りだ。では本当は、いくらぐらい欲しいと思っているのだろうか？

自分に適正だと思われる年収に関して、2011年に広告代理店が約1万人の男女に意識調査をしたところ、平均649万円という結果が出た。多くの人は、それぐらい自分はもらってもいいはずだと考えているのである。

現実に手にすることのできる年収と自己評価のギャップは、200万円以上。つまり、大半の人は、「自分はもっと評価されていい」と思い、現状に不満を覚えているということになる。これでは、仕事の愚痴が多くなるのも当然だろう。

ただ、先行きの見えない日本経済のせいか、全体的には高望みはあまりしなくなっているようだ。2006年に行なわれた同じ意識調査では、自分に適正だと思われる年収は平均696万円であった。5年間で50万円近くも自己評価を下げているのだ。最新の調査ならば、もっと下がっているかもしれない。

とはいえ、人間はなかなか「自分はもらい過ぎている」などとは思えないものだから、理想と現実のギャップが埋まることはこれからもないだろう。

全然平等ではない！　女性の平均賃金は19万8511円で男性の55％！

◉男女における年齢別平均年収

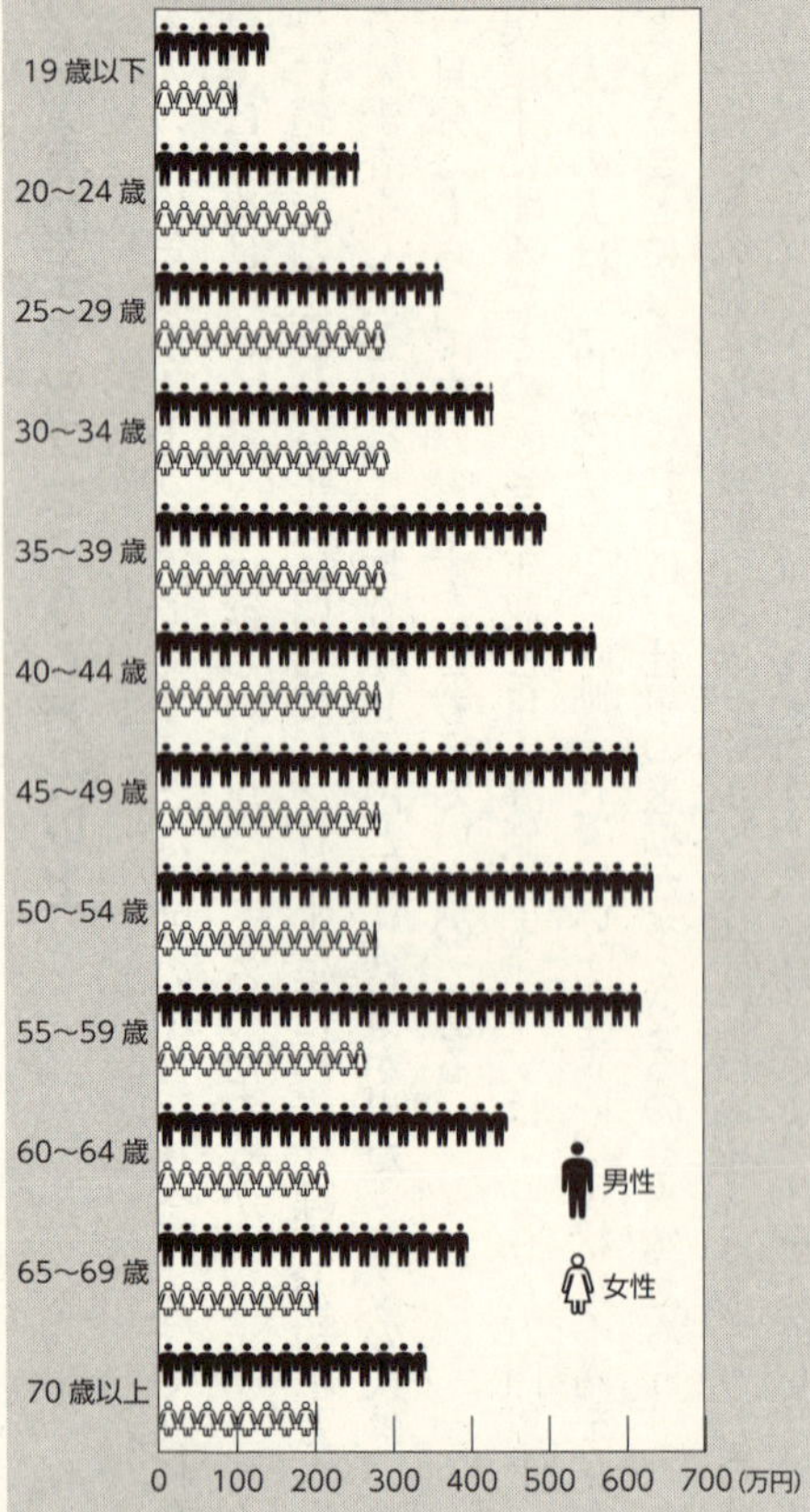

【出典】国税庁『平成26年分 民間給与実態調査』

戦後の60年間で10％しか縮まってない男女差

「同一労働同一賃金」が唱えられて久しいが、平均賃金は男女での差が大きい。2014年には従業員30人以上の職場での男性の平均賃金は35万9874円となっているが、女性はその約55％で19万8511円にとどまる。

どれだけ働いているのかをみると、男性の労働時間が1カ月に平均162・5時間に対して、女性は130・7時間となる。確かに女性のほうが短いが、割合としては男性の約80％だから、賃金差の理由は労働時間だけに還元できない。

男女での賃金格差の原因には、管理職の女性が少ない、女性は結婚や妊娠のため平均勤続年数が延びないので昇給しにくい、住宅手当などが世帯主と見なされる男性にしか支給されない、仕事内容が同じでも男性は正社員で女性はパートや派遣社員というケースが多い……などなどの点が指摘されている。

ちなみに、60年前の1955年には男性の平均賃金が1万8277円に対し、女性はその約45％の8229円だった。肉体労働が中心だった当時なら、働く能力にはっきり男女差があっても仕方なかったろう。しかし、すっかり第三次産業中心になったはずの現代でも10％しか男女差が縮まっていないわけだ。

上は6億。下は440万。プロ野球選手の平均年俸は3712万円

◉2016年シーズンの年俸調査トップ

■ポジション別

投手の平均年俸	355名	3,775万
捕手の平均年俸	83名	2,460万
内野手の平均年俸	159名	4,171万
外野手の平均年俸	128名	3,778万

■年齢階層別

23歳以下	187名	1,194万
24〜29歳	314名	2,718万
30〜35歳	175名	6,659万
36歳以上	49名	9,166万

■年俸階層別

	人数	全体比
500万未満	44名	6.1%
500万〜1,000万未満	224名	30.9%
1,000万〜2,000万未満	176名	24.3%
2,000万〜3,000万未満	84名	11.6%
3,000万〜5,000万未満	66名	9.1%
5,000万〜7,000万未満	31名	4.3%
7,000万〜1億円未満	36名	5.0%
1億円以上	64名	8.8%

【出典】日本プロ野球選手会　http://jpbpa.net/research/

夢の1億円超えプレイヤーは1割未満

一昔前のように国民全員の関心事ではなくなったものの、日本のプロ野球はまだ人気スポーツである。そのため、契約更新の時期になると毎年のように選手の高額年俸が話題となる。

2016年度の日本プロ野球の支配下選手725人の平均年俸は3712万円。チーム別で見ると、トップがソフトバンクの6960万円、最下位がDeNAの2440万円となっている。

日本人選手の年俸トップ3は、広島の黒田博樹の6億円、オリックスの金子千尋の5億円、西武の中村剛也の4億1000万円だ。ちなみに、個人の年俸は公表されないので、この数値は推定のものだが、かなり正確だとされている。

高額年俸トップ3はもとより、平均年俸を見ても、普通のサラリーマンからすれば夢のような金額と言えるだろう。もっとも、年俸1億円以上の選手は全体の1割にも満たず、規約によって保障されている支配下選手の最低年俸は440万円。さらに、育成枠の選手の最低年俸は240万円となっている。来年の雇用の保証がいっさいないことを考えれば、けっして甘くない世界だ。

そんなに稼いでいない？ Jリーガーの平均年俸は2017万円

◉2016シーズンJリーガー年俸トップ5

1位	遠藤　保仁	1億6000万円	36歳	MF	ガンバ大阪
2位	中村　俊輔	1億3000万円	38歳	MF	横浜F・マリノス
3位	中澤　佑二	1億2500万円	38歳	DF	横浜F・マリノス
4位	レアンドロ	1億2000万円	31歳	FW	ヴィッセル神戸
5位	中村　憲剛	1億円	35歳	MF	川崎フロンターレ
5位	ピーター ウタカ	1億円	32歳	FW	サンフレッチェ広島
5位	大久保　嘉人	1億円	34歳	FW	川崎フロンターレ
5位	今野　泰幸	1億円	33歳	DF	ガンバ大阪

【出典】http://www.nenshuu.net/shoku/any/j_league.php

海外名門チームに移籍しないと稼げないサッカー

プロ野球と並んで人気のスポーツであるサッカー。CMなどでの露出を見ると、いまやプロ野球選手よりもサッカー選手のほうが知名度は高いかもしれない。では、彼らはいったいいくらぐらいもらっているのだろうか。

2016年シーズンのJ1リーグの平均年俸は、2017万円となっている。日本人選手の年俸トップ3は、ガンバ大阪の遠藤保仁の1億6000万円、横浜F・マリノスの中村俊輔の1億3000万円、中澤佑二の1億2500万円だ。

プロ野球の平均年俸3712万円と比べたとき、J1リーグの平均年俸は半分程度しかなく、1億円超えプレイヤーもリーグ全体で9人しかいないことを考えると、サッカーは野球よりも稼ぐのが難しいスポーツと言える。これがJ2リーグになるとさらに悲惨で、平均年俸は400万円前後、200万円以下の選手もざらにいる。多くのJリーガーは、一般サラリーマンよりも低い給料で頑張っているのだ。

もっとも、海外の名門チームに移籍すれば話は別だ。ACミランの本田圭佑は約10億円、ドルトムントの香川真司は約9億円とされている。

十両になれるかで違ってくる。力士の平均年収は2350万円

◉力士の階級別年収

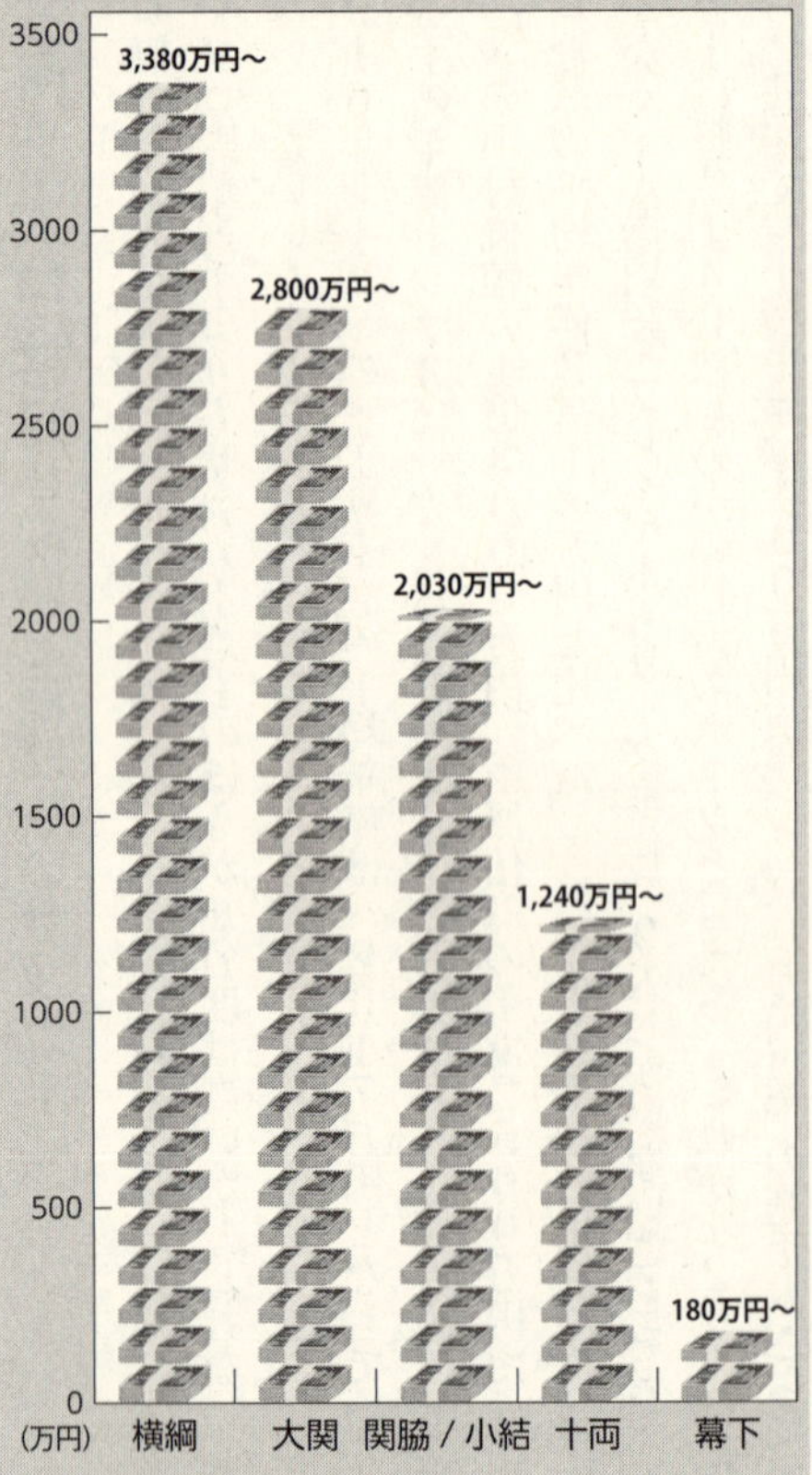

【出典】http://heikinnenshu.jp/sports/sumo.html

臨時収入や副収入が魅力的な相撲界

日本の国技とも言うべき相撲。不祥事の続いた一時期に比べ、相撲人気もだいぶ回復してきているが、力士たちはいったいいくらぐらい稼いでいるのだろうか。

力士全体の平均年収は、2350万円だとされている。もちろん、番付によってかなり違い、横綱で平均3300万円程度、十両だと1200万円程度となっている。ちなみに、給与が出るのは十両以上なので、十両になれるかどうかが天国と地獄の分かれ目だ。とはいえ、力士は基本的に部屋住みのため、その気になれば衣食住にいっさいお金をかけずに済むので生活には困らない。

最高位である横綱の平均年収が3000万円強と聞くと、安いように思うかもしれない。だが、力士には副収入や臨時収入が数多くある。たとえば、幕内優勝をすると、1千万円の優勝賞金が出る。また、人気力士となれば、取り組みに懸賞金がたくさんつく。懸賞金は1本6万円で、そのうち半分が力士の懐に入る。これらを合わせると、横綱になれば実際には1億円以上稼げるという。

さらに、有力なタニマチがつけば億単位のご祝儀をぽんともらえることもあるというから、夢のある仕事と言えるだろう。土俵には本当に金が埋まっているのだ。

1世帯当たりの平均貯蓄額「1805万円」のカラクリ

◉2人以上の世帯の貯蓄額

貯蓄額	世帯割合
100万円未満	11.1%
100万円以上200万円未満	5.7%
200万円以上300万円未満	5.6%
300万円以上400万円未満	5.1%
400万円以上500万円未満	4.4%
500万円以上600万円未満	4.6%
600万円以上700万円未満	3.9%
700万円以上800万円未満	3.5%
800万円以上900万円未満	3.1%
900万円以上1000万円未満	2.8%
1000万円以上1200万円未満	5.8%
1200万円以上1400万円未満	4.8%
1400万円以上1600万円未満	4.2%
1600万円以上1800万円未満	3.4%
1800万円以上2000万円未満	2.9%
2000万円以上2500万円未満	6.1%
2500万円以上3000万円未満	4.7%
3000万円以上4000万円未満	6.2%
4000万円以上	12.1%

【出典】総務省統計局「家計調査報告（貯蓄・負債編）平成27年（2015年）」
http://www.stat.go.jp/data/sav/sokuhou/nen/index.htm

平均を押し上げているのは一部の金持ち老人

総務省統計局が発表している2015年の「家計調査報告」では、2人以上の世帯での平均貯蓄額は、1805万円だという。自分の貯金額と比較して、この数字に「ウソだろ?」と思う人間は少なくないはずだ。

まず、当然ながら、この数字の母数にそもそも貯蓄ゼロの世帯は含まれない。あくまで「貯蓄がある世帯」の平均だ。しかも、全体の3分の2を超える68%の世帯は平均値を下回っているので、中央値は1054万円となる。とはいえ、この数字でも実感に乏しいと感じる人は充分にいるだろう。

実際、100万円ごとの区分でいえば「100万円未満」が突出して多く、全体の約11%を占める。さらに、400万円以下が27・5%で4分の1以上だ。ところが、一方では「4000万円以上」という世帯が約12%を占めている。要するに、一部の極端なお金持ちが全体の平均を押し上げているのだ。

また、世帯主の年齢層別に見ると「40歳未満」の平均額は608万円と全体の3分の1程度だが、「70歳以上」は2389万円と平均額を上回っている。まさに、若い人にはお金がないという世相をみごとに反映した結果なのだ。

夫のほうが1万円以上多い。夫婦のお小遣いの真実

◉家計管理者の推移

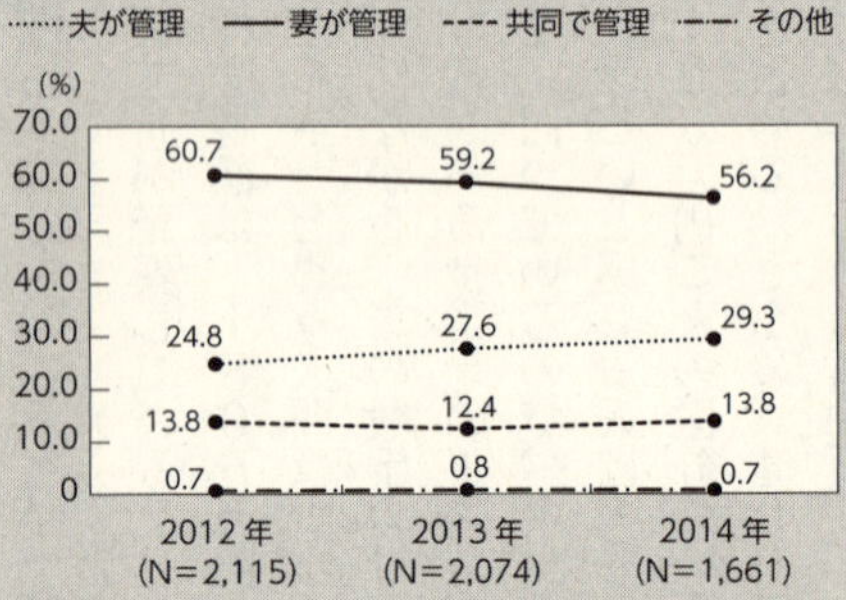

◉小遣い金額の推移

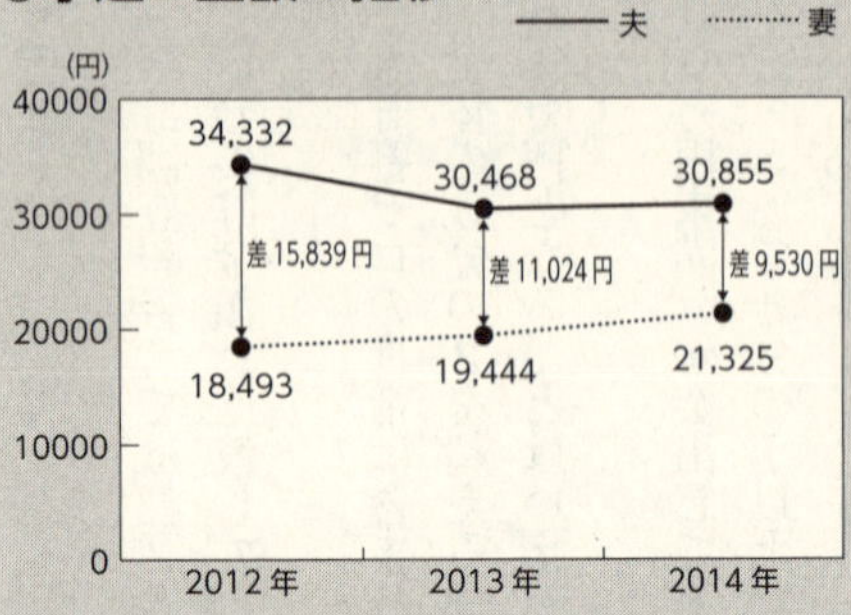

【出典】オリックス銀行「家計管理の実態に関するアンケート調査」
http://www.orixbank.co.jp/topics/141107.html

一見、夫のほうが小遣いが多いようだが……

子ども時代、誰もが少ない小遣いでのやりくりに苦労した記憶があるはずだ。結婚して小遣い制となり、その苦労が大人になっても続いている人たちも多い。

オリックス銀行が2014年に既婚男女を対象に行った「家計管理の実態に関するアンケート調査」によれば、夫婦の小遣いの平均は夫が3万855円、妻が2万1325円となっている。この数字だけを見ると、夫のほうが1万円近く小遣いが多く、優遇されているように見える。

だが、同アンケートによれば、家計を妻のほうが管理している家庭が56・2％であるのに対し、夫が管理している家庭は29・3％であった。つまり、妻に財布を握られている家庭のほうが多数派ということだ。それゆえ、妻のほうが自由になるお金は多いと思われる。

その証拠に「小遣いが足りない場合どうするか」という問いに対しては、夫は「配偶者に都合してもらう」が41・6％でもっとも高かったのに対し、妻は「へそくりから補てんする」がもっとも高く、41％となっている。ようするに妻のほうには、へそくりをする余裕があるということだ。

金持ちほど借金をする？
2人以上世帯の借金の平均は533万円

◉借入金のある世帯

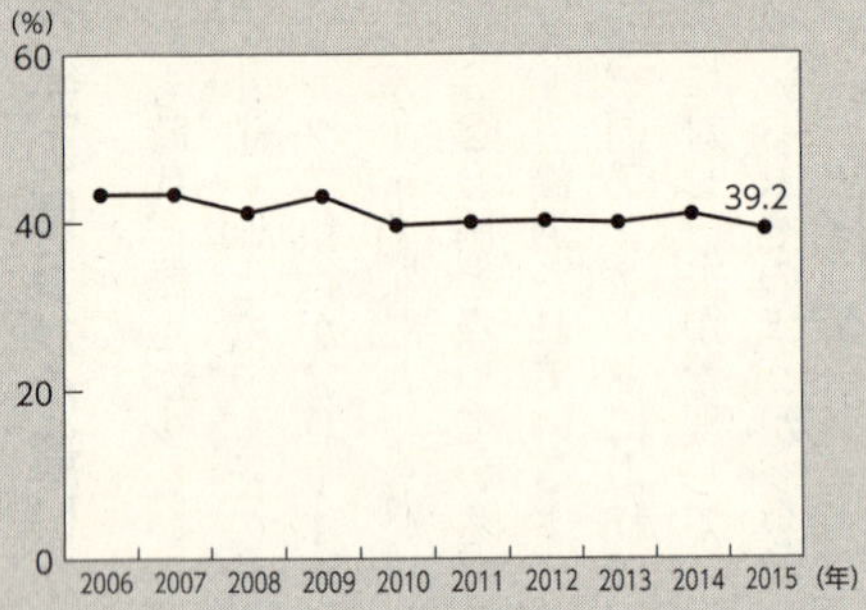

◉借入金額〈全世帯（借入金のない世帯も含む）〉

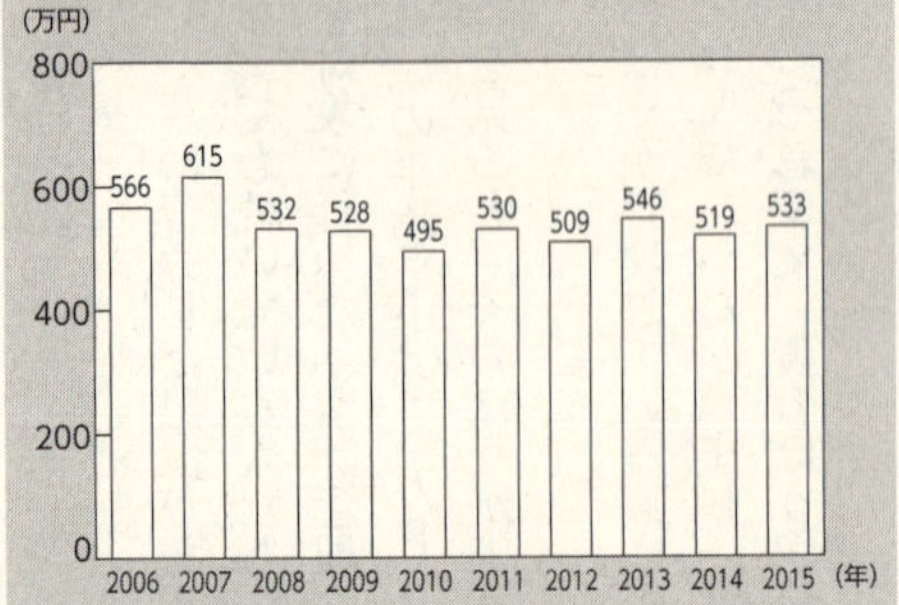

【出典】金融広報中央委員会「家計の金融行動に関する世論調査」
https://www.shiruporuto.jp/finance/chosa/yoron2015fut/pdf/yoronf15.pdf

借金は貧乏人のするものではなく金持ちがするもの

誰でも借金はしたくないものだ。しかし、生活していくなかで、様々な理由により、お金を借りざるを得なくなることもある。

金融広報中央委員会が2015年に行った調査によれば、2人以上世帯の借金の平均額は533万円となっている。これを多いと見るか少ないと見るかは、人によって違うだろう。ちなみに、533万円というのは借金がまったくない世帯も含めてのものであり、借金がある世帯だけに限って言えば平均1458万円と跳ね上がる。また、中央値は1000万円である。

借金があるというと、貧しい生活で苦しんでいると思いがちだ。だが、実際には年収が高い世帯ほど、多くの借金をしている。たとえば、30代で年収300万以下の世帯の平均借金額が241万円であるのに対し、年収1200万円以上の世帯は4450万円となっている。この傾向は、どの世代でも共通している。年収が高ければ、高級な外車やマンションを買うようになり、出費も膨らむということだろう。

そもそも、年収が高くなければ銀行も簡単には、お金を貸してくれない。「借金も信用のうち」というのは、どうやら真実のようだ。

毎年1兆円ずつ増える⁉「国の借金」は国民1人当たり830万円？

◉国の借金の推移

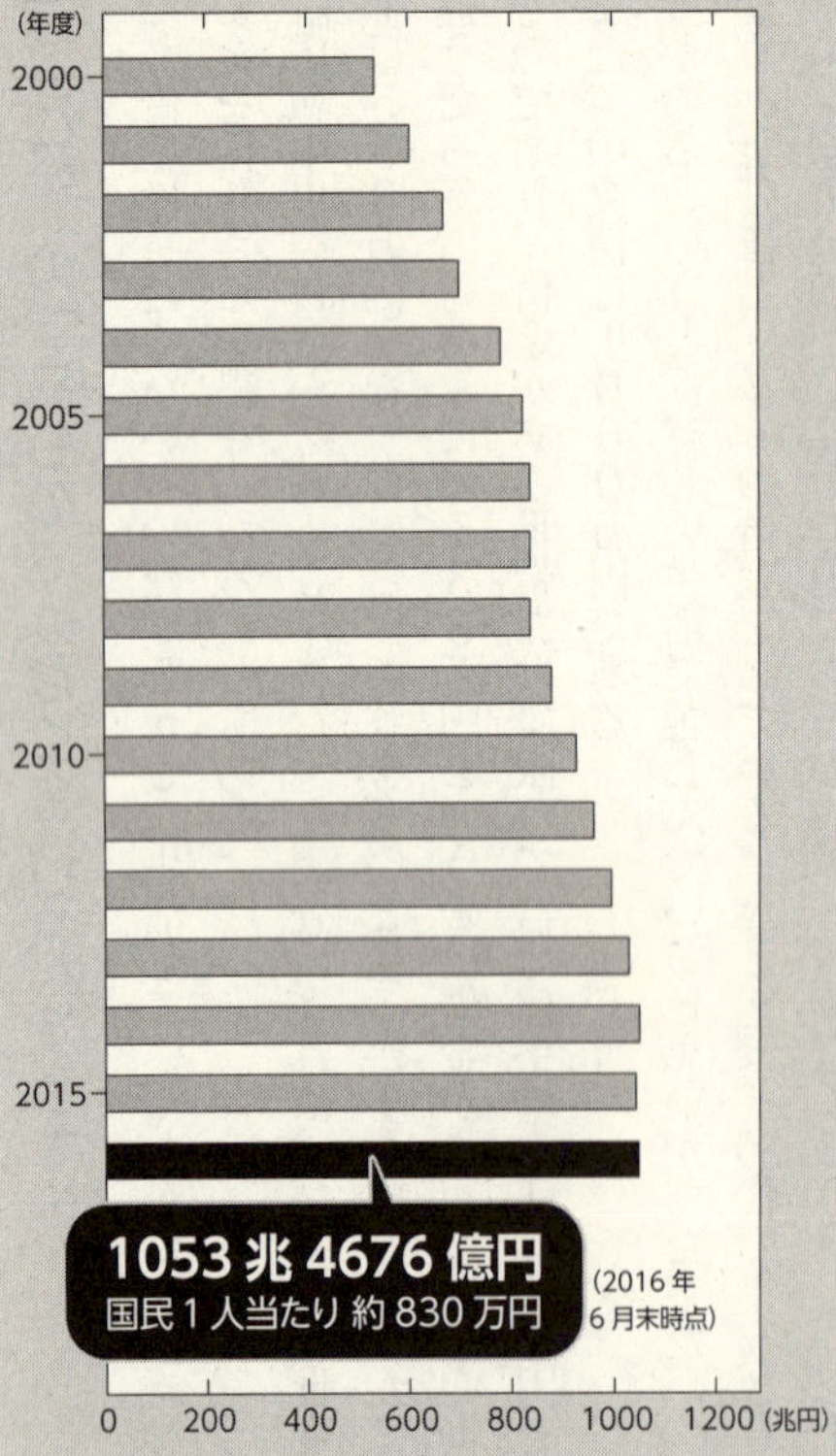

(注) 16年6月末を除いて年度末時点

【出典】『時事通信』2016年8月10日

納税している人間に絞ったリアルな平均額は2倍

日本は対外債務こそ少ないが、21世紀に入る前後から、国債や借入金、政府短期証券など「国の借金」が増え続けているとさかんに言われてきた。

その金額の総計は、財務省の発表によれば、２０１６年６月末の段階で、ざっと１０５３兆４６７６億円。これを16年7月の段階での日本の総人口1億２６９９万人で割ると、国民1人当たりで平均額は約８３０万円になるという。

以上は新聞などで広く報じられた数字だ。しかし、平均額の出し方に関しては現実的と言えない。単純に総人口で割れば、赤ちゃんや退職後の高齢者、専業主婦などお金を稼いで納税する立場にない人間まで含んでしまうからだ。総務省統計局の発表によれば、16年7月の就業者数は６４７９万人で総人口の約半分だ。これで先の「国の借金」を割ると、１人平均は約１６２６万円と倍増する。

さらに、高齢化により社会保障費は毎年約1兆円増えると見込まれているが、労働力人口は減る一方で、２０５０年には５０００万人程度にまで落ち込むと推計されている。日本の財政が現状のまま進んだ場合、単純計算すれば、50年の「国の借金」は勤労者1人当たり平均３６２７万円となる予定なのだ。

自分の城を持つために必要な住宅ローンの平均借入額は2480万円

◉日本人の平均借入額

住宅種別	購入資金・建設費		借入金額	毎月の返済額
	自己資金	自己資金率		
全体平均	2963万円		2480万円	9.2万円
	553万円	18.6%		
新築マンション	3968万円		2945万円	11.2万円
	837万円	21.1%		
中古マンション	2580万円		2058万円	7.8万円
	426万円	16.5%		
注文住宅全体	3101万円		2352万円	9.1万円
	696万円	22.3%		
土地なし注文住宅	3109万円		2362万円	9.0万円
	686万円	22.1%		
土地付き注文住宅	2464万円		3100万円	11.0万円
	499万円	13.3%		
建売住宅	3280万円		2675万円	9.6万円
	450万円	13.7%		
中古住宅	2238万円		1867万円	7.0万円
	279万円	12.4%		

【出典】住宅金融支援機構「2014 年度フラット 35 利用者調査」
http://www.jhf.go.jp/files/300243522.pdf

購入価格の2割程度は自己資金を準備しておこう

昔よりも持ち家信仰は減ったとはいえ、「いつかは自分の城を持ちたい」と思っている人も、まだまだ多い。家を買うさい、現金でポンと買えればいいが、ほとんどの人は住宅ローンを組むことになるだろう。

住宅金融支援機構が2014年に行った調査によれば、住宅ローンの全国平均借入金額は2480万円となっている。住宅価格の全国平均は2963万円。用意する自己資金の平均は553万円で、購入価格の19％程度が目安のようだ。

当然、新築マンションか中古マンションか、土地付き注文住宅か土地なし注文住宅かなどによっても、借入金額は変わってくる。もっとも購入価格が高いのが新築マンションで、平均3968万円。借入金額も2945万円と多くなるが、自己資金も平均837万円、率にして21・1％と多めに用意する人が多い。

また、地域によっても違いがあり、首都圏の住宅価格の平均は3224万円、借入金額の平均は2715万円であるのに対し、近畿地方は住宅価格が平均2803万円、借入金額は平均2370万円となっている。ちなみに、完済までの年数は平均13・7年だ。

2人以上のほうがお得!? 1人暮らしの食費は月平均4万202円

◉家計の支出

■単身世帯

	食費	住居費	光熱費
2013年	37,831円	21,872円	11,863円
2014年	38,539円	21,657円	11,849円
2015年	40,202円	20,349円	11,667円

■２人以上の世帯

	食費	住居費	光熱費
2013年	68,604円	18,262円	23,240円
2014年	69,926円	17,919円	23,799円
2015年	71,844円	17,931円	23,197円

【出典】総務省統計局「家計調査（家計収支編）　調査結果」

2人以上世帯の食費は平均1万6千円も安くつく！

総務省統計局によると、2015年の単身世帯の食費の平均額は4万202円だ。つまり、大まかには1日当たり1340円ということになる。なお、13年には3万7831円だった。この上昇分は消費税の増税が影響していそうだ。

一方、2人以上の世帯では15年の平均額が7万1844円となる。世帯人員の平均は3・02人となっているので、単純計算すれば1人当たり2万3948円で、単身世帯よりかなり割安だ。やはり、単身世帯では割高になる外食が多く、自炊では一度に大人数分を購入する方が1人当たり分は安くなるからだろう。

住居費に目を向けると、単身世帯では平均2万3349円だ。この金額、都市部のアパート住まいなら「え、そんなに低いの？」と思う人もいるだろう。しかし、単身世帯には家賃がかからない持ち家に住む独居の高齢者も含まれる。2人以上の世帯では平均1万7931円に下がる。賃貸なら家族が多いほど広い住居に住むので費用が高くなるはずだが、単身の場合より持ち家に住む人の比率が高くなるからだろう。何しろ、日本の全世帯の3分の2は持ち家に住んでいる。

こうしてみると、独り暮らしはコストが割高ということが見えてくる。

コンビニでしか買えない？サラリーマンの平均昼食代は587円

◉昼食代の平均

■男性会社員

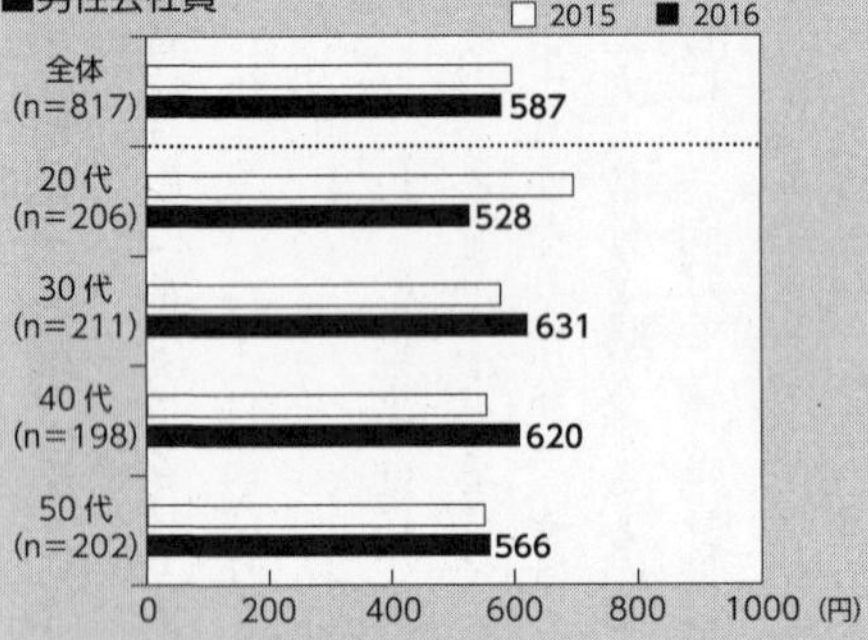

■女性会社員

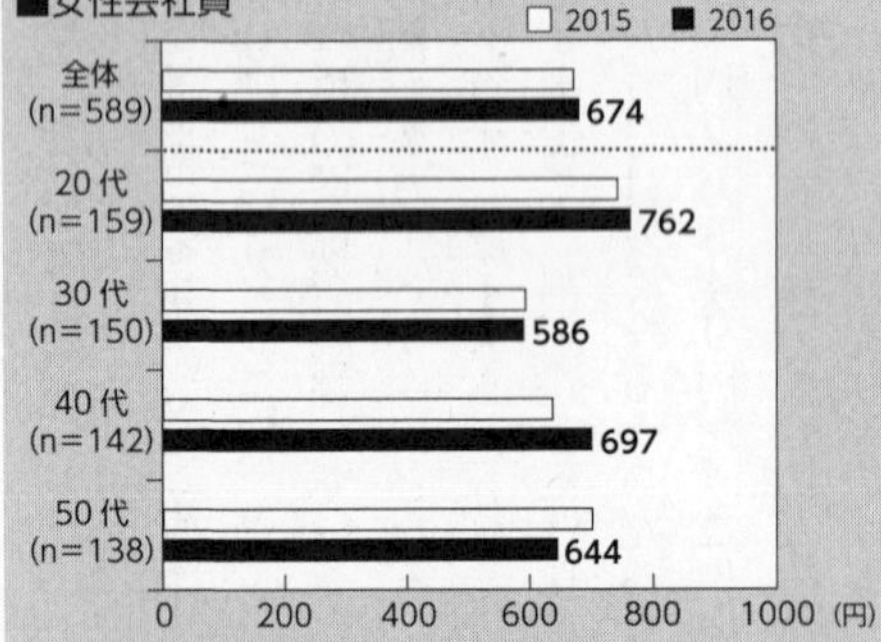

※勤務日に昼食をとる方ベース

【出典】新生銀行「2016年サラリーマンのお小遣い調査」
http://www.shinseibank.com/corporate/news/pdf/pdf2016/160629okozukai_j.pdf

金銭的にも時間的にもせちがらいサラリーマンのランチ事情

一部の有名大手企業をのぞけば、なかなか給料は上がらず、毎日、苦しいやりくりをしているというのが大多数のサラリーマンの実感だろう。となれば、勤務中の数少ない楽しみである昼食にかけるお金も節約せざるをえない。

新生銀行が2016年に行った「サラリーマンのお小遣い調査」によれば、サラリーマンの昼食代の平均は587円であった。この金額では、普通の定食屋やラーメン屋に入るのも難しく、コンビニかファストフードで済ませるしかない。

サラリーマンの昼食代は年々下がっており、バブル景気の残滓のあった92年には746円だったのに対し、10年には507円と急降下。現在は多少は持ち直したが少ないことにかわりはなく、手づくり弁当を会社に持ってくる「弁当男子」が増えているというのも必然だろう。

昼食に使う平均時間も年々短くなっており、83年は33分もあったが、93年には27・6分と30分を切り、12年には19・6分にまでなっている。さらには、5分以下や、食べないという人も一定数いた。金銭的にも時間的にも、サラリーマンのランチタイムは、ずいぶんとせちがらくなっているようだ。

自炊は少数派。独身男性の外食費は月平均2万3650円

◉勤労者世帯の1カ月の外食費

		平均	～34歳	35～59歳
単身者全体	食費	45,598	45,552	46,247
	外食費	18,413	23,843	16,074
単身男性	食費	49.515	47,557	51,146
	外食費	21,196	24,335	20,094
単身女性	食費	39,338	42,305	37,117
	外食費	14,065	23,058	8,734
2人以上の世帯	食費	74,341	53,336	-
	外食費	15,440	15,608	-

【出典】総務省統計局「家計調査報告（家計収支編）平成27年（2015年）」
http://www.stat.go.jp/data/kakei/sokuhou/nen/pdf/gk03.pdf

一人口は食えぬが二人口は食える

結婚しても共働き夫婦の場合、けっこう外食も多くなりがちなものだが、それでも独身時代より家で食事をする機会は増えるだろう。

総務省が2015年に行った家計調査によれば、35歳未満の2人以上勤労者世帯の外食費は月平均で1万5608円となっている。夫婦だけなら、そこそこクラスのレストランで軽く飲みつつ、子どもが1人いれば家族3人ファミレスで、週1回外食するぐらいの感覚だろうか。

これが独身だと、35歳未満の男性の外食費は月平均2万4335円、女性は月平均2万3058円だ。やはり、独身時代は外食が多くなってしまうようである。また全年齢層で見ても、独身男性の外食費は独身女性の平均を上回っており、独身男性の食生活が、いかに外食に依存しているかがよくわかる。

食費全体で見てみると、独身男性の月平均が4万9515円、女性が3万9338円であり、男女の平均を合わせると8万8853円となるが、2人以上世帯の月平均は7万4341円となっている。昔から「一人口は食えぬが二人口は食える」と言われるが、結婚したほうが経済的には合理的なようだ。

安い地域に住めない？
20代1人暮らし家賃の平均は6万5723円

◉1人暮らしの家賃と広さ

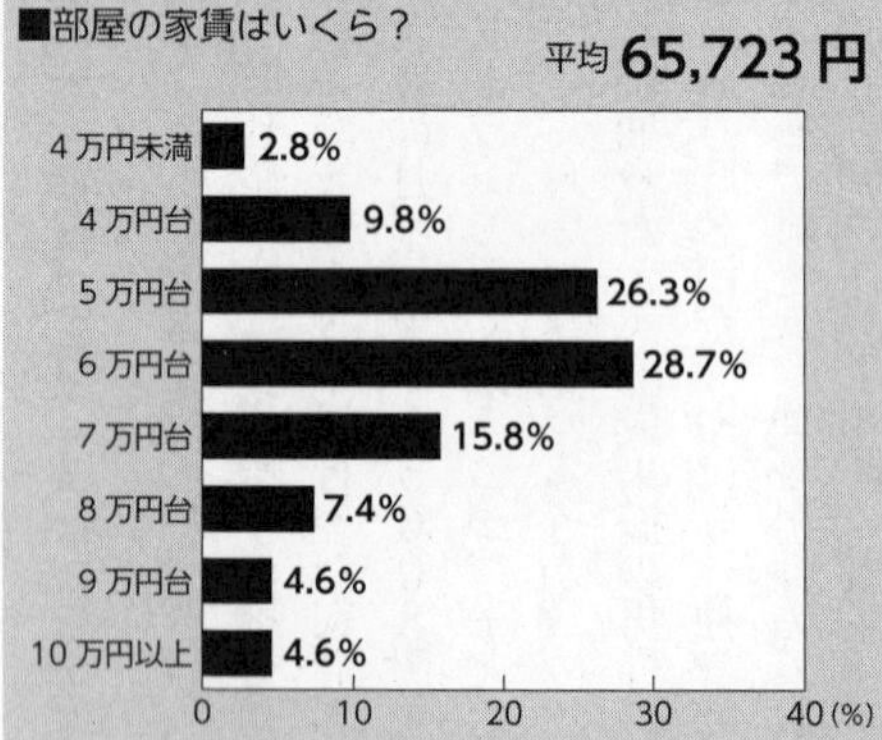

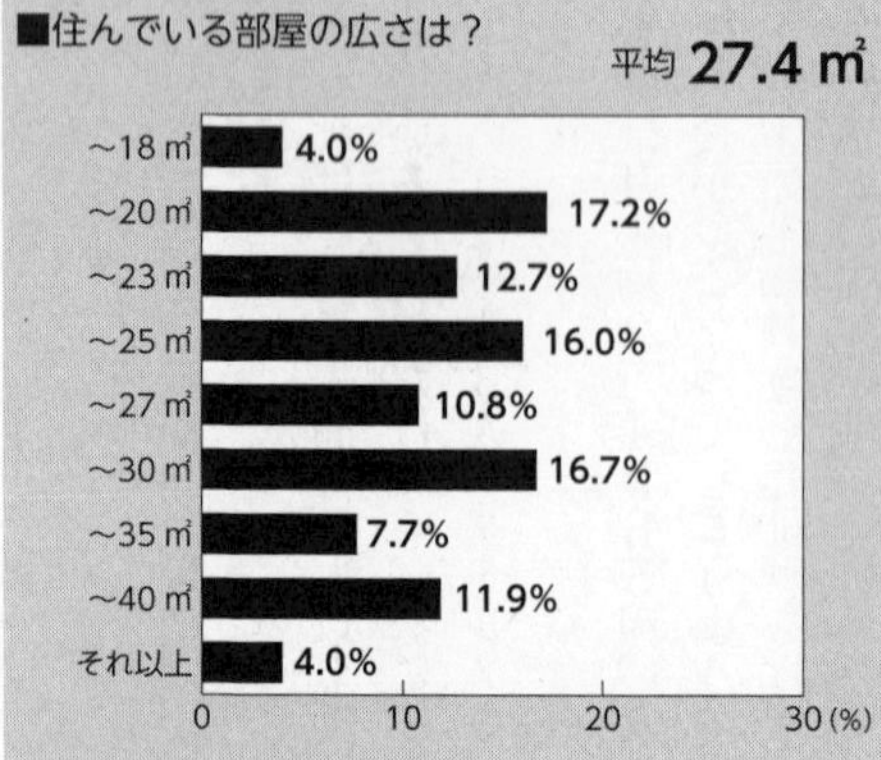

【出典】SUUMO「20代社会人シングル男女の1人暮らしデータ」
http://suumo.jp/article/oyakudachi/oyaku/chintai/fr_data/f0svy003/

断トツに家賃の高い首都圏

ほとんどの人にとって生活費のなかでいちばん比重を占めている出費は家賃だろう。とくに学生であったり、新入社員であったり、金銭的にまだ余裕のない20代の若者にとっては、家賃の相場は気になるものだ。

20代の1人暮らしの家賃の全国平均は、6万5723円という調査結果がある。もちろん、地域によって格差は大きく、首都圏の平均が7万414円であるのに対し、関西地方は平均5万8705円、東海地方は平均5万4388円となっている。東京を中心とした首都圏が断トツに高いのだ。

誰でも、できれば家賃の安い地域に住みたいものだが、たいていの場合、住むところは学校や職場によって決まってしまうので、なかなか自由にならない。都心の学校や会社に通うつもりなら、家賃の高さはあきらめなければならないだろう。

かつては東京にも、風呂なし四畳半の格安アパートがけっこうあったが、近年はどんどん建て替えられ、姿を消していっている。現在、20代1人暮らしの部屋の広さの平均は、27・4平方メートル。間取りで言えば、キッチン+7～8畳といったところだ。

もっと安くなって欲しい。スマホ使用料金の平均は6514円

◉スマートフォンの月額料金

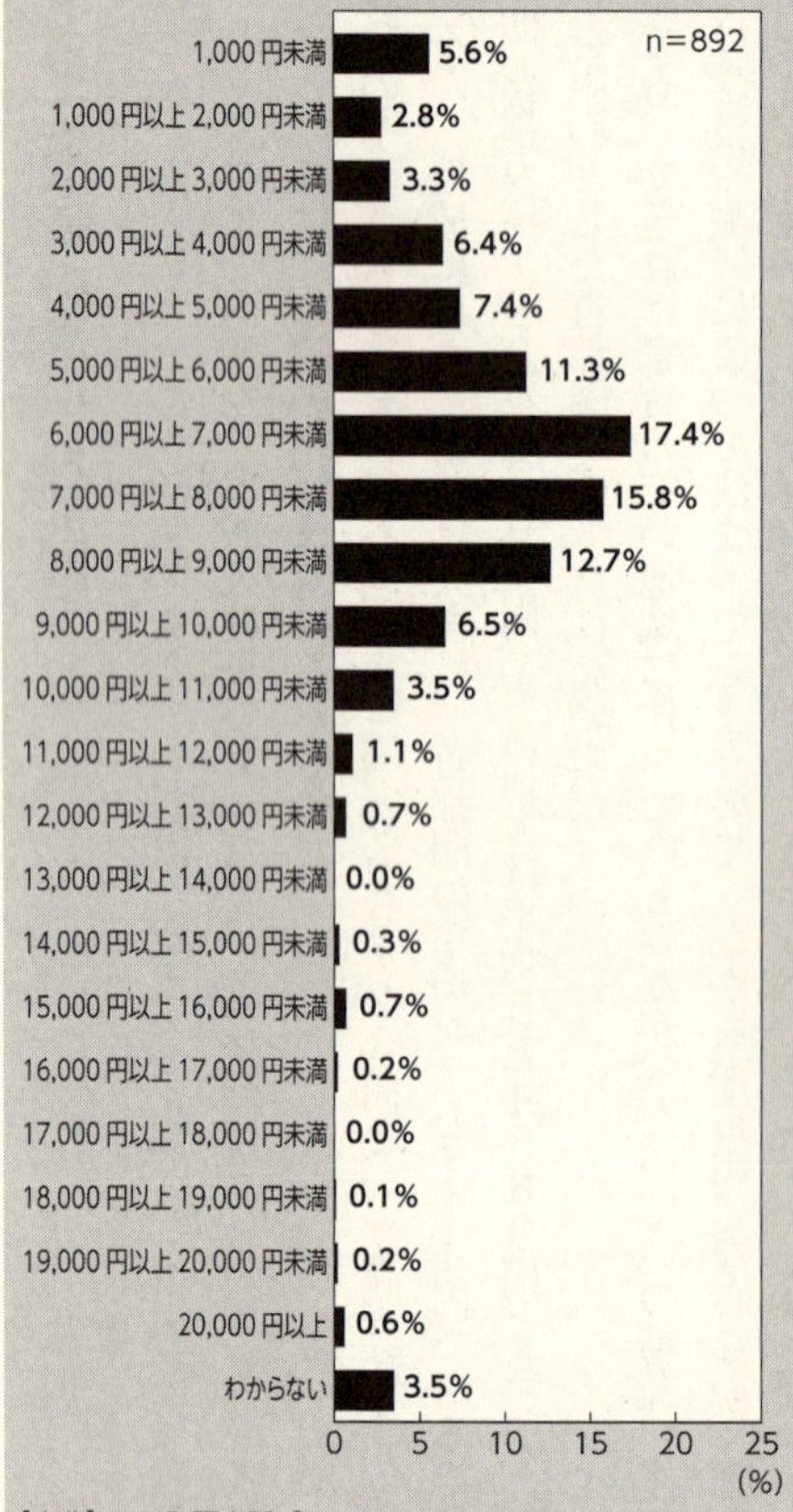

【出典】MMD研究所「スマートフォンの通話、利用料金に関する調査」https://mmdlabo.jp/investigation/detail_1328.html

スマホ・ユーザーの6割以上は料金に不満

内閣府が発表した2015年3月の消費動向調査によれば、スマホの普及率は67・4％となっている。民間の別の調査によっては、7割を超えているというデータもあり、いまやスマホは多くの日本人にとっての必需品といっても過言ではないだろう。では、みんなはいったい幾らくらい毎月スマホに使っているのだろうか？

ある調査によれば、スマホ使用料金の月額平均は6514円という結果が出た。毎月、6000円以上～7000円未満の金額を支払っているという人が17・4％でいちばん多く、次いで、7000円以上～8000円未満の人が15・8％となっている。この数値は実感としては、わりと妥当な線だろう。

ただ、スマホの使用料金については、64・5％もの人が不満を持っており、適正だと思う月額料金は平均4045円という調査結果もある。多くの人が、料金が今より3割ぐらい安くなればいいのにと思っているということだ。

使用料金を抑える方法としては、格安SIMを使うという手がある。だが、格安SIMの利用率は2割以下だ。まだ少々、ハードルが高いようである。

愛の巣の必要経費？ 2人以上世帯の光熱費は月平均は2万2971円

◉勤労者世帯の1カ月の光熱費、水道費

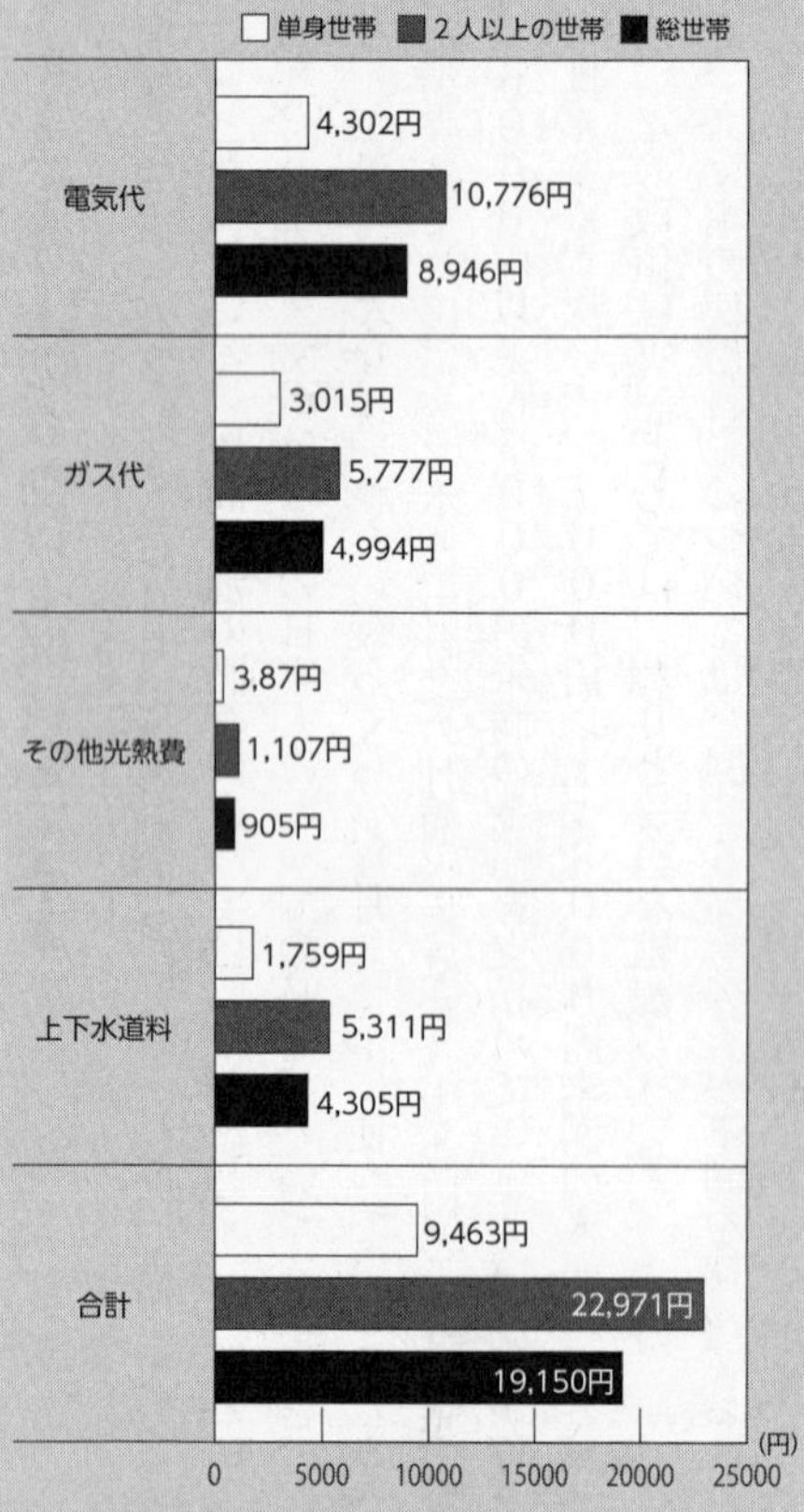

【出典】総務省統計局「家計調査報告(家計収支編)平成 27 年(2015 年)」
http://www.stat.go.jp/data/kakei/sokuhou/nen/pdf/gk03.pdf

楽しい我が家を維持するための、ささやかな必要経費

結婚したほうが食費が安くなることは別項目（38ページ）で解説した。だが、結婚したほうが独身時代よりも出費が大きくなるものもある。

外食費と同じく、総務省が2015年に行った家計調査によれば、勤労者世帯の電気代は独身男性の月平均が4099円、女性が4610円で、独身男女の合算が8709円であるのに対し、2人以上世帯では月平均1万776円となっている。

あるいは、水道代も結婚してからのほうが高くなる。独身男性が月平均1688円、女性が1875円で、男女を合計すると3563円であるのに対し、2人以上世帯では月平均5311円だ。これは、ガス代も同じ傾向にある。

結局、光熱費・水道代の総計を見ると、独身男性が8982円、女性が1万2211円で、独身男女の単純合算が1万9758円なのに対し、2人以上世帯は2万2971円と3000円以上も高くなるのだ。

結婚後に光熱費や水道代が高くなる原因は、家にいる時間が長くなること、また家自体が独身時代よりも広くなることが考えられる。だが、楽しい我が家を維持するためには、これくらいの出費増は仕方ないと割り切ったほうがいいだろう。

公立との差は大きい。幼稚園から高校まで オール私立で平均1700万円

◉子どもの学習費

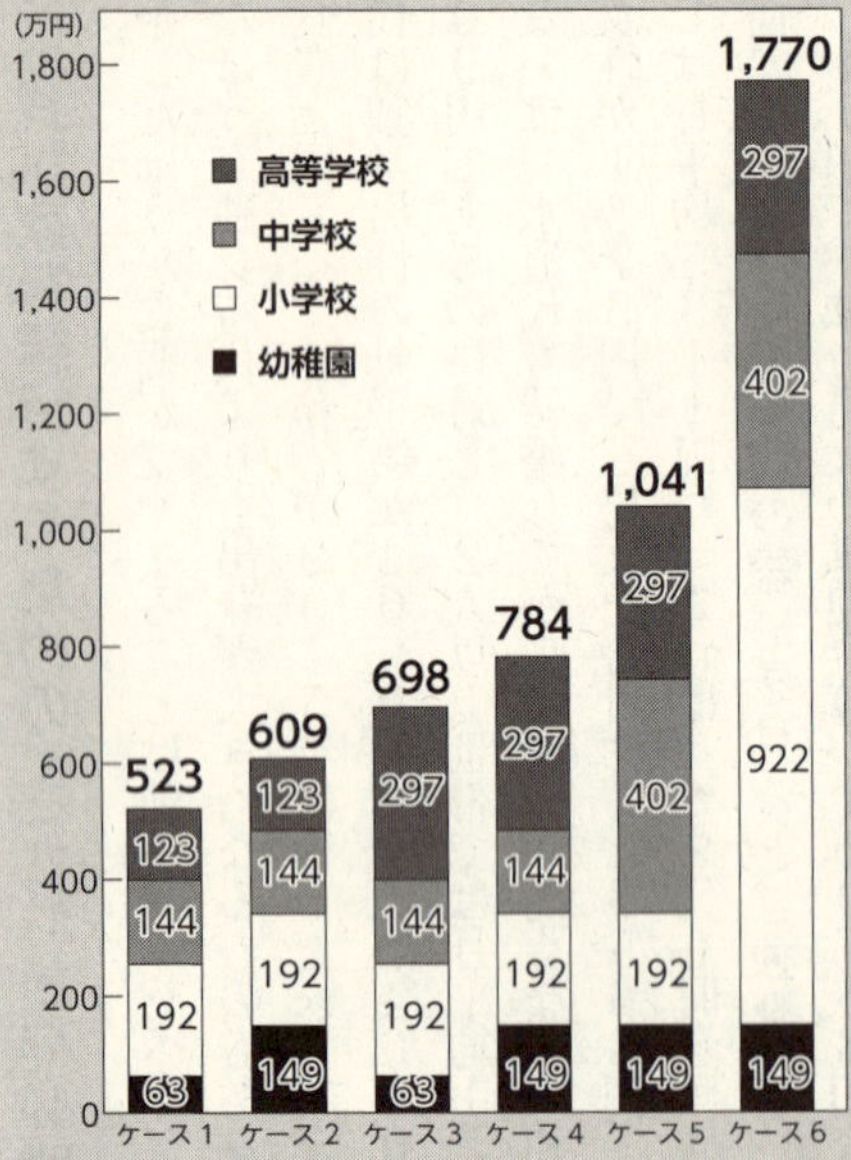

ケース1 すべて公立に通った場合
ケース2 幼稚園のみ私立に通った場合
ケース3 高等学校のみ私立に通った場合
ケース4 幼稚園及び高等学校は私立に通った場合
ケース5 小学校のみ公立に通った場合
ケース6 すべて私立に通った場合

【出典】文部科学省「平成26年度子どもの学習費調査」
http://www.mext.go.jp/b_menu/toukei/chousa03/gakushuuhi/1268091.htm

認可外保育園に預けると、さらなる出費を覚悟しなければならない

少子高齢化が問題視されて久しい、日本社会。子どもは欲しいが、経済的な不安から、なかなか子どもを作ることに踏み出せないという夫婦も多い。実際、教育費ひとつとっても、かなりのお金が必要になってくる。

文部科学省が2014年に行った「子どもの学習費調査」によれば、子ども1人あたり、幼稚園から高校まで、すべて公立に通った場合、平均で523万円かかるとなっている。これがオール私立となると金額が跳ね上がり、平均1700万円だ。

では、1700万円あれば、オール私立でも大丈夫かというと、そういう訳にもいかないようだ。先の調査は幼稚園に通うことを前提にしている。もし、共働きで産休後1年で保育園に預け、しかもそれが認可外保育園の場合、予想以上にお金が必要になってくる。公立幼稚園で3年間にかかる費用は平均63万円程度、私立幼稚園で平均149万円程度だ。これに対し、5年間認可外保育園に預けると、トータルで平均360万円もかかるのである。

そして、小学校に入ったあとも、塾だ習い事だと、どんどんお金が出ていく。子どもひとり育てるのに、かなりの出費の覚悟がいるというのが厳しい現実だ。

何かと多忙な小中学生。習い事の費用は月平均1万4171円

◉学校以外での学習にかかる費用

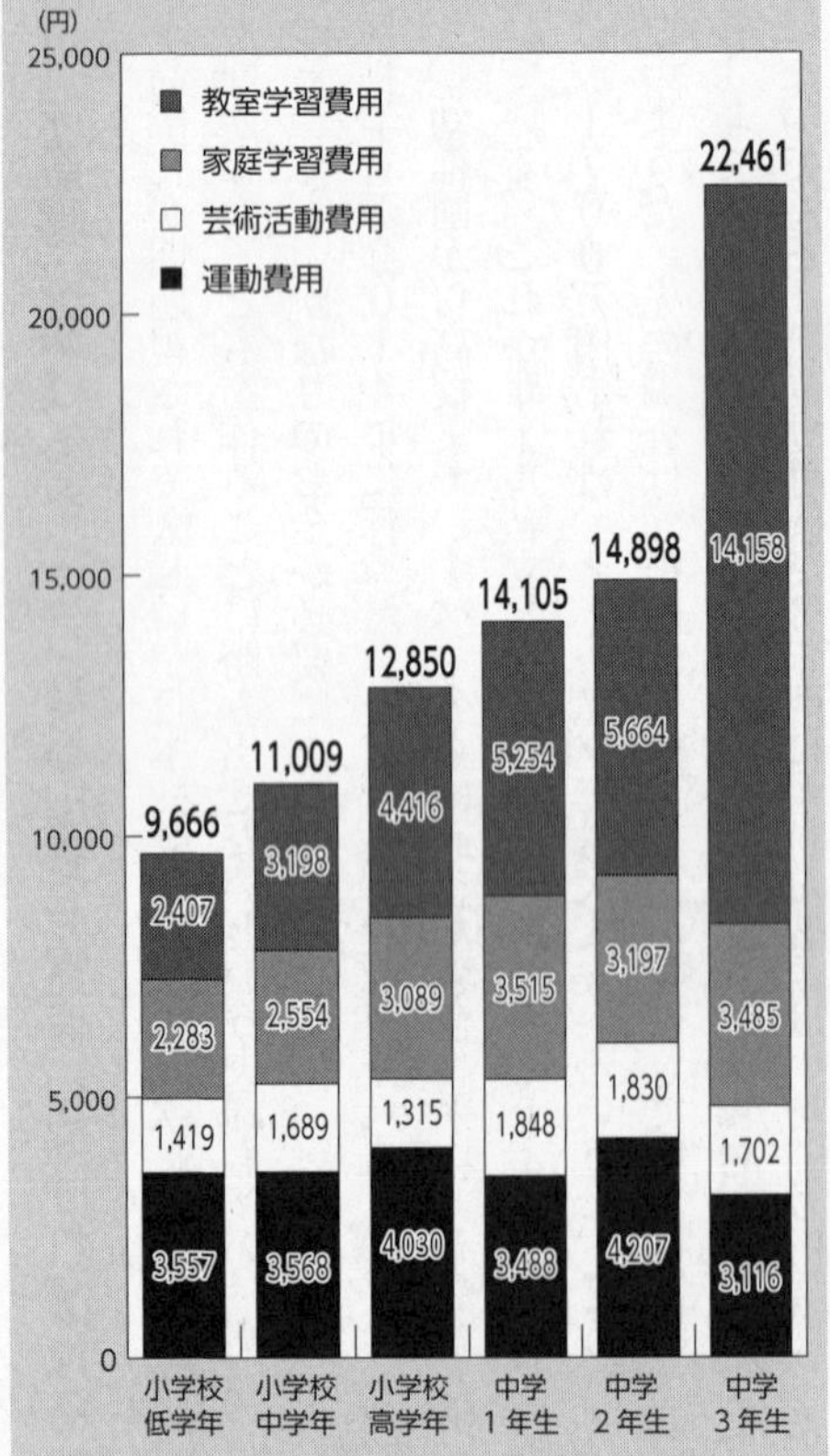

【出典】ソニー生命保険「子どもの将来と教育費に関する調査」
http://www.sonylife.co.jp/company/news/25/nr_130826.html

高校受験を前に塾の費用は3倍近くアップ

英会話にピアノにヴァイオリン、スイミングスクールにサッカー教室……今どきの子どもは、学校の外でも何かとやることが多いが、それにもお金がかかる。

2013年の調査では、小中学生が学校以外での塾や習い事にかける費用は、1カ月で平均1万4171円となっている。内訳をみると、塾のような「教室学習」が5859円、家庭教師や通信添削講座など「家庭学習」が3021円、音楽教室など「芸術活動」が1633円、スポーツ系の「運動費用」3659円だ。

そして、この金額は学年が上がるにつれて増加してゆく。小学校低学年では全体の平均額が9666円だが、高学年になると1万2850円となり、中学2年生では1万4898円、中学3年では2万2461円にはね上がる。言うまでもなく、中学3年での急激な伸び方は、高校受験を控えてのものだ。内訳のうち「教室学習」が中学2年では5664円だったのが、3年になると一挙に1万4158円と3倍近くなり、逆に「運動費用」は平均1000円以上も減ってしまう。

親としては子どもの養育にお金を惜しむわけにはいかないが、必ずしも子ども自身がやりたいことにお金が投じられているとは限らないのかもしれない。

国立の倍近く！ 私立理系大学の初年度平均は150万円、国立は平均81万円

◉大学の入学費

区分	授業料	入学料	施設設備費	合計
国立大※1	535,800円	282,000円	※4	817,800円
公立大※2	537,857円	397,721円	※4	935,578円
私立大文系※3	746,123円	242,579円	158,118円	1,146,819円
私立大理系※3	1,048,763円	262,436円	190,034円	1,501,233円
私立大医歯系※3	2,737,037円	1,038,128円	831,722円	4,606,887円

※1 文部科学省令による標準額。ただし、国立大の法人化により、国立大の学費も大学間で差が出ている。
※2 文部科学省「平成27年度学生納付金調査」。公立大昼間部の平均額。入学料は地域外入学者の平均額（地域内入学者の入学料の平均額は231,133円）。
※3 文部科学省「平成26年度私立大学入学者に係る初年度学生納付金平均額調査」。私立大昼間部の平均額。
※4 施設費、実習費、諸会費などを徴収される場合がある。

【出典】BENESSE マナビジョン保護者版
https://manabi.benesse.ne.jp/parent/okane/02/page2.html

私立医歯系大学なら、初年度に約460万円もかかる

幼稚園から高校までオール私立に通わせた場合、最低でも平均1700万円かかることは別の項目（50ページ）で触れた通りだ。親としては、ずっと公立に通ってくれることを祈るしかない。だが、大学となると学力的に敷居が高く、どうしても私立を選ばざるを得ないことも多い。

授業料、入学料、施設設備費を合計した大学初年度にかかる費用を比較すると、国立大学で平均81万7800円、公立大学で平均93万5578円、私立文系で114万6819円、私立理系で150万1233円となっている。これに、実験実習料などが加わることもあるが、国立大学と私立理系では倍近い開きがある。

ちなみに、私立の医歯系大学になると、さらに金額は上がり、初年度の平均は460万6887円となっている。医歯系の場合、6年制のために在学中にかかるお金も桁違い。入学料を除いた在学中にかかる授業料・施設設備費を比較すると、国立が平均214万3200円、私立理系でも平均495万5188円だが、私立医歯系は平均2141万2554円もかかるのだ。ただし、無事、医者にさえなってくれれば、この経費を回収するのも、そう難しいことではないだろう。

当然、都市部ほど高い。大学生の仕送り金額は平均7万1440円

◉1人暮らし大学生の収支

	2013年	2014年	2015年
仕送り	72,280円	70,140円	71,440円
奨学金	24,050円	24,210円	23,270円
アルバイト	23,100円	25,560円	25,320円
定職	410円	210円	230円
その他	1,650円	2,060円	2,320円
収入合計	121,490円	122,180円	122,580円
食費	23,980円	24,480円	24,760円
住居費	53,050円	52,630円	53,100円
交通費	3,310円	3,410円	3,320円
教養娯楽費	8,900円	8,600円	9,240円
書籍費	1,820円	1,950円	1,720円
勉学費	1,510円	1,520円	1,490円
日常費	5,790円	5,610円	5,540円
電話代	4,390円	4,030円	4,100円
その他	3,040円	2,420円	2,430円
貯金・繰越	12,140円	12,310円	12,500円
支出合計	117,930円	116,960円	118,200円

【出典】全国大学生活協同組合連合会「第 51 回学生生活実態調査」
http://www.univcoop.or.jp/press/life/report.html

親からの仕送りと実際にかかる生活費の差額をどう埋めるか

子どもが親元から離れて大学に通うとなると、入学金や授業料のほかに、当然ながら生活費もかかってくる。

全国大学生協連が2015年に行った調査によれば、1人暮らしの大学生の生活費は平均11万8200円となっている。ここでいう生活費には、家賃、食費、交通費のほかに、教育娯楽費や電話代なども含まれているが、どんなに切りつめても10万円以上かかることは確実だろう。さらに、都内の大学に通う場合、家賃は全国平均よりも1万円ほど高くなるので、いっそうお金がかかる。

これに対して、親からの仕送りの平均金額は月7万1440円となっている。毎月7万円を送り続けたとして、4年間で336万円。親の負担も大変だ。だが、月7万円の仕送りでは、生活費の平均約11万円には4万円も足りない。そのぶんは学生自身がバイトで補てんするしかないが、大学生がアルバイトで稼ぐ月平均額は2万5320円であり、まだ1万5000円も足りない。バイト代が月2万5000円というのは少ないようだが、学生生活は忙しいのでしかたがない面もあるのだろう。結局、足りないぶんは奨学金などに頼るというのが現状のようだ。

問題は70歳を超えてから？
一生のうちにかかる医療費は2400万円

◉生涯医療費（2010年度推計）

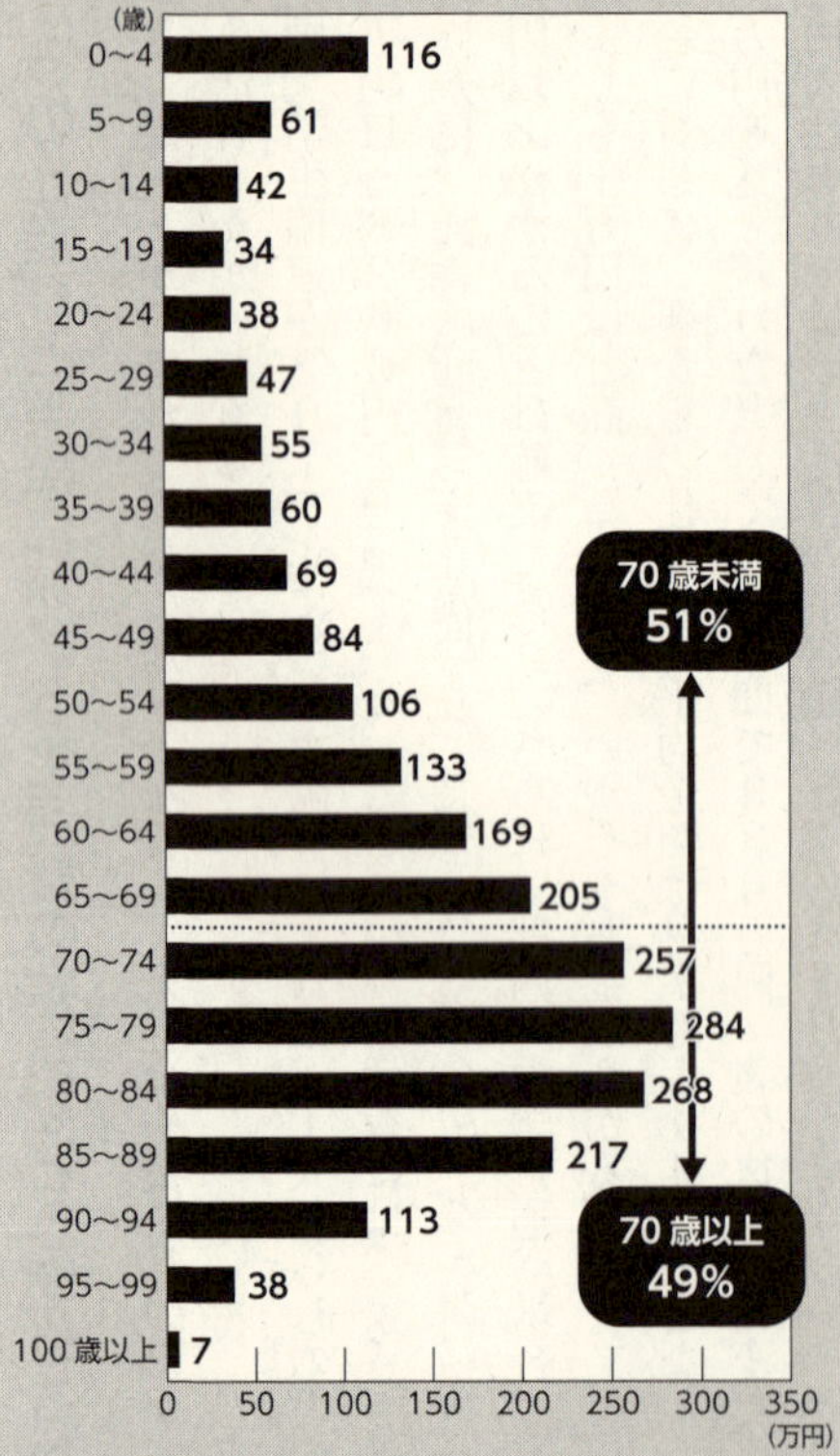

（注）2010年度の年齢階級別1人当たり国民医療費をもとに、平成22年完全生命表による定常人口を適用して推計したものである。

【出典】厚生労働省「生涯医療費」
http://www.mhlw.go.jp/file/06-Seisakujouhou-12400000-Hokenkyoku/shougai_h22.pdf

70歳を越えたら、死ぬまで1200万円も医療費がかかる

世界的に見て、かなりの長寿社会である日本だが、そのぶん生涯にかかる医療費もかなりのものとなっている。厚生労働省が2010年に行った調査によれば、日本人の生涯医療費は平均2400万円（10割負担した場合）であった。そのうちの半分近く、49％の医療費は70歳を超えてから払っているものだ。長生きすればするほど、医者代がかかるのである。

もう少し細かく年齢別に見てみると、0～4歳までの乳幼児期は平均116万円とそれなりに医療費がかかるが、5歳を過ぎるとだんだんと減っていき、15～19歳のあいだは平均34万円と生涯でいちばん医療費がかからなくなる。若くて元気なので医者いらずということだろう。しかし、20歳を超えると医療費は上昇し始め、50～54歳で106万円と、ふたたび100万円台を突破。65～69歳ではさらに倍近い、205万円となっている。そして、生涯でもっとも医療費がかかるのが75～79歳で、284万円という結果が出ている。

ちなみに、男女別で見ると、男性の生涯医療費が平均2300万円であるのに対し、女性は2500万円。これは、女性の平均寿命のほうが長いためである。

肺がんの治療費は平均23万円だが1回300万円の治療も？

◉疾患別の主な指標

	入院日数（日）	医療費（点）	3割負担
胃がん	18.8	97,506	292,518円
結腸がん	15.4	82,819	248,457円
直腸がん	18.7	112,163	336,489円
肺がん	14.1	75,857	227,571円
乳がん	12.9	76,483	229,449円

【出典】全日本病院協会「疾患別の主な指標」2013年1～3月
http://www.ajha.or.jp/hms/outcome/pdf/2013/bunseki_7_2013_01_03.pdf

2日足らずで90万円かかるワクチン治療も

今や日本人の死因別死亡率のトップといえばがんだが、その治療費はピンキリだ。2013年のデータでは、肺がんの治療費は3割負担で平均22万7571円、胃がんなら平均29万2518円、直腸がんなら平均33万6489円となっている。だが、これは早期発見で手術が必要ないようなケースも含めての数字だ。

当然ながら、症状の進行が深刻な場合や、ぜひとも短期間で劇的に治療の効果をあげたい場合には、より高額な治療コースも存在する。

がんなど複雑な疾患の治療には、通常の手術や薬剤のほかに、厚生労働大臣が定める高度な医療技術を用いた「先進医療」というものがあるが、これは特別な医療機関でしか受けられないうえ、治療費は全額自己負担だ。

たとえば、放射線治療のなかでも高度な陽子線治療は、平均額がなんと258万5912円もする、重粒子線治療なら平均303万6829円だ。同じく先進医療のひとつで、樹状細胞及び腫瘍抗原ペプチドを用いたがんワクチン治療なら平均入院期間は2日に満たないが、費用は平均89万3500円もする。とはいえ、生命はお金に換えられない以上、こうした高額な治療を受ける患者も少なくない。

生命保険料の年平均支払い額は男性24・1万円、女性18・2万円

◉年収別平均保険料

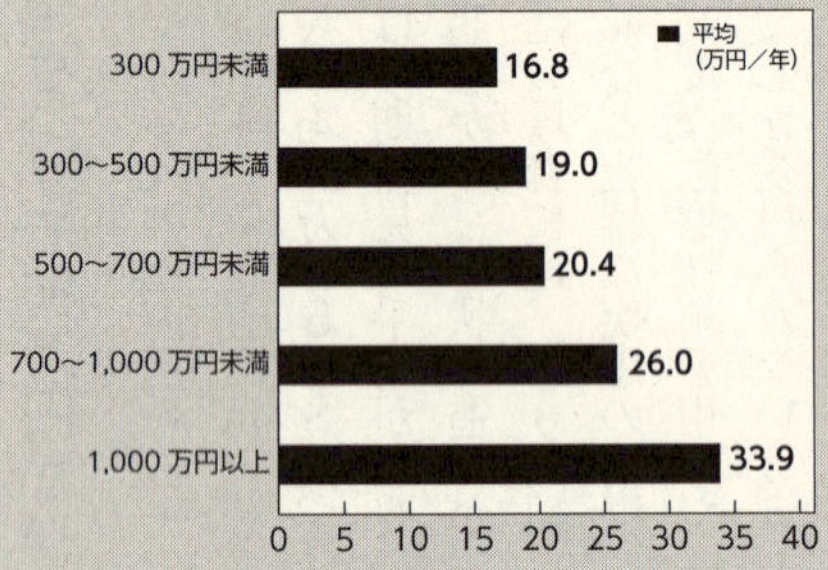

◉死亡保険金の相場

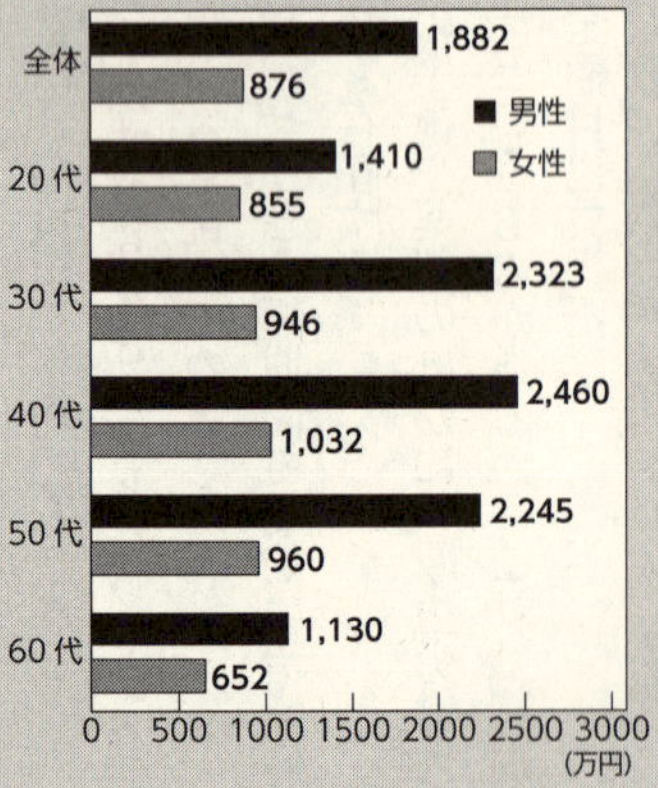

【出典】生命保険文化センター「平成 25 年度生活保障に関する調査」
http://hoken-kyokasho.com/seimeihoken-hokenriyou
http://hokensc.jp/seimei/souba.html

年収300~500万円程度なら、年間払込保険料は20万円程度が相場

独身時代はあまり考えることはないが、結婚すれば、家族への責任から生命保険に加入する人は多い。死亡時に多額の保険金が出るほうがいいが、当然、そのぶん掛け金は多額になってしまう。みんなは、どのくらい生命保険に払っているのだろうか？

生命保険文化センターが行った調査によれば、年間払込保険料は男性が平均24万1000円、女性が18万2000円となっている。金額の分布では、男性は「12~24万円未満」がいちばん多く、女性は「12万円未満」がいちばん多い。

このように男女で年間払込保険料に開きがあるため、死亡時の補償金額にも違いが出ている。男性は平均1882万円、女性は平均876万円だ。昨今は共働きの夫婦が増えているものの、やはりまだ夫のほうが稼ぎ手で一家の大黒柱という家庭のほうが多数派なのだろう。そのため、男性のほうが高額の生命保険に入るケースが多いようだ。ちなみに、年収別の年間払込保険料を比べてみると、年収1000万円以上で年平均33万9000円、年収300~500万円未満で19万円、年収300万円未満で16万8000円となっている。

ボヤから全焼まで。火災の損害額は1件当たり平均189万円？

◉火災による損害額の推移

■1 年間の損害額

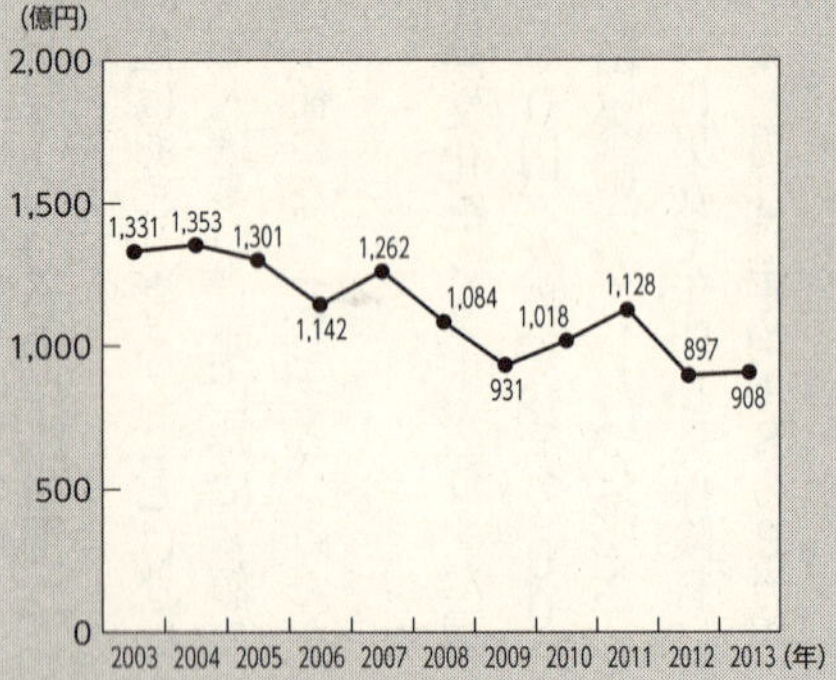

■1 件当たりの損害額

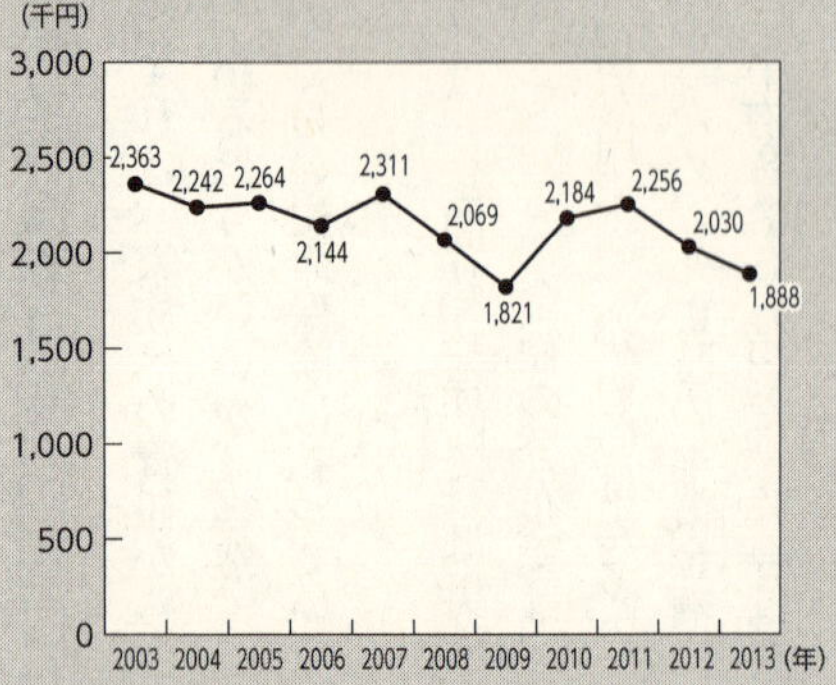

【出典】消防庁『平成 26 年版　消防白書』
http://www.fdma.go.jp/html/hakusho/h26/h26/html/1-1a-3.html

じつは金額のばらつきが大きい「建物以外の火災」

消防庁の『消防白書』によると、2013年の出火件数は1日平均132件で、損害の平均額は188万8000円となっている。ちなみに、過去10年間の推移をみると、平均額はだいたい180〜230万円ほどだ。

この金額、「すごいな！」と思う人もいれば「そんなものか？」と思う人もいるだろう。実際、個々の火災の被害額はピンからキリまでで、数億円もする豪邸が全焼する場合もあれば、小さな家屋で軽いボヤの場合もある。

じつは、統計の取り方によっては損害の平均額はもっと大きくなり、約329万円となる。何が違うのかというと、先にあげた約189万円とは、すべての火災が対象だが、「建物火災」のみを対象とした数字では329万円なのだ。

あまり知られていないが、あらゆる火災の半数近くは、車両火災、船舶火災、林野火災など建物以外の場所での出火で、おおむね建物火災の場合よりも金額が低い。13年の林野火災の平均損害額は1件当たりわずか12万円だ。とはいえ、車両火災でも、高速道路でタンクローリーが炎上して数十億円もの損害額を出したケースがあるので、建物以外の火災も決して軽視はできない。

理想と現実のギャップは1万円。外出するときの服装の値段の平均

◉衣服と持ち物の理想と現実

■男性

	現実	理想
ワイシャツ	3,373.5円	6,346.1円
ネクタイ	3,068.4円	6,322.3円
スーツ	28,773.4円	50,378.8円
靴	9,827.0円	18,748.0円
腕時計	41,646.8円	158,362.1円
財布	12,730.0円	27,459.5円
鞄／バッグ	15,039.9円	35,211.6円
手帳	1,989.1円	4,105.8円
メガネ	18,991.2円	28,798.3円

■女性

	現実	理想
ワンピース	14,675.6円	24,510.0円
ブラウス	6,033.1円	10,123.5円
スーツ	23,956.4円	37,640.1円
靴	9,394.0円	16,949.7円
腕時計	32,960.9円	99,586.6円
財布	17,606.5円	32,991.6円
鞄／バッグ	25,170.9円	56,038.3円
手帳	1,937.4円	4,021.5円
メガネ	20,964.0円	33,947.8円

【出典】「ADK 日本人の平均調査」2011
https://www.adk.jp/wp/wp-content/uploads/news/20110123_1.pdf

みんな妥協した服装で外出している

広告代理店が2011年に、15～69歳の男女1万人を対象に行った調査によると、仕事や、それなりにちゃんとした場所に出かけるときの服装の値段の平均額は、男性が約7万3000円、女性が約8万2000円となった。ここでいう服装とは、男性の場合、スーツ、ワイシャツ、ネクタイ、靴、バッグ、財布を合わせたものであり、女性は、スーツ、ブラウス、靴、バッグ、財布を合わせたものである。

男女の違いがそこまで開いていないのは意外なようだが、女性はこの他に、化粧品代もかかるので、さらに数千円は上乗せされていると見ていいだろう。

ところで、先に示したのは実際に身につけているものの値段だが、当然ながら理想は違う。たとえば、男性のスーツの平均値段は約2万8000円だが、本当はいくらのスーツが着たいかという問いでは、平均約5万円となっている。女性のバッグに関しても、実際は平均約2万5000円だが、理想は平均約5万6000円と倍以上の値段となっている。ちなみに、今回は服装のなかに含めなかったが、いちばん、理想と現実の乖離が激しいのは時計で、3倍以上の開きがあった。時計は趣味のアクセサリーという意味合いが強いためだろう。

安い？高い？
社会人の1回のデート代は8000円

◉独身男性エンジニアのデート代

■デート代の平均は？

	1カ月合計すると？	1回のデートで使うのは？
20代前半（22〜24歳）	23,600円	8,237円
20代後半（25〜29歳）	25,134円	8,277円
30代前半（30〜34歳）	26,501円	8,291円
30代後半（35〜39歳）	33,806円	9,156円
全体平均	26,385円	8,350円

■デート代の配分は？

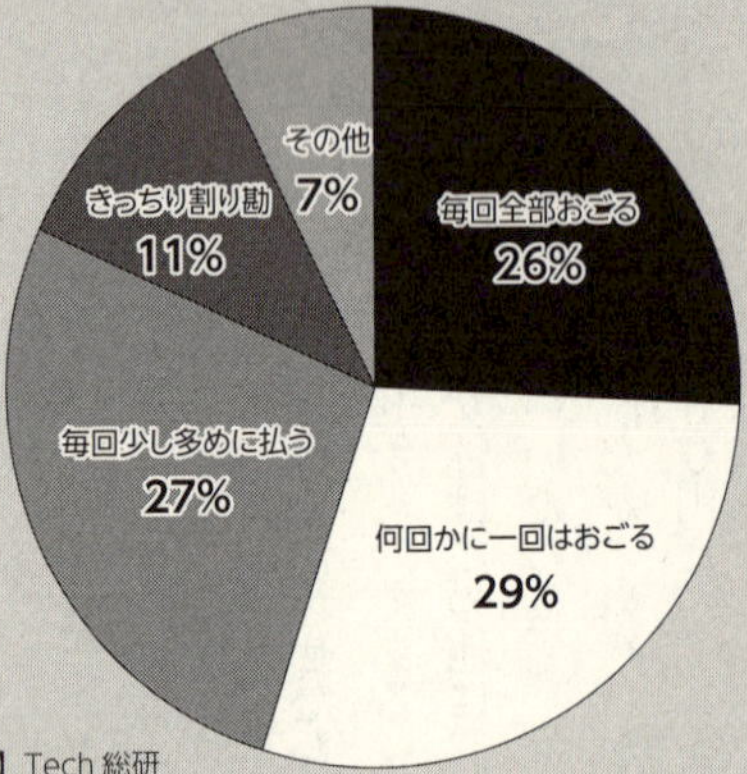

【出典】Tech 総研
http://next.rikunabi.com/tech/docs/ct_s03600.jsp?p=001145

男性はコーヒー一杯分ぐらい多めに出そう

意中の異性とのデートは心躍る時間だが、あまりに出費が多すぎるのも、正直痛い。みんなは、平均いくらぐらいデート代に使っているのだろうか？

リクルート社が行った調査によれば、社会人の平均デート代（2人合計）は約8000円となっている。これは、20代前半～30代前半であまり変わらず、30代後半でも、平均9000円程度とそれほど大幅には増えてはいない。2人合わせて、1万円以下の予算で収まるのが、無理のないデートプランと言えるだろう。

ちなみに、月平均で見ると、だいたい2万5000円前後の出費である。1カ月に3回ぐらいデートするのが、平均的な社会人カップルの姿のようだ。

ところで、デート代を男女どちらがどの程度負担するかというのは、カップルによってかなり違う。つき合いの長さでも変わってくるし、当然、経済力でも変わってくる。最近は割り勘カップルも増えてきているというが、まだ男性が支払うものという意識を持っている人も男女とも多い。一応、デート負担額の平均相場は、男性平均4284円、女性平均3949円という調査結果がある。コーヒー1杯分ぐらい男が多めに出すというのが、ちょうどいいのかもしれない。

大人料金以下！ 1年間に映画に使う金額は1人当たり1285円

◉映画入場平均料金の変遷

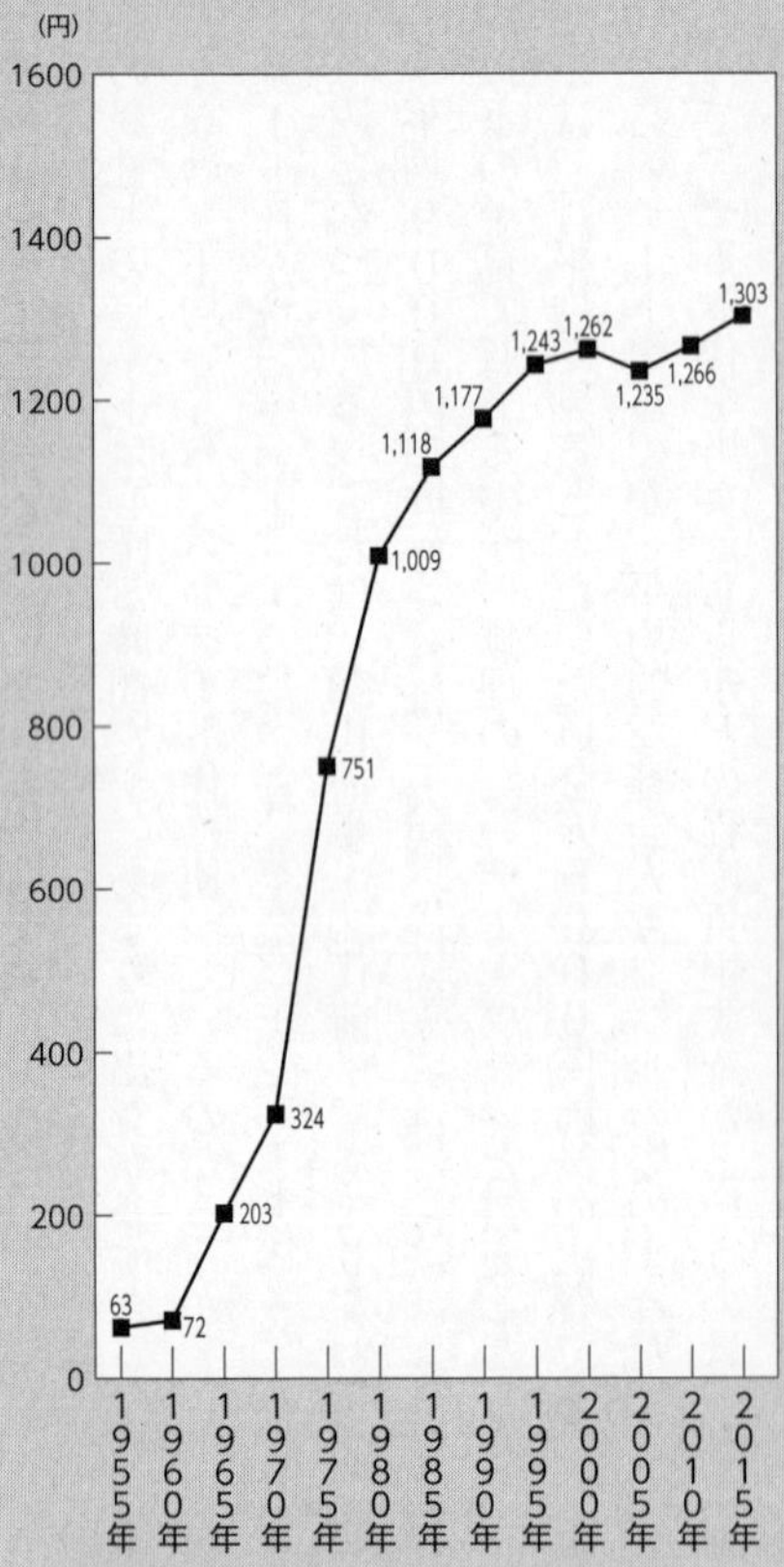

【出典】日本映画製作者連盟
http://www.eiren.org/toukei/data.html

結果的に1年に1人が1本観ているのと近い数字

2015年の日本の映画館の来場者数は、のべ1億6663万人だ。つまり、日本の総人口よりも多い。洋画と邦画を合わせた興行収入の総額は2171億円なので、映画を観に行った人が使った料金は、平均すると1303円だ。

2015年現在、成人の映画入場料金は1800円が基本なので、1303円という平均額はそれを下回るが、前売り券や子ども料金、レイトショーなどは割引されて1000～1300円ぐらいになる。それを考慮すると、おおむね1年に1人が1本を観に行っているの同じぐらいといえるだろう。実際には、1年間に1度も映画館に行かないという人もいる一方、1人で何度もくり返し映画館に足を運ぶ人がいるのに、結果的にこのような数字になるのは面白い。

ちなみに、記録上、映画館の来場者数がもっとも多かったのは1958年で、のべ数なんと11億2745万人を超える。だが、観客が使った平均額はわずか64円だ、入場料自体が格段に安い時代だったのである。バブル経済が絶頂期の1990年に観客が使った平均額は1177円だった。それを考えると、今やテレビやネット動画に押されつつも映画産業はまだまだ健闘しているといえそうだ。

全国の住宅地の地価平均4万9702円を上回っているのは11都道府県のみ

◉住宅地の平均価格（1m²当たり　2015年）

都道府県	住宅地	
	基準地数	平均価格（単位:円）
北海道	807	18,000
青森	265	16,700
岩手	262	24,500
宮城	259	34,000
秋田	215	14,200
山形	160	19,200
福島	391	22,500
茨城	387	32,800
栃木	307	33,200
群馬	278	30,700
埼玉	624	105,400
千葉	680	71,500
東京	770	323,800
神奈川	644	173,700
新潟	392	26,500
富山	143	30,500
石川	176	41,600
福井	128	31,500
山梨	194	25,900
長野	274	25,500
岐阜	245	33,800
静岡	411	66,700
愛知	568	97,900
三重	268	31,200
滋賀	256	46,400
京都	297	102,400
大阪	508	146,900
兵庫	593	100,700
奈良	210	52,600
和歌山	196	34,700
鳥取	129	20,100
島根	180	22,100
岡山	253	29,200
広島	282	51,900
山口	278	25,600
徳島	123	30,400
香川	123	33,100
愛媛	283	37,900
高知	159	31,500
福岡	627	44,600
佐賀	134	20,200
長崎	323	23,600
熊本	329	27,800
大分	204	24,800
宮崎	160	24,600
鹿児島	296	27,900
沖縄	192	45,700

【出典】総務省統計局『日本の統計　2016』
http://www.stat.go.jp/data/nihon/20.htm

首都と東北では地価になんと23倍もの差！

かつてバブル時代に地上げが横行して以来、日本では「高い物」といえば土地というイメージが定着しているが、じつはそれは都市部に限っての話だ。

総務省のデータをもとに、２０１５年の47都道府県の住宅地1平方メートルあたりの地価の平均額を算出すると、４万９７０２円となる。畳半分ほどの土地が約5万円とは恐れ入るが、地域による金額のばらつきはきわめて大きい。

まず、地価がトップの東京都はなんと32万３８００円！　平均額の6倍だ。２位はその隣の神奈川県だが、がくっと下がって17万３７００円となる。以下、大阪府、東京のベッドタウンとなっている埼玉県、京都府などが上位に並ぶ。

一方、最下位は秋田県でわずか1万４２００円、じつに東京の約23分の1だ。このほか下位には青森県、北海道、山形県、鳥取県などが並んでいる。

ちなみに、47都道府県のうち平均額の４万９７０２円を上回っているのは、全体の4分の1にも満たない11都府県のみだ。1万円単位で区切ると2万円台の県が15県といちばん多く、いかに一部の都会が平均額を押し上げているかよくわかる。なお、平均額にいちばん近いのは広島県で、５万１９００円となる。

平均株価2万円オーバーは戦後5年間しかなかった

◉日経平均株価の変遷

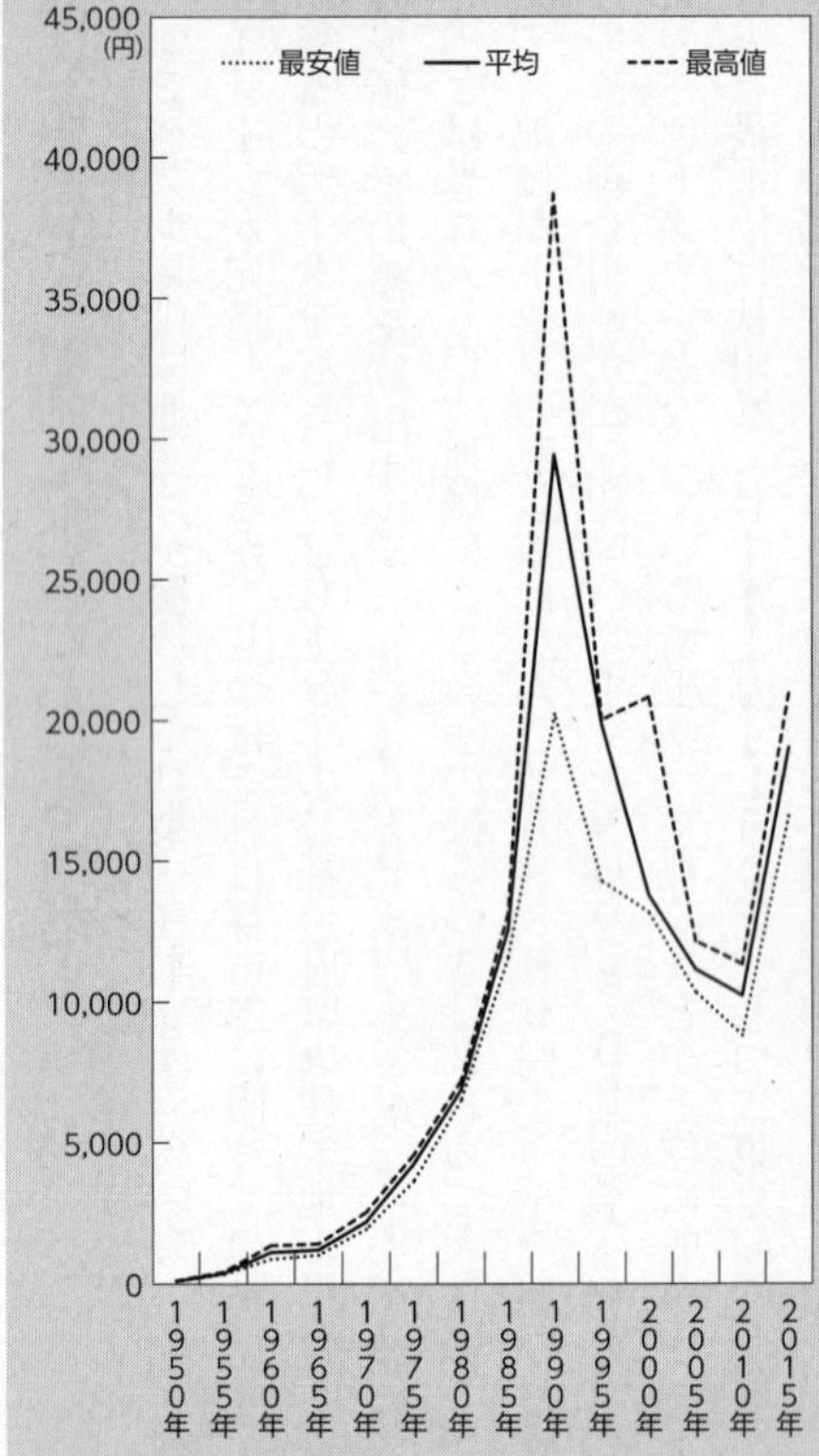

【参照】世界経済のネタ帳
http://ecodb.net/stock/nikkei.html
戦後昭和史
http://shouwashi.com/transition-stockprices.html

バブル時代突入前夜の日経平均株価は1万560円

「平均」と聞けば、すぐ株価を思い浮かべるビジネスマンもいるだろう。日本では平均株価といえば、日本経済新聞社が、東京証券取引所の第一部に上場している企業のうち225銘柄の平均値を算出した「日経平均株価」がよく使われる。

2016年の年頭の日経平均株価は1万8451円だった。これに対し、昭和史回顧ネタなどで何かとよく引き合いに出される、バブル経済絶頂期の平均株価の最高値は1989年の3万8915円だ、じつに2倍近い額となる。

さて、「バブル経済崩壊後、アベノミクス導入まで株価は低迷が続いた」と飽きるほど聞かされてきたが、今の平均株価はいつごろの水準と同等なのか？

じつは高度経済成長期まっさかりの1970年の平均株価はわずか2193円だ、その後の石油ショックによるインフレがいかに大きかったかわかる。バブル前夜の84年には1万560円で、これが初めて1万円を超えた年となる。それから2年後のバブル初期には1万6401円で、翌年には一気に2万円を超えた。しかし、じつは日本の歴史上で平均株価が2万円を超していた時期は91年までの5年間しかない。逆に考えると、明らかにこの時期が特別すぎたのである。

日本の科学技術研究費は年間平均2073万円だが国の負担は少ない

◉世界の研究費

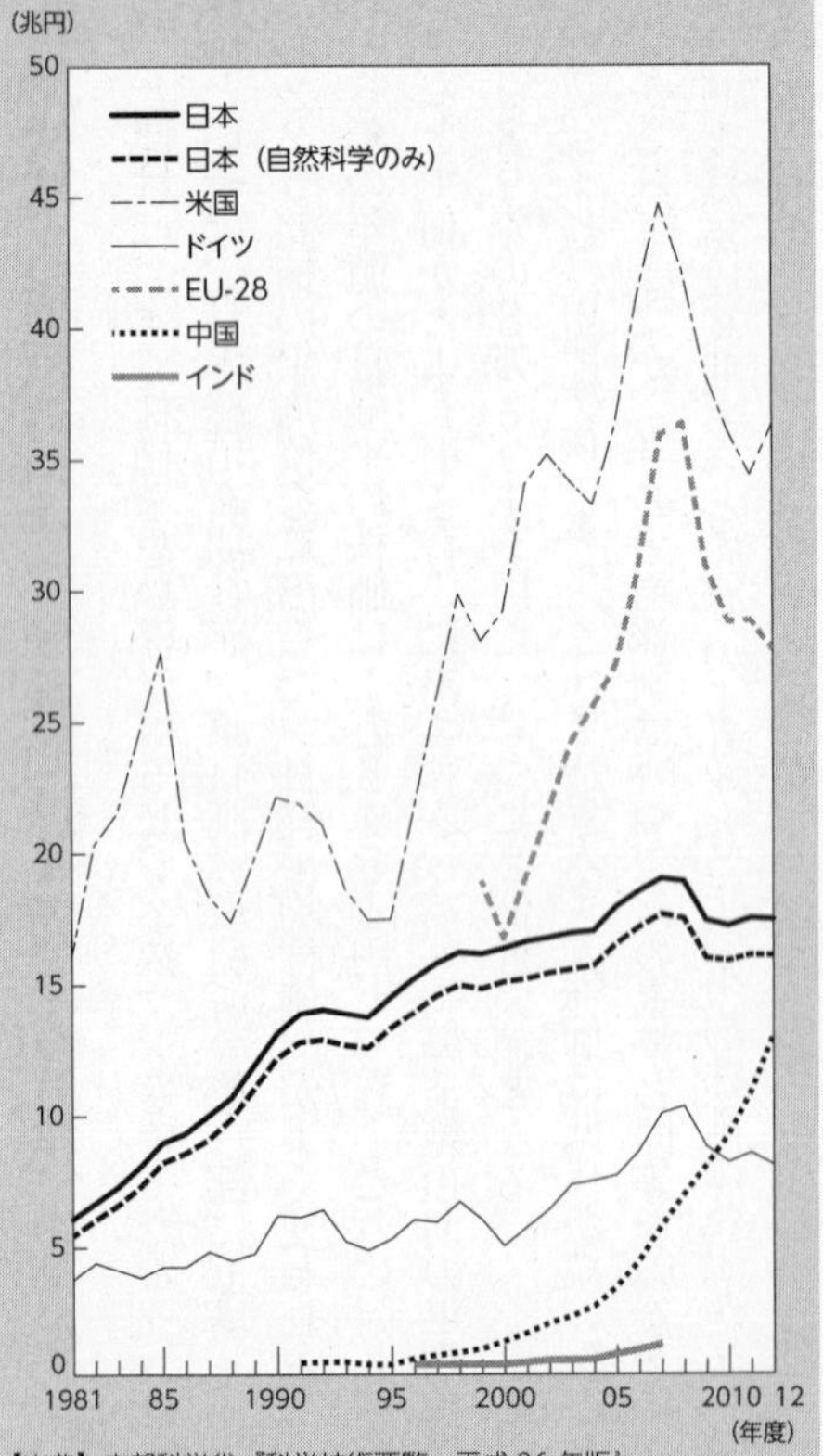

【出典】文部科学省『科学技術要覧　平成 26 年版』
http://www.mext.go.jp/b_menu/toukei/006/006b/1351708.htm

金額は大差なくても欧米は政府の負担率が1・5〜2倍

スーパーコンピュータにバイオテクノロジーに化学に物理学などなど、最新の科学技術研究は、とにかく設備の費用も成果が出るまでの時間もかかる。しかし、それを惜しんでは、科学は進歩しないし良い人材も育たない。

２０１４年のデータでは、日本の研究者数は85万３７００人で、一人当たりの研究費は２０７３万円となる。これを「高い」と考えるかは微妙なところだ。主要な先進国では、アメリカは平均２７３３万円、ドイツは２３２８万円、ＥＵ加盟国の平均は１６６９万円となる。一方、一見経済が急成長中の中国はまだ日本の半額以下で９２７万円、インドはもっと少なく４６５万円しかない。

だが、研究費の政府負担の割合を見ると、日本は約19％なのに対し、アメリカは約31％、ＥＵ加盟国の平均は約34％だ。新興国のインドはじつに62％におよんでいる、貧しいながらも国を挙げて学者を育成する気概が伝わって来るではないか。

青色ダイオードを発明した中村修二博士は、研究のため渡米してアメリカ国籍を取得後、ノーベル物理学賞を受賞した。政府が研究費をけちっているようでは、技術立国を誇る日本も、今後ますます頭脳流出を余儀なくされるだろう。

COLUMN

平均値と中央値の違い

平均値に似た概念に中央値というものがある。これは、調査結果のデータを小さい順に並べたときに中央に位置する値のことである。データが奇数のときは、そのまま真ん中の数値を使えばいいし、偶数の場合は、真ん中にもっとも近い２つの数値を足して、２で割った数値が中央値となる。

たとえば、６人の年収を比較して、Ａさんが100万円、Ｂさんが200万円、Ｃさんが350万円、Ｄさんが400万円、Ｅさんが450万円、Ｆさんが3000万円だったとする。単純に平均値を出すと、６人の平均年収は750万円だ。だが、実際には６人中５人は500万円以下の年収しかない。Ｆさんが断トツに年収が高いため、全体の平均を押し上げているのだ。そのため、平均値では多数派の実感とはズレが生じてしまう。

いっぽう中央値で見ると、真ん中にもっとも近いのはＣさんの350万円とＤさんの400万円なので、その年収を足して２で割ると、375万円となる。こちらのほうが、多数派が実感している年収の数値に近いことがわかるだろう。平均値を見て自分とのズレを感じたら、中央値を試して欲しい。

第2章 ニホンの年齢

世界的には老け過ぎ？日本の「国民の平均年齢」は46・9歳

◉年齢5歳階級別人口（2014年）

総数	1億2708万3000人
0～4歳	521万3000人
5～9歳	530万7000人
10～14歳	571万3000人
15～19歳	600万5000人
20～24歳	620万3000人
25～29歳	667万8000人
30～34歳	746万6000人
35～39歳	867万0000人
40～44歳	979万3000人
45～49歳	860万8000人
50～54歳	779万1000人
55～59歳	765万4000人
60～64歳	898万0000人
65～69歳	915万4000人
70～74歳	792万8000人
75～79歳	626万9000人
80～84歳	486万9000人
85～90歳	306万3000人
90歳以上	171万7000人

【出典】総務省統計局『日本の統計　2016』
http://www.stat.go.jp/data/nihon/02.htm

日本の人口のボリューム層は2つの世代

「平均寿命」が話題になることは多いが、現在生きている人全部の平均年齢は何歳になるのだろうか？　日本の場合、２０１６年の推計値は46・9歳となる。

もちろん、この年齢の人が人口の大多数を占めているというワケではない、だが、5歳区切りで人口を見ると40～44歳が９７９万人以上でもっとも多い。この年齢層は、ちょうど１９７０年代前半の第2次ベビーブームで生まれた「団塊ジュニア」世代に当たり、人数が多いからだ。次に人口が多いのは65～69歳の９１５万人で、戦後の第1次ベビーブームで生まれた「団塊の世代」に当たる。

さて、平均46・9歳という数字は、じつは世界でも屈指の高さだ。アメリカは37・9歳、中国は37・1歳、インドは27・6歳で、ヨーロッパでは日本と同じく40歳代の国もあるが、アフリカ大陸ではなんと10歳代の国も少なくない。

新興国では子どもや若者の人口が多いのに対し、日本の国民の平均年齢の高さは少子高齢化を反映している。日本の約1億２７００万人の人口のうち、19歳までの人間は約２２２０万人だが、60歳から上の人間は約４１９８万人と倍近い数だ。このままで行けば、今後も日本の国民の平均年齢はさらに上がり続けるだろう。

どんどん延び続ける？ ２０６０年の日本人女性の平均寿命は90・93歳？

◉日本人の平均寿命（2020年以降は推計値）

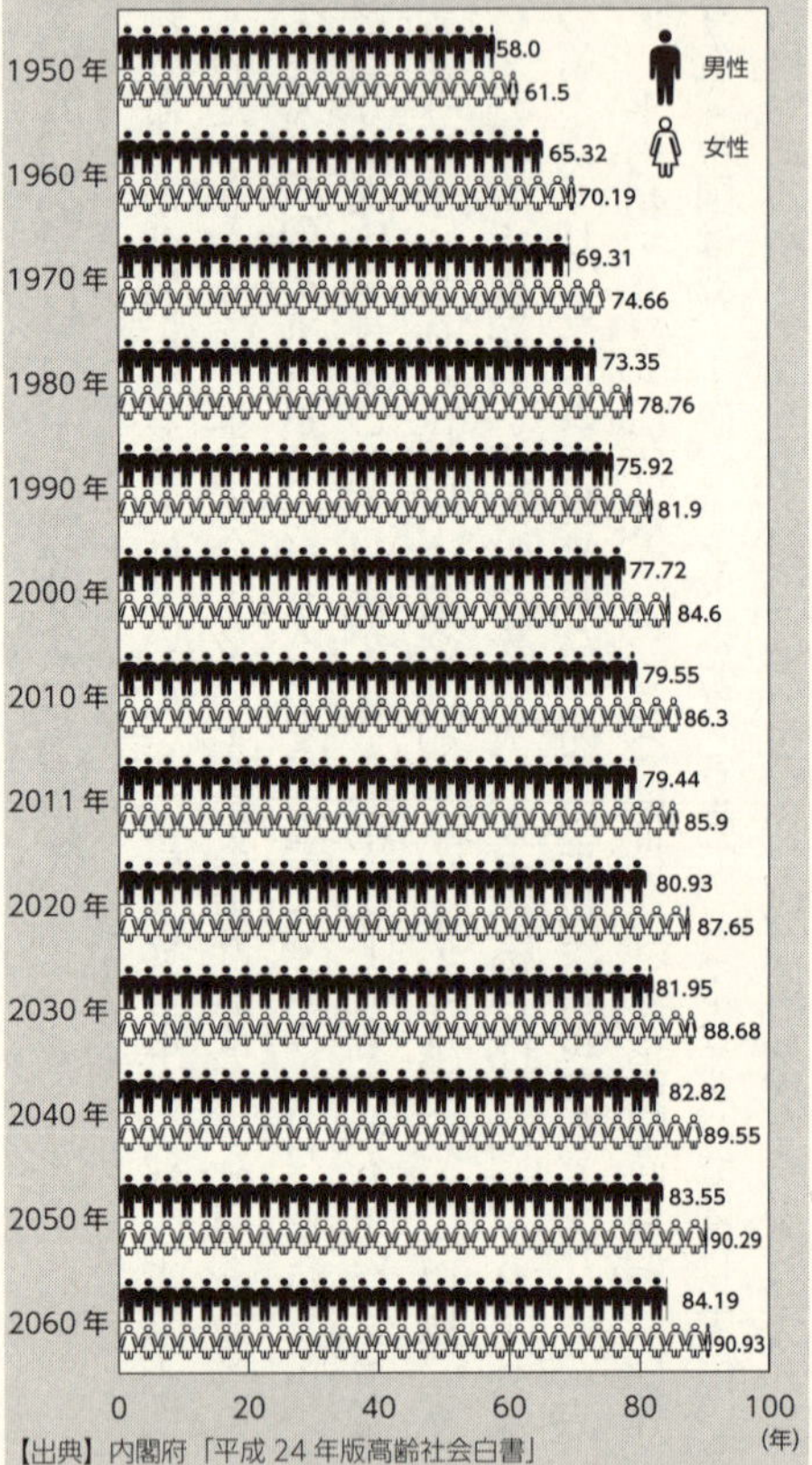

【出典】内閣府「平成24年版高齢社会白書」
http://www8.cao.go.jp/kourei/whitepaper/w-2012/zenbun/24pdf_index.html

江戸時代の平均寿命は30代だった！

よく知られている通り、男性よりも女性のほうが寿命は長い。2013年の日本人男性の平均寿命は80・21歳、女性は86・61歳となっている。

日本では戦後、医療の進歩や食生活の改善などによって寿命が延び続けてきた。終戦から間もない1950年の平均寿命は今よりも20歳以上も低く、男性が58・0歳、女性が61・5歳だ。当時はみんな60歳前後で亡くなっていたというワケではない、70代や80代まで生きる人もいたが、一方で乳児死亡率が高かったため、平均値が押し下げられていたのだ。ちなみに、江戸時代の平均寿命は32〜37歳ぐらいだったが、84歳まで生きた後水尾天皇のような長命な人間もいる。

さて、国立社会保障・人口問題研究所では、現在までの平均寿命の伸び率をもとに、将来の予測も割りだしている。これによると、2060年の男性の平均寿命は84・19歳、女性は90・93歳となる。だが、こうして寿命が延びてお年寄りが増える一方で少子化が進んでいる。1950年には65歳以上の高齢者1人に対し、平均10・0人の現役世代（20〜64歳）がいたが、2060年には1人の高齢者に対して現役世代の数は、平均わずか1・2人となってしまう予定なのだ。

お腹が気になりだす年齢は男女ともに33歳

◉衰え始める年齢

症状	男性	女性
お腹が出てきた	33.9 歳	33.8 歳
体力がなくなってきた	39.8 歳	39.6 歳
しわが増えた	40.2 歳	39.0 歳
シミが増えた	41.8 歳	38.5 歳
白髪が気になりだした	40.1 歳	40.3 歳
加齢臭が気になりだした	43.9 歳	43.3 歳
老眼が気になりだした	45.9 歳	46.2 歳

【出典】「ADK 日本人の平均調査」2011
https://www.adk.jp/wp/wp-content/uploads/news/20110123_1.pdf

メタボ対策は30代からはじめるのが吉

40歳を過ぎると受けられるようになる「特定健康診査（通称メタボ検診）」。内臓脂肪の増加によって、糖尿病や高血圧などの生活習慣病を引き起こしやすくなるのがメタボリックシンドローム。小まめな検診で早期発見が望ましい。

15歳から69歳までの男女1万人を対象にしたアンケートでは、「お腹が出てきた」と感じる年齢の平均は男性で33・9歳、女性で33・8歳。40代よりもずっと早く気になりだしたということになる。しかし、実際にメタボ腹になっている人の構成比では30代はわずか2・5％、もっとも多いのが70歳以上の44％だ。

しかし、30代で気になりだすというのにも理由はある。人は30代を過ぎると運動量が激減する。仕事でも現場よりオフィスワークが中心となり、これまでと同じカロリーを摂取していれば消費カロリーを上回り体内に蓄積される。また、30代を過ぎると体内の筋肉組織量が減少するため、筋力が低下し体が動かなくなりはじめる。これは男女とも同じで、35歳くらいから下腹がポッコリ出てくる。40代でお腹が目立つのはその肉が全体に広まったため。つまり目立つようになったときにはもう手遅れ。メタボは30代からはじまっているのだ。

早過ぎ？それとも普通？
初恋の平均年齢は10・4歳

◉初恋をした年齢

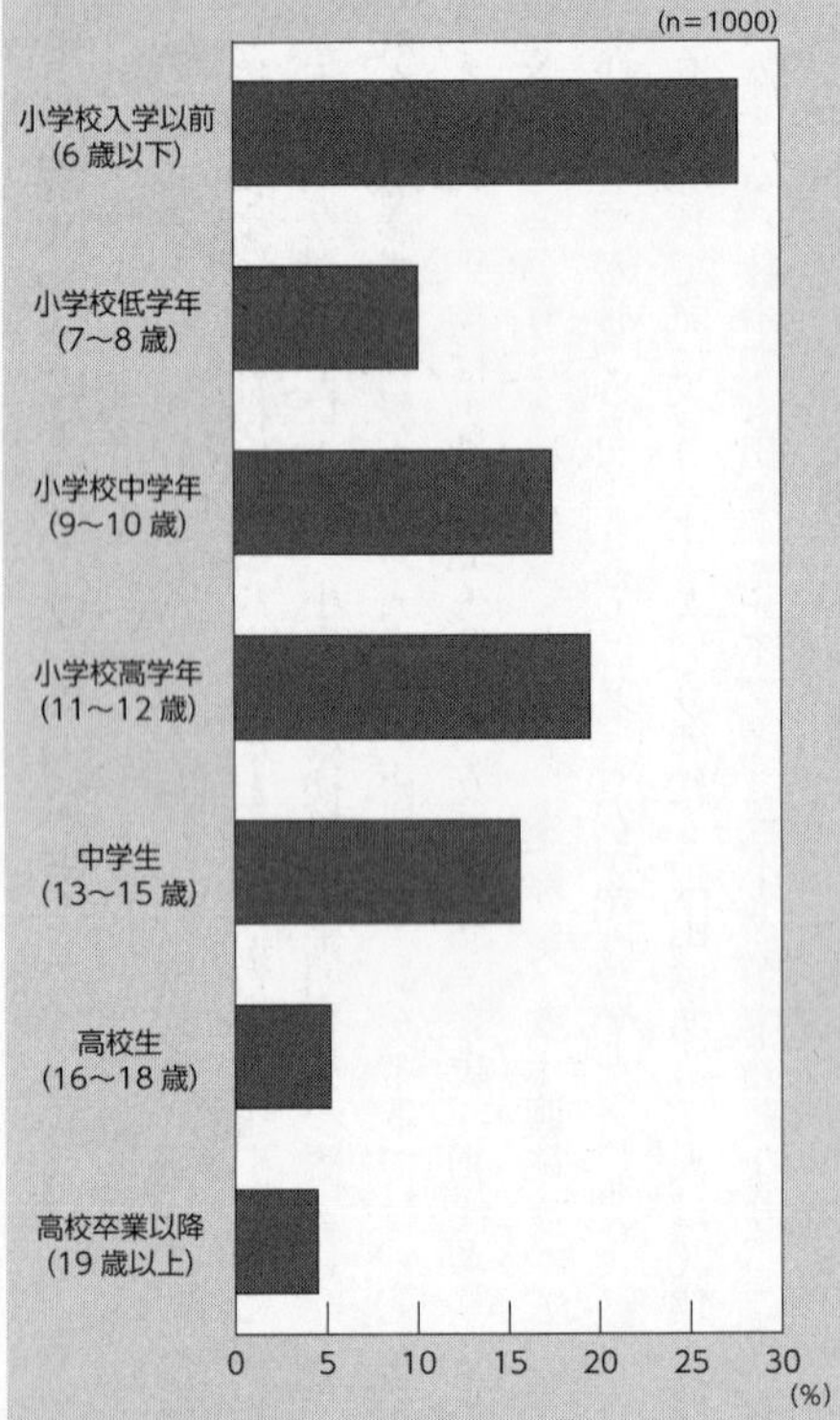

【出典】ライフネット生命「初恋に関する調査」
http://www.lifenet-seimei.co.jp/newsrelease/2012/4151.html#anchor2

小学校卒業までに８割近くが初恋を経験

甘酸っぱい初恋の年齢。２０１２年、20～50代を対象にした生命保険会社のアンケート調査では10・４歳という結果だった。一方で２０１５年に、宝石会社が20～49歳までを対象に実施した調査では11・８歳となっている。

１歳近くのズレが出ているのは、調査の年代の差と同時に、対象年齢範囲が違うことも影響しているだろう。どちらのアンケートでも８割近くが小学生のうちに初恋を経験しているのは共通。もっとも多いのは小学校入学前の６歳以下で、平均値の10～11歳が約18％となっている。

６歳以下が３割近くを占めながらも平均が上がるのは、全体の４・５％に過ぎない高校卒業後の19歳以上という層。30歳で初恋という場合は大きく平均が上がる。

ちなみに、初恋相手は同級生が圧倒的に多く、全体の75％を占めている。次いで多いのが先生や上級生、近所のお兄ちゃんやお姉ちゃんといった年上の異性だが、こちらは男性10・６％に対して、女性18・４％と、女性のほうが年上に憧れやすい傾向が見える。一方で、芸能人やアイドル、マンガやアニメのキャラクターが初恋相手という場合が２・４％あり、こちらも女性の比率が高くなっている。

ファーストキスの平均17歳は早いか遅いか？

◉ファーストキス

■ファーストキスの年齢は？

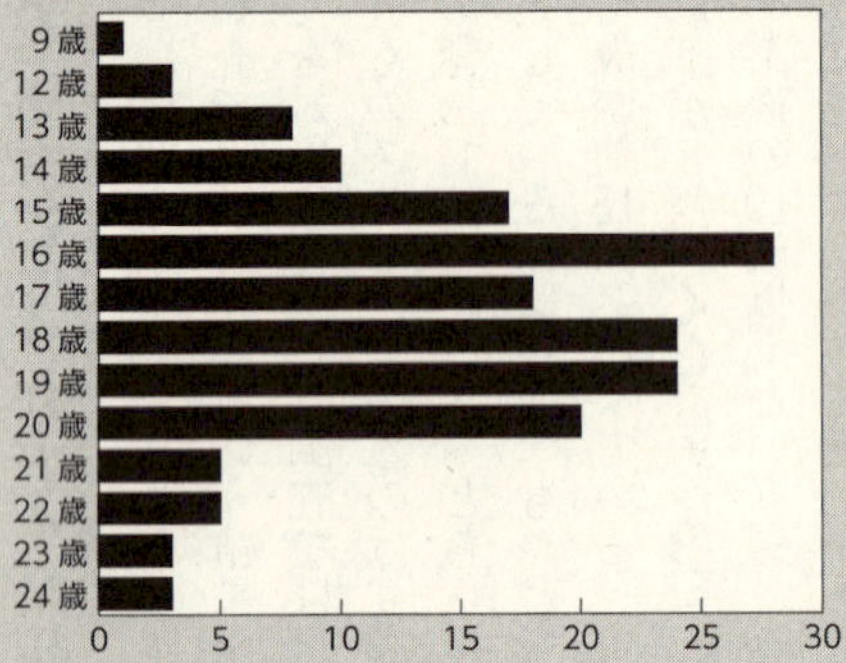

■ファーストキスは何の味？

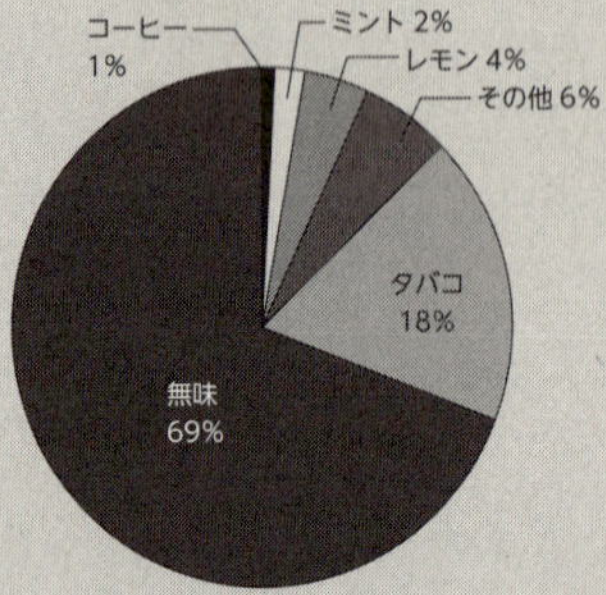

【出典】ネットプライスの調査結果
http://www.netprice.co.jp/campaign/140530firstkiss/

青春の1ページもやり直し希望者続出

5月23日は「キスの日」。これは1946年に日本で初めてキスシーンが登場する映画『はたちの青春』が公開されたことに由来する。終戦直後のことでもあり、当時は20歳を過ぎてのキスシーンでもかなりの衝撃だったようだ。

ネットプライスの調査によれば、現代のファーストキスの経験年齢の平均は17歳。青春真っ只中の高校2年生だ。男性が17・3歳、女性が17・6歳と、若干男性のほうが早く経験していることになるが、大きな差はない。

しかし、個別の回答で「私は遅いほうで17歳」という意見もあるように、高校生にとっては17歳は遅いほうなのかもしれない。回答で、もっとも多かったのは16歳の17％、2位と3位は18歳、19歳でともに14％ずつ。じつは平均通り17歳でファーストキスを経験している人は意外と少数派だったのだ。

では、そんなファーストキスの感想はというと、「相手の歯が当たった」「舌が入ってきて驚いた」「さっき食べてた魚の味がした」と、レモンの味とは程遠い感想が並ぶ。ファーストキスの味としてもっとも多かったのが無味の69％で、レモンはわずか4％。ファーストキスをやり直したいという人は過半数の56％にもなる。

焦らなくてよい。初体験の平均年齢は20・3歳

◉初体験の年齢

	男性	女性
20代	18.9歳	18.5歳
30代	20.2歳	19.6歳
40代	20.4歳	20.1歳
50代	20.8歳	21.1歳
60代	21.1歳	22.2歳

※ 初体験の低年齢化は女性のほうが幅が大きい。

◉セックスをしたいと思いますか?

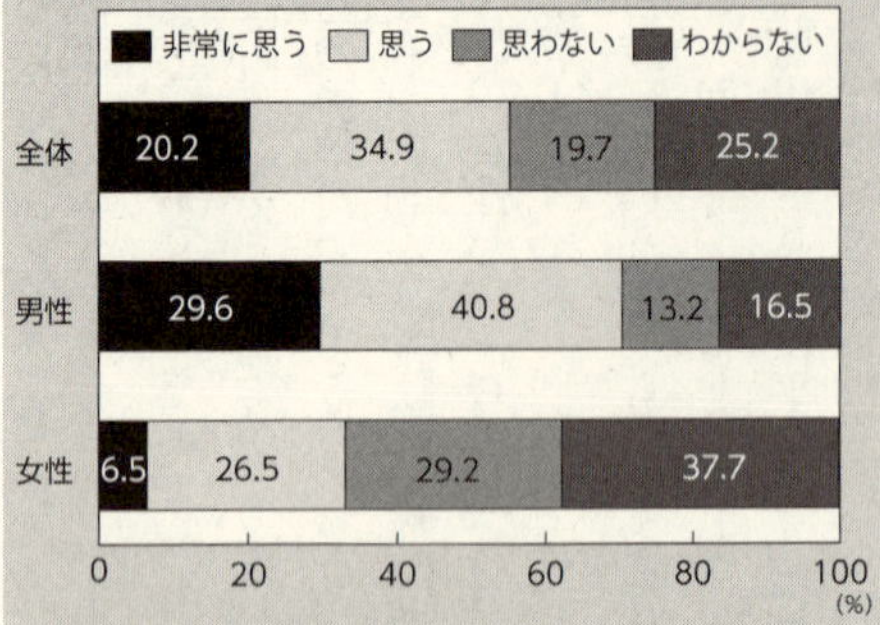

【出典】相模ゴム工業「ニッポンのセックス」
http://sagami-gomu.co.jp/project/nipponnosex/experience_sex.html
http://www.sagami-gomu.co.jp/project/nipponnosex/experience_sex.html

30歳まで童貞を貫くと魔法使いになれる？

草食系男子が増加するとともに、セックス経験のない30代・40代が増加しているといわれる。コンドームメーカー相模ゴム工業の調査によれば、初体験の平均年齢は男女ともに20・3歳となった。

年代別に見ると、60代の平均は21・7歳、20代の平均は18・7歳となっており、時代が進むほど初体験の低年齢化が進んできたことがわかる。ただ、早い初体験は、妊娠や病気への知識が乏しいためリスクも大きい。

全体でいえば、20代女性の74・5％、男性の59・4％が経験済と回答。女性の4分の1、男性の3分の1は未経験者だ。30代になると男女とも経験者が90％を超えるため、処女や童貞の数は激減してしまう。一方で未経験者のうち19・7％はセックスそのものを「したいと思わない」と回答している。これが草食化といわれる要因といえるだろう。

もっとも、コンドームの世界的メーカー・デュレックス社が、41カ国を対象に調査したところ、世界の初体験の平均は17・3歳となった。35％が16歳以下で初体験を迎えており、日本人からするとかなり早いという感覚になる。

肌質がピークを迎える25歳はモテ期のピーク

◉人生のピーク年齢

	男性	女性
異性にモテた	26.7 歳	24.2 歳
運動神経	26.6 歳	23.1 歳
流行に敏感	24.7 歳	24.3 歳
肌のハリ	26.0 歳	25.8 歳
体力	28.5 歳	27.4 歳
思考力の鋭さ	34.5 歳	32.8 歳
感性の豊かさ	34.7 歳	33.8 歳
自由にお金が使える	37.1 歳	35.0 歳
仕事力	41.3 歳	35.8 歳

【出典】ADK「日本人の平均調査」2011
https://www.adk.jp/wp/wp-content/uploads/news/20110123_1.pdf

異性にモテて困るなどという日は本当に来るのか？

映画などでも有名になった「モテ期」という言葉。イケメンや美女なら常にモテ期ともいえるが、そうでない人にも、異性から不思議とモテる時期があるという。広告代理店が行なった調査では「異性にモテた」と感じた年齢の平均が、男性では26・7歳、女性では24・2歳となった。人生には2〜3回のモテ期があるともいわれており、個人差もある。回答者は少なくとも「モテ期があった」ということなので、「生まれてから一度もモテたことなんてない」という人は、まだその時期が来ていないか、来ていても気がつかなかったともいえるだろう。

また、25歳前後は、男性も女性も就職して仕事にも慣れ、そろそろ結婚を考え始める時期。また、肉体的にも人間の体がピークを迎える時期でもある。たとえば、肌のハリのピークを迎えた年齢は男性26歳、女性25・8歳。体力的にも精神的にも最盛期を迎えると自分にも自信が出てくる。自信があると余裕ができ、異性からも魅力的に映るだろう。これが、モテ期のメカニズムといえるかもしれない。

とはいえ、思考力や感性は30代でピークを迎えるという結果も出ている。そちらのほうで自信を持てれば、30代でのモテ期も当然あり得る。

30歳過ぎてのウェディングドレスも今は普通？

◉平均初婚年齢の推移（2001年から）

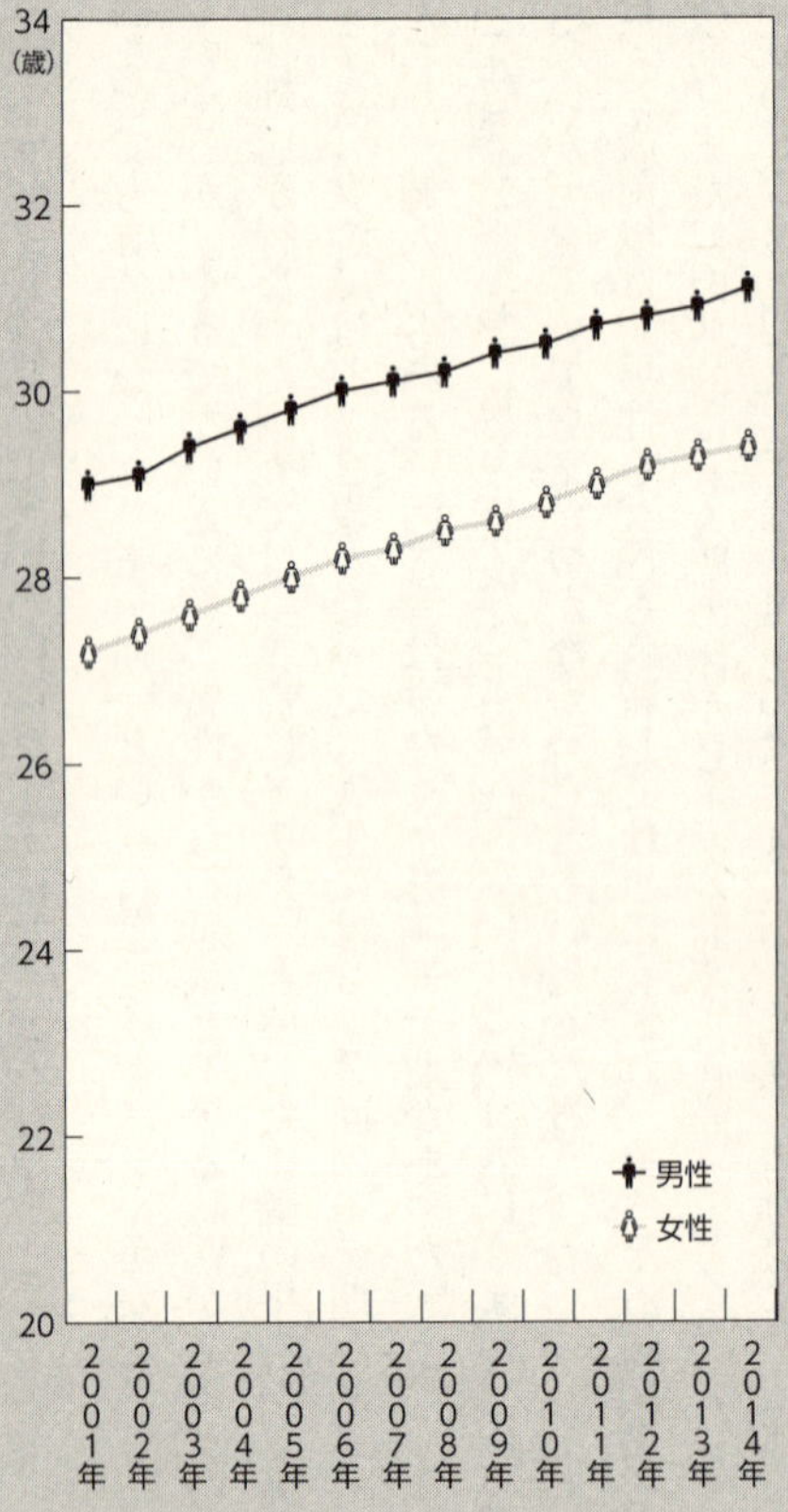

【出典】厚生労働省「人口動態統計」

様々な問題が絡み合い進む晩婚化

昭和の時代の結婚適齢期といえば20代前半。とくに女性はクリスマスケーキに例えられ、25歳過ぎたら大安売りと揶揄された。しかし、現在の初婚年齢の平均は男性が31・1歳、女性が29・4歳。1970年には男性26・9歳、女性24・2歳だったのと比べると、5年近く遅くなっている。クリスマスどころか大晦日だ。

晩婚化は80年代から上昇の一途だ。21世紀に入ってからさらに加速し、2006年には男性の平均初婚年齢が30歳を突破。女性はまだ20歳代に留まっているものの、毎年0・1～0・2歳ずつ増えているので後5年もしたら30歳の大台に乗りそうだ。大学生を対象にした調査でも、69・4%が結婚願望があると答えているが、結婚したい時期というと、3分の1近くが28歳以降と答えている。

晩婚化の理由としては、長引く不況などによる経済的なものや、女性の社会進出、子育て環境の不備など様々な要因が重なっている。

また、結婚そのものへの魅力が少なくなってきたことといえるだろう。女性は男性に依存する必要がなくなり、男性もまたひとりで家事などをこなせる人が増えてきた。中には、相手がいても、同棲や事実婚を選択する場合もある。

初出産の年齢は30歳過ぎても大丈夫？

◉第一子出生時の母の平均年齢年次推移

	平均年齢
1975年	25.7歳
1985年	26.7歳
1995年	27.5歳
2005年	29.1歳
2010年	29.9歳
2011年	30.1歳
2012年	30.3歳
2013年	30.4歳

【出典】厚生労働省「人口動態調査統計」
http://www.mhlw.go.jp/toukei/saikin/hw/jinkou/geppo/nengai13/dl/kekka.pdf

30代前半での出産は高齢出産に入らない

出産が遅いと「羊水が腐る」などと発言して炎上した女性歌手がいたが、2013年の厚生労働省の人口動態調査では、第一子出生時の母親の平均年齢を発表。初出産の平均年齢は30・4歳となった。結婚後に出産と考えると、前ページの初婚年齢が29歳だったので、結婚後1年で出産と考えればほぼリンクする。

結婚年齢と同じように初出産の年齢も年々上昇している。1950年代には24歳だったものが、2000年代になると高齢化が進み、2011年から30代に突入した。これが2人目になると32・3歳、3人目は33・4歳と、それぞれ約1年ごとに上昇しており、1人目の後は早いサイクルで生んでいるといえる。

一般的に30歳を過ぎると20代で生むより、流産などの出産リスクは高いといわれる。以前は30代での出産というと高齢出産に入った。しかし、現在は30代での出産が一般的となったため、35歳からを高齢出産と呼ぶようになっている。これは、医療技術の進歩により、流産するケースが減少したことも大きいだろう。

ちなみに県別で見ると、九州・山陰・東北地方では29歳台で出産をするなど比較的早く出産し、もっとも遅いのが東京23区の32・2歳だった。

低年齢化が進む？
子どもが花粉症デビューするのは7歳から

◉2012年の子どもの花粉症発症率

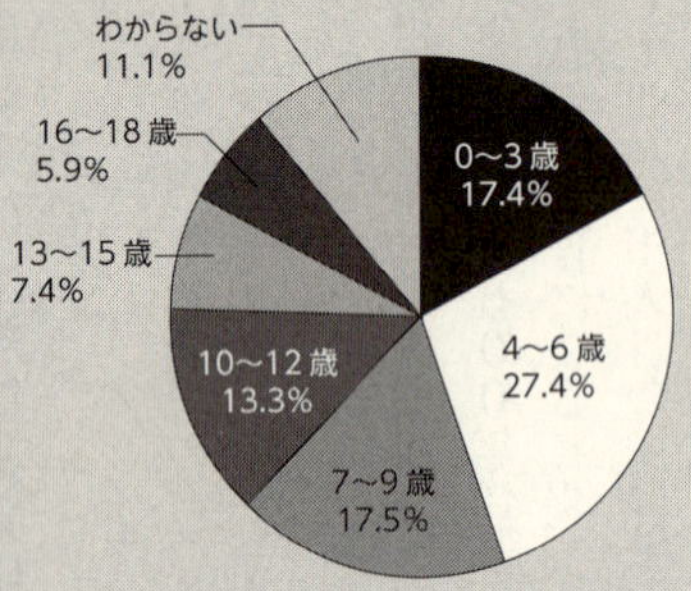

◉2013年の子どもの花粉症発症率

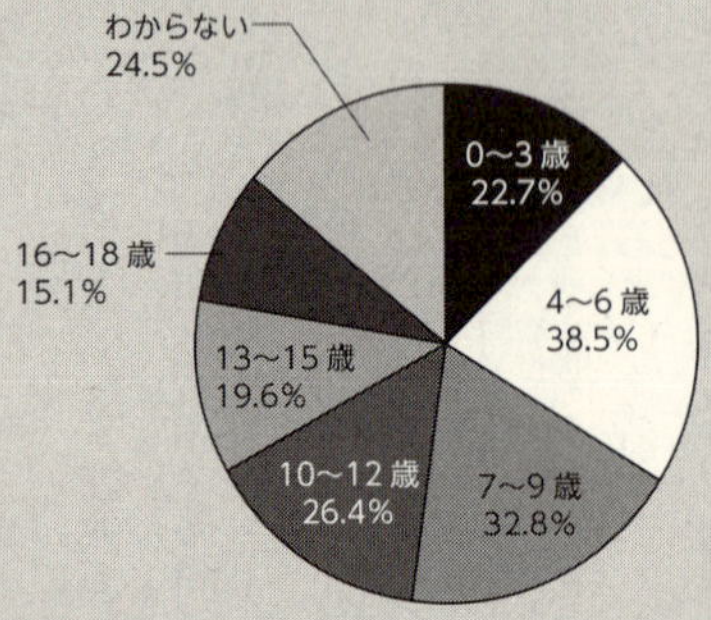

【出典】ウェザーニュース「花粉症調査」2012 年、2013 年
http://weathernews.com/ja/nc/press/2012/120424.html
http://weathernews.com/ja/nc/press/2013/130416.html

ある日突然襲ってくる花粉症の脅威

春になると急増する花粉症。もっとも一般的なのが春に飛ぶスギ花粉によるものだが、初夏にはイネ、夏にはブタクサ、秋にはヨモギなど、花粉は1年中飛んでいるためどこにひっかかるかわからない。花粉症のメカニズムについては解明できていない部分も多く、患者の総数もはっきりとしたデータがないという。

花粉症患者の90％は10～40歳代といわれ、ピークは20～30歳代。そもそも、花粉症は特定の抗原（花粉）に対する抗体が体内である程度作られる必要があるため、一定期間を過ぎてから発症することが多いといえる。その発症時期には個人差があるが、本来は大人のアレルギー疾患だったといえる。

しかし、最近は子どもでも花粉症にかかる子が増えている。厚生労働省の調査では、近年の子どもの花粉症発症率は大人の2倍にもなっている。２０１２年のウェザーニューズの花粉症調査では、花粉症デビューの平均は7・4歳。もっとも発症率が高いのは4～6歳の時期で27・4％を占めた。

子どもの場合、他の食物アレルギーなども抱えている場合が多い。花粉症対策としてはやはりマスクを着用するなど、体内に入る花粉を少なくするのが第一だ。

20代でもかかる!? 若年性認知症の発症平均年齢は？

◉認知症高齢者の現状（2012年）

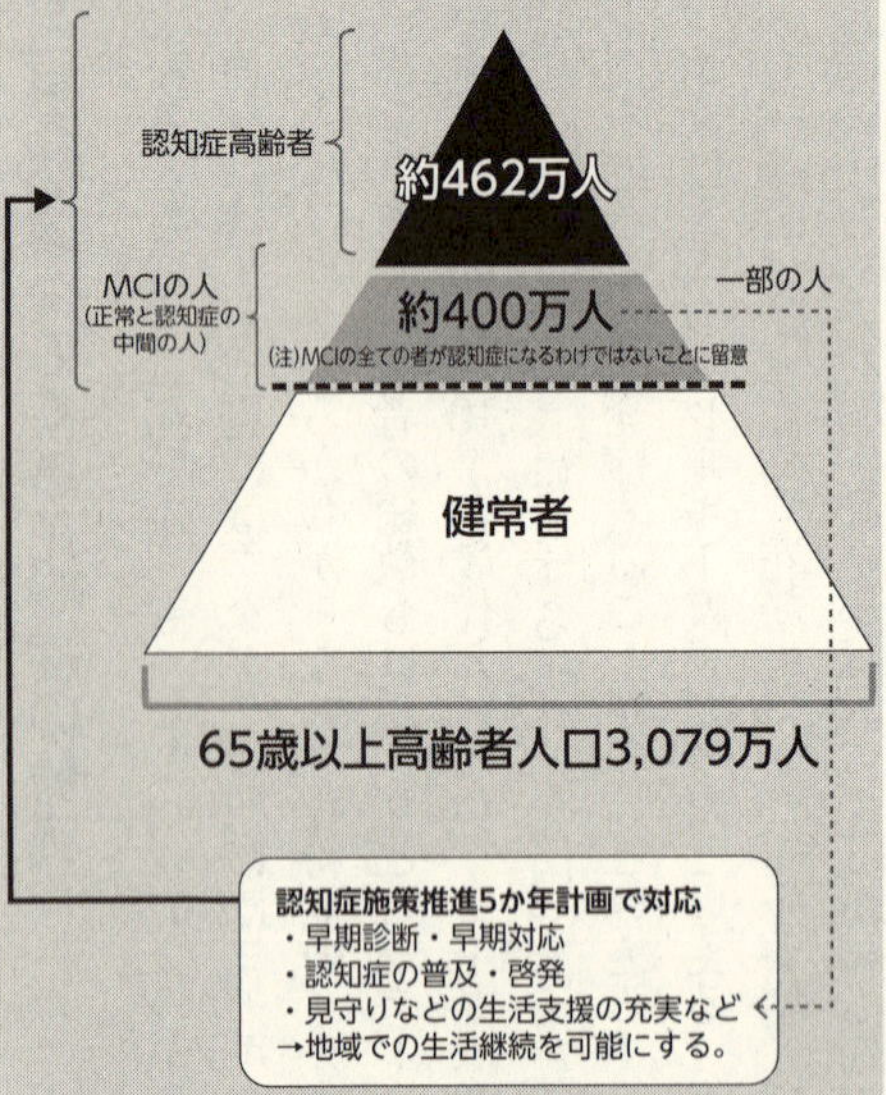

◉今後の認知症高齢者割合
（日常生活自立度Ⅱ以上の患者の将来推計）

2010（平成22）年	280万人（65歳以上の人口比 9.5%）
2012（平成24）年	305万人（65歳以上の人口比 9.9%）
2015（平成27）年	345万人（65歳以上の人口比 10.2%）
2020（平成32）年	410万人（65歳以上の人口比 11.3%）
2025（平成37）年	470万人（65歳以上の人口比 12.8%）

【出典】厚生労働省「認知症施策の現状について」

団塊の世代の高齢化で急増の予感

厚生労働省の調査では、85歳以上の高齢者の4人にひとりは認知症を患っているとされる。認知症とは65歳以上の高齢者が、物忘れがひどくなったり、判断力の低下により、性格が変化したり異常行動などが目立つようになった状態。専門家の中には、65歳以上の10人にひとりは認知症という人もいる。

通常、認知症は65歳以上の高齢者を指し、64歳以下の人がかかると若年性認知症と呼ばれる。２００９年の厚生労働省の調査では、この若年性認知症の患者数が約4万人、発症の平均年齢は約51歳となった。上限が64歳ということなので、通常よりも15年も早く認知症になってしまうことになるが、これはあくまで平均。50歳代が多いものの、18〜19歳でも10万人に０・８人、20代前半で10万人に５・１人と、かなりの若さで発症してしまう人もいるのだ。

とくに今後、認知症患者は増加していくことがわかっている。２０２５年までに、日本の人口のボリューム層である団塊の世代がすべて75歳以上の後期高齢者となる。現在若年性認知症にかかっている人も含め、介護を必要とする認知症患者の数も、東京オリンピックの年には４００万人を突破する勢いだ。

きっかけは高校入学と就職？
引きこもりの平均年齢は35・6歳

◉引きこもり本人回答者の年齢

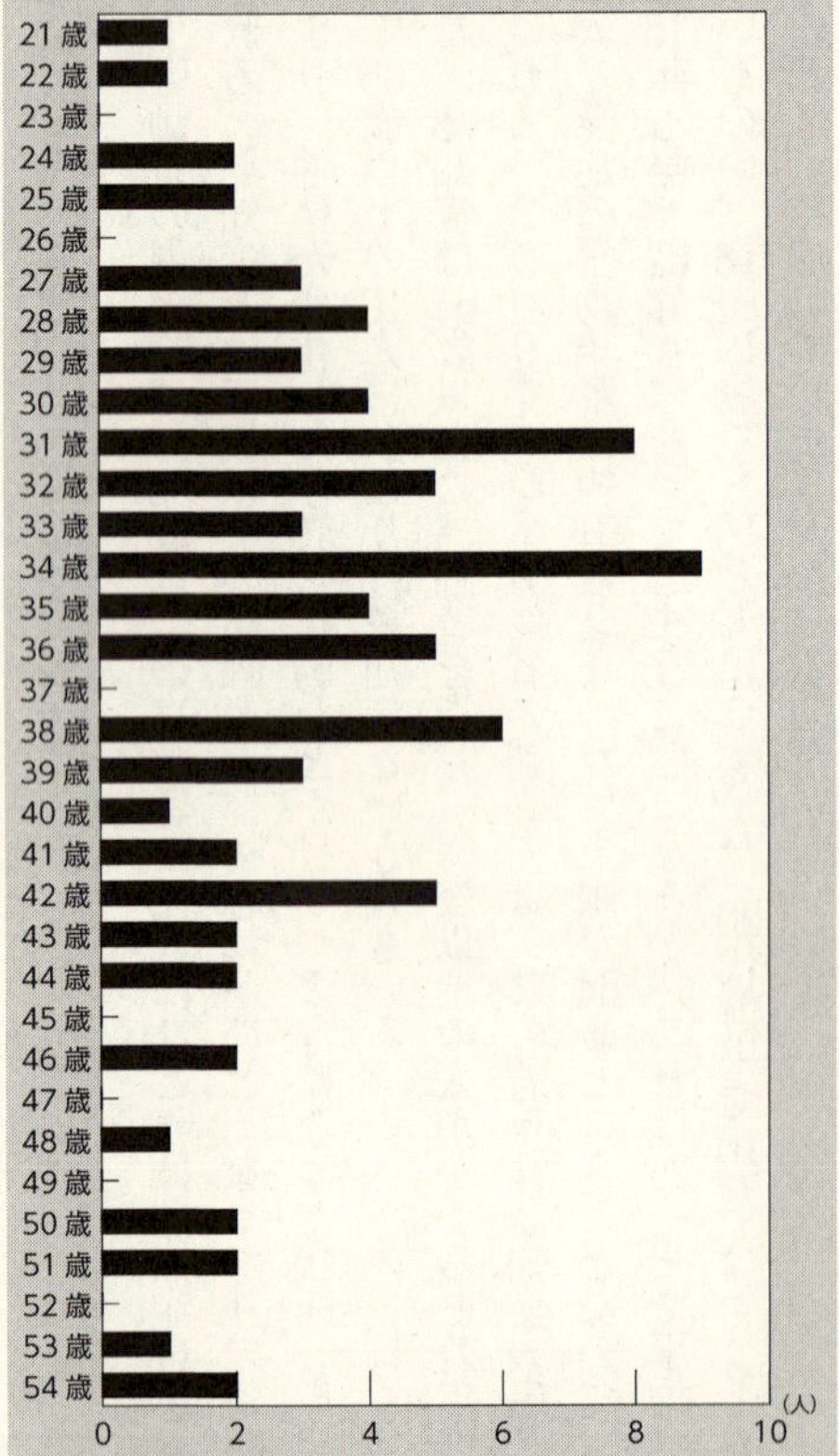

【出典】ＫＨＪ　全国ひきこもり家族会連合会
「ひきこもりの実態に関するアンケート調査報告書」
http://www.khj-h.com/pdf/15houkokusho.pdf

判明している数字は氷山の一角

内閣府の推計によると全国の引きこもり人口は約70万人におよぶという。これには仕事や学校以外の私用でなら外出している人間も含むが、年齢層は15〜39歳までが対象だ。つまり、カウントされない中高年引きこもりも相当いるだろう。

引きこもりは外の世間に出てこないので実態が把握しにくい。NPO法人のKHJ全国ひきこもり家族会連合会が2016年に発表した調査結果によれば、引きこもり当人の回答者85人の平均年齢は35・6歳、もっとも多い中央値は34歳だ。引きこもっていた期間の平均は8・1年だが、最長でなんと30年という人もいる。引きこもりが始まった年齢は平均19・63歳だが、ピークの山は15歳と24歳で、高校入学前後か社会人生活の初期に挫折を味わった人が少なくないようだ。

なお、同じKHJが07年に行なった調査では平均年齢は30・1歳で、同年より以前の調査では20代だったという。このように平均年齢の上昇傾向が続いているのは、中高年になってから引きこもる人間や、引きこもりを脱せないまま年齢を重ねる人間が少なくないということだろう。山形県の調査では県内の引きこもりのうち、40歳以上が44%、島根県ではじつに53%におよんでいるという。

ブラック企業ほど社員の平均年齢は若い？

◉各ブラック企業の平均年齢

職種	年齢
エステティックサロン	27 歳
靴小売	28.8 歳
コンビニエンスストア	33.9 歳
家電量販店	34.5 歳
外食チェーン	34.8 歳
学習塾運営	34.9 歳
衣料品販売チェーン	36.9 歳
居酒屋チェーン	39 歳
鉄道会社	40.4 歳
タクシー会社	47.7 歳

社員の平均年齢よりも平均勤続年数に注意

就職難の昨今、正社員として採用されるだけでもひと安心。しかし、入った会社がブラック企業だったら最悪だ。給料は安くサービス残業や休日出勤はお約束、上司のパワハラやモラハラも当たり前といった場所では長続きしそうにない。

ブラック企業かどうか注意するのに、まず社員の平均年齢を知るという手がある。そこで、毎年発表されるブラック企業大賞にノミネートされたり、厚生労働省から名指しを受けたり、いわゆるブラック企業との噂の絶えない企業20社をピックアップし、平均年齢を算出してみた。結果は34・7歳となった。

実は、一般的な企業の平均年齢は35歳といわれており、大きな差はない。

しかし、業種別に見ると、サービス業や飲食チェーンなど、若くて体力が求められる会社は平均年齢が若い。一方で、再就職先として入るケースの多いタクシー会社などは、深夜運行など過酷な環境にあるが平均年齢は40歳を超えている。むしろ、業種により必要とされる人材の年齢層が違うともいえる。

重要なのは平均年齢よりも勤続年数といえる。ある居酒屋チェーンの平均勤続年数は3・3年。平均勤続年数が短い企業は、それだけ逃げる人も多いということだ。

農家の平均年齢は66・4歳で定年なし

◉年齢別農業就業人口

■2015年

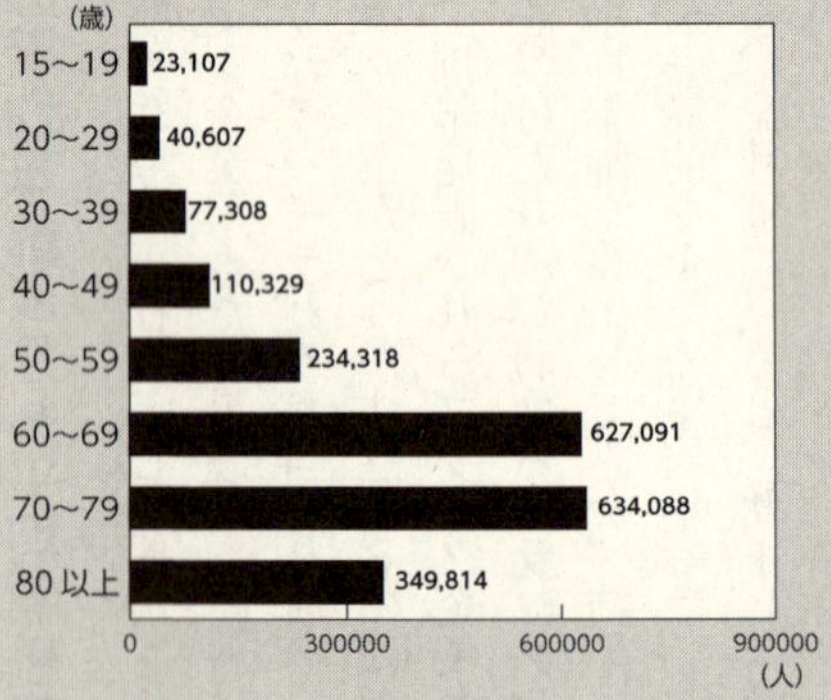

■2010年

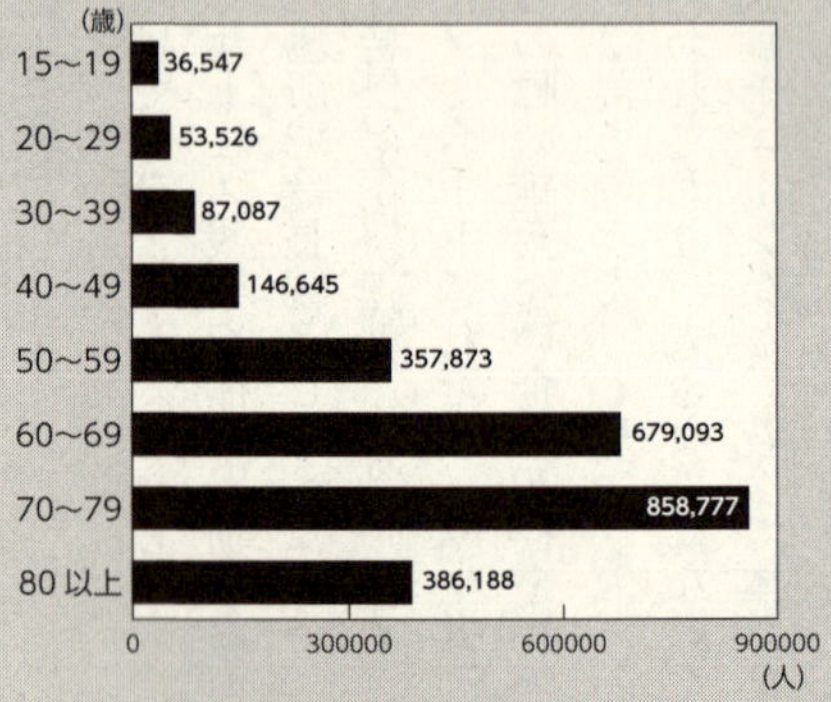

【出典】農林水産省「農林業センサス」

後継者のいないまま尻すぼみな日本の農業

日本は、食料自給率が低い一方で、農家の数は年々減少している。後継者不足のまま高齢化が進んだため、農家の平均年齢も毎年上がっている。

農林水産省の統計によれば、全国の農業従事者の平均年齢は66・4歳。一般企業では65歳で定年を迎えるところが多いが、定年のない農業では80歳を超えてまだ田んぼや畑に出ているという人も少なくない。

しかも、比率的にもっとも数が多いのもこの年代だ。65歳以上の農家が60%を占めており、そのうち30%が75歳以上。一方で39歳以下の若い農家は7%以下だ。

国民の生命線ともいえる農業だが、重労働の割には天候や災害に影響されやすく、魅力的な産業とは言いにくい。毎年農家の数は、10～20万人程度減少しており、新規就農者は5万人程度の増加しかない。このままだと2020年には、全国の基幹的農業従事者の数は145万人にまで減少する見込み。これは、20年前と比べると半分近くの数字だ。耕すものもいないまま、荒地となっている農地も少なくない。

対策として、外部から新規就農者を募る自治体も多い。しかし、資金や農業技術、農地や住宅の確保、地元民との人間関係など、様々な問題を抱えている。

30代で係長、40代で課長、50代で部長は可能？

◉大学新卒社員における役職への昇進年齢

区分	実在者の年齢		
	平均	最年少者（平均）	最年長者（平均）
係長	（77社）39.6	（81社）31.4	（81社）53.4
課長	（91社）45.1	（95社）35.9	（94社）56.8
部長	（88社）50.7	（93社）43.6	（92社）57.4

◉5年前と比較した出世スピードの変化

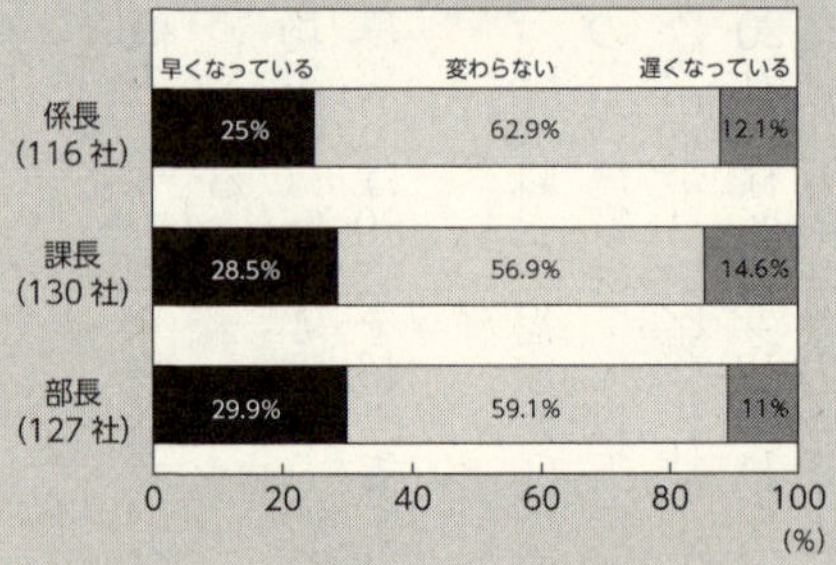

【出典】『労政時報』3771号

根強く残る日本の年功序列制度

サラリーマンにとって出世は大きなイベントだ。給料も上がるし責任も大きくなる。課長ともなると、中間管理職として上下から板ばさみにもなる。

労務行政研究所が発行する『労政時報』が、2009年に調査した全国企業の係長・課長・部長の年齢の平均は、それぞれ係長39・6歳、課長45・1歳、部長50・7歳となった。厚生労働省が2003年にまとめた調査結果では、100人以上の企業に勤める企業では係長42・6歳、課長47・2歳、部長51・8歳となっている。近年は実力主義の導入などにより、早い出世が可能となってきたといえるだろう。

調査でも近年昇進のスピードが早くなっていると回答した人が全体の4分の1以上にもなった。積極的な若手登用が行なわれるようになったことから、役職就任の最年少者平均も係長31・4歳、課長35・9歳、部長43・6歳となっている。一方で、昇進スピードが遅くなっているという人も1割以上いる。

なお、企業では昇進の標準年齢を定めているところも多く、平均で係長33歳、課長39歳、部長47歳となっている。しかし、実際には30代前半で係長というのはかなりのスピード出世。課長には通常勤続20年というのが目安だ。

高齢化社会に比例？
衆議院議員の平均年齢は53歳

◉2016年参院選当選者の政党別平均年齢

おおさか維新の会	60.3 歳
社民党	60.0 歳
民進党	56.7 歳
自民党	55.2 歳
生活党	50.0 歳
公明党	48.9 歳
共産党	48.3 歳

◉2014年衆院選当選者の平均年齢

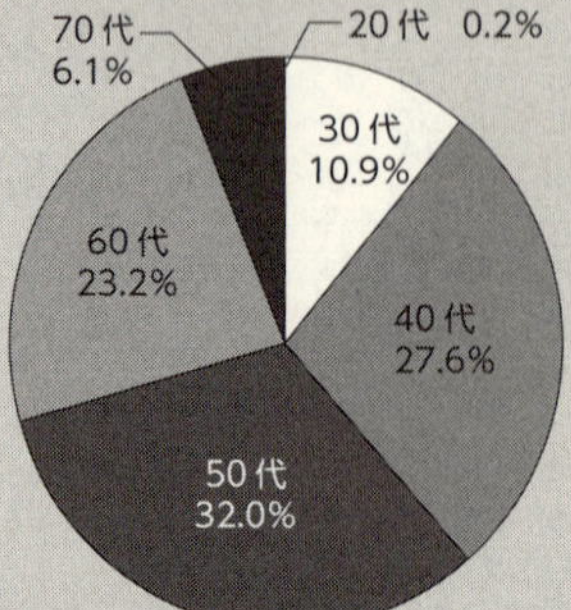

【出典】時事ドットコムニュース
http://www.jiji.com/jc/article?k=2016071100466&g=pol
http://www.jiji.com/jc/graphics?p=ve_pol_election-syugiin20141215j-08-w350

今後は老害政治家が増えそうな気配？

人生経験が大きな意味を持つ職業といえば政治家だろう。2014年末の段階で、衆議院議員の平均年齢は53歳、もっとも数が多い中央値は55・1歳だ。

一方、16年7月に新たに当選した参議院議員の平均年齢は54・9歳だ。衆議院の被選挙権は25歳、参議院は30歳なので、おおむね参議院の方が平均年齢は高い。政党別に見ると、おおさか維新が60・3歳でもっとも高く、共産党がもっとも低くて48・3歳、平均値に近いのは自民党で55・2歳となっている。

なお、16年8月に発足した第3次安倍再改造内閣の平均年齢は60・8歳となる。さすがに閣僚となると当選回数を重ねたベテラン議員か、政治家に転出する以前に官僚などの経験豊富な人間が多いため、議員の平均年齢より高めだ。

さて、政治の世界ではたびたび、老いた有力者が「老害」と非難される、このためもあって議員の定年を定めている政党も少なくない。たとえば自民党は70歳を定年としている。だが、実際には70歳以上で出馬して当選した議員もいる。また、公明党は従来66歳を議員の定年としていたが、14年から69歳に引き上げた。今後は、高齢化に比例するように政治家の平均年齢も上がることになりそうだ。

服役期間は平均30年。「25年くらいで仮釈放される」はウソ？

◉受刑者の割合

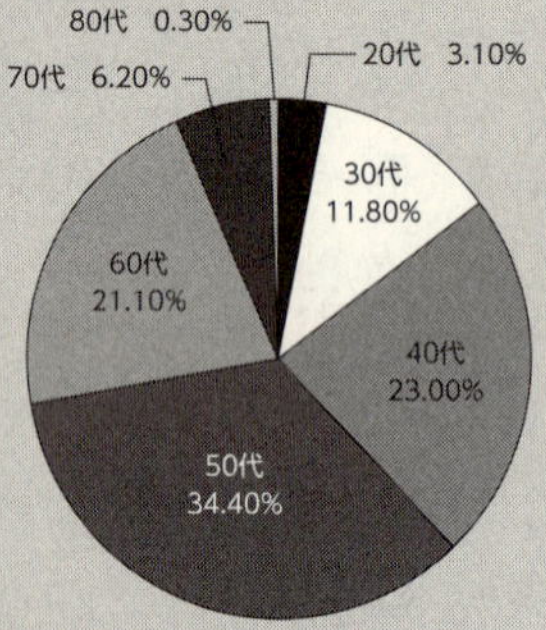

【出典】矯正協会付属中央研究所「無期懲役受刑者に関する研究」
http://www.jca-library.jp/resource/kiyou/PDFfile/12-02.pdf

◉平均服役期間と仮釈放の割合

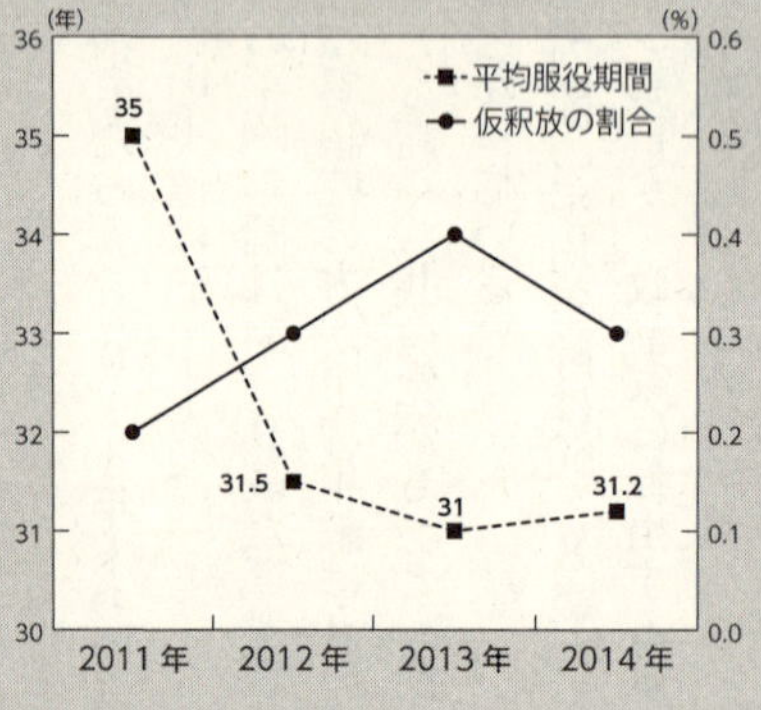

【出典】http://www.geocities.jp/masakari5910/satsujinjiken_muki_keiki.html

無期懲役受刑者の平均年齢は52・16歳

矯正協会付属中央研究所が、全国の無期懲役受刑者９１３名を対象に調査を実施したところ、受刑者の平均年齢は52・16歳となった。ちなみに男性は８８１名で52・17歳、女性は32名で51・84歳。男女比がアンバランスだが、凶悪犯罪者は男性が圧倒的に多く、受刑者全体を見ても女性受刑者は９％ほどしかいない。

年代的に多いのは50～60代。これは、20代の頃から入っている者もいれば、最近入ってきた50代の者もいるためだろう。無期懲役とは刑期に制限がないことなので、70歳でも80歳でも出られない人は出られない。

そこで不思議に思うのが、本当に無期懲役は一生刑務所から出られないのか？　ということ。アメリカなどでは絶対に刑務所から出られない絶対的終身刑があるが、無期懲役の場合、10年以上服役して一定の条件を満たせば仮釈放が認められる。つまり最短でなら10年で世間に出られるというわけだ。

ただ、実際に10年で出られた受刑者は皆無。仮釈放後に再犯するケースもあり、死刑とのアンバランスさも指摘されたため、現在は30年以上が平均服役期間。しかも、仮釈放が認められるのは受刑者の０・５％ほどしかいない。

死刑確定から執行までには約8年かかる?

◉近年の死刑確定囚数と執行数

	死刑確定数	執行数
2006年	21	4
2007年	23	9
2008年	10	15
2009年	17	7
2010年	9	2
2011年	23	0
2012年	9	7
2013年	8	8
2014年	6	3
2015年	4	3

【出典】アムネスティ・インターナショナル日本「最新の死刑統計(2015)」https://www.amnesty.or.jp/human-rights/topic/death_penalty/statistics.html

執行待ちの死刑囚は130人。平均執行年齢は56歳

日本は現在も死刑存置国。死刑執行が見合わされていた1993年以降、2016年までに、死刑が確定している死刑囚は130名。また、死刑が執行された被執行者は107名になる。そして、死刑囚の平均年齢は約56歳だ。

日本の法律では、死刑が確定してから6カ月以内に法務大臣が執行命令を出すことになっている。しかし、現状では確定から執行までの平均期間は約8年。これは、世間の死刑廃止論の高まりや、法務大臣の思想信条に左右されることが多いため。また、再審請求中は刑の執行が引き伸ばされる傾向にある。

ただ、近年は短縮されており、1996年からの10年間での平均執行期間は7年5カ月だったが、2004年からの10年間では約5年6カ月となっている。最近の事例でいえば、付属池田小事件の吉岡（宅間）守は確定後1年、連続幼女誘拐事件の宮崎勤が確定後2年4カ月で執行されている。

逆に長期間執行されない例としては、1974年のピアノ騒音殺人事件の犯人である大濱松三は、確定後40年が経過するが執行されていない。現在88歳だが、精神疾患が進んだのが理由とされる。また、80歳以上の死刑囚に執行された例もない。

プロ野球とJリーグで選手寿命が長いのはどっち？

◉プロスポーツの平均引退年齢

競技	引退年齢
サッカー	26歳
野球	29歳
陸上	30代
テニス	30代前半
競馬騎手	30代後半
ボクシング	37歳
ゴルフ	50歳
競艇	51歳
競輪	44歳

※統計のない競技の平均は目安です。
※ボクシングは37歳でライセンス失効
※ゴルフは50歳からシニアになる。

【出典】http://next.spotlight-media.jp/article/232668009899692934　他

現役引退後の人生のほうが長いプロの世界

子どもたちの憧れの職業として、近年はサッカー人気が野球人気を上回る傾向にあったが、プロ野球の人気もいまだ根強い。しかし、プロスポーツの世界は厳しく、普通の会社員と比べると、現役でいられる期間はずっと短い。

プロ野球選手とJリーガーの平均引退年齢を比較してみたところ、プロ野球選手29歳に対し、Jリーガーは26歳だった。サッカーは平均選手寿命が2～3年といわれており、4年ごとのワールドカップに2大会連続で代表に選ばれるのはよほどの名選手。少しでも体力が衰えてくれば元気な若手に入れ替えられてしまう。

野球のほうが選手寿命は長く、平均選手寿命は9年もある。とはいえ、20代での引退は普通で、毎年多くの選手が若くして戦力外通告を受ける。9年目から使えるFA権だが、獲得できないまま去る選手のほうが多いのだ。ちなみに、プロ野球では、中日の山本昌選手が50歳で引退。サッカーでは横浜FCの三浦知良選手が49歳で現役続行中だが、ここまで来るともはやレジェンドといえるだろう。

プロスポーツはどこでも20代が選手としてのピーク。しかし、競輪選手の中には60歳を超えても現役という選手もいるというから驚きだ。

やはり20代が全盛か？ オリンピック金メダリストの平均年齢は24・2歳

◉オリンピックメダリストの年齢

■夏季オリンピックのメダリスト

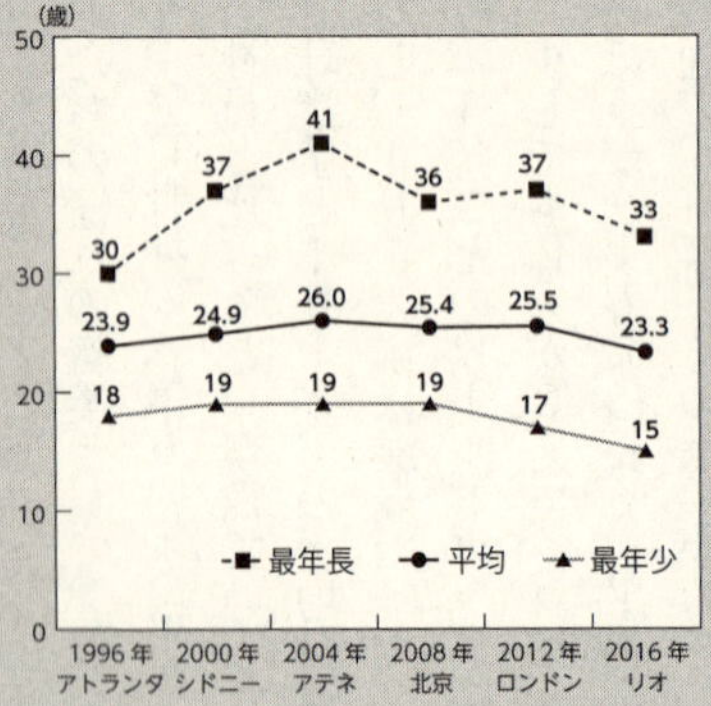

■冬季オリンピックのメダリスト

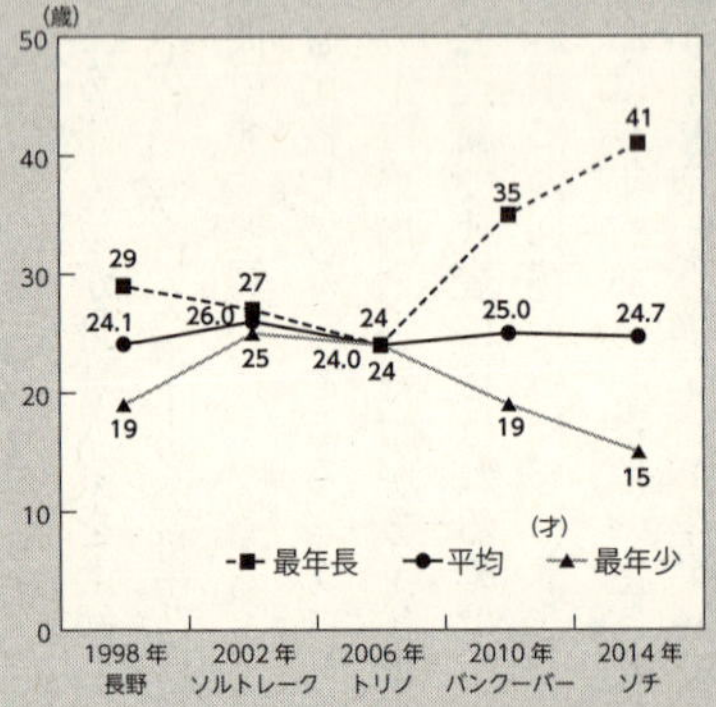

【出典】
http://bizmakoto.jp/makoto/articles/1403/27/news008.html

メダリストの高齢化と低年齢化に歯止め

２０１６年のリオデジャネイロ五輪大会では、柔道や水泳、レスリング勢の活躍により12個の金メダル、銀・銅を合わせて史上最多41個のメダルを獲得した。そんなリオ五輪のメダリストの平均年齢は24・2歳。メダリストは20代の選手が圧倒的に多い。東京五輪を狙える選手もいることだろう。

オリンピックメダリストの歴代最年少は、バルセロナ五輪平泳ぎ２００メートルで金メダルを獲得した岩崎恭子が14歳と6日。いっぽう、40歳を過ぎてからメダリストになった例もある。ロサンゼルス五輪ラビットファイアピストルで金メダルを獲得した蒲池猛夫は48歳１３７日。どちらの記録も未だに破られていない。

世界に目を向けると、１９００年パリ大会でオランダのボートチームのコックス（舵取り）の少年が、12歳以下だったというが正確には年齢不明。記録の残っている中では、１９９４年リレハンメル冬季大会のショートトラックで優勝した韓国のキム・ユンミ選手が13歳83日。最年長記録は、１９１２年ストックホルム大会の射撃で金メダルを獲得したスウェーデンのオスカー・スバーン64歳。なんとオスカー選手は、8年後のアントワープ大会でも、72歳で銀メダルを獲得している。

限界は35歳？コンピュータプログラマーの平均年齢は32・7歳

◉IT業界の職務分担

・**PM**（プロジェクトマネージャー）
管理職・見積もりや仕様を決定／自分で直接プログラムのコードは書かない

・**SE**（システムエンジニア）
実務の大枠の設計を担当／自分で直接コードを書くこともある

・**PG**（プログラマー）
プラグラミングの実務を担当／直接コードを書く人

◉システムエンジニア、プログラマーの平均年齢

		年齢	勤続年数	給与(千円)
10人以上の企業	システムエンジニア	38.0	11.8	400.6
	プログラマー	32.7	6.2	299.1
1000人以上の企業	システムエンジニア	38.2	14.1	453.7
	プログラマー	32.8	6.2	304.5

【出典】厚生労働省「平成27年　賃金構造基本統計調査」

「手に職をつければ安泰」はＩＴ業界では苦しい？

ＩＴ業界には、俗に「プログラマー35歳定年説」というものがある。その背景は、変化のめまぐるしい業界なので若いころに身につけた技術がすぐ旧式化する、ベテランになると人件費がかさむので雇う側が敬遠する、職場によっては徹夜仕事も多いので中高年になると体力的に辛い、技術や体力が充分でも勤続年数を重ねると会社の都合で管理職に転じることになる……などといったものだ。

実際のところはどうなのか？　厚生労働省による「賃金構造基本統計調査」には、あらゆる職種の平均年齢が載っている。２０１５年のデータでは、10人以上の事業所に勤務するコンピュータプログラマーの場合は32・7歳で、大きな事業所でもだいたい同様だ。この数字、理工系の技術職のなかではとりわけ低い。

また、プログラマーと近い仕事にＳＥ（システムエンジニア）がある、企業内の決済システムなど情報処理方法の設計や構築を担当し、プログラマーより上流の工程に関わる仕事だ。こちらも平均年齢は38歳で、すべての職種の勤労者の平均年齢の42・3歳を4歳以上も下回る。確かに、50代以上でも現役のＩＴ技術者もいるが、一般論としてはあまり長く続けられる仕事ではないようだ。

10年で5歳若くなった。弁護士の平均年齢は35・6歳

◉弁護士、検察官、裁判官の人口推移

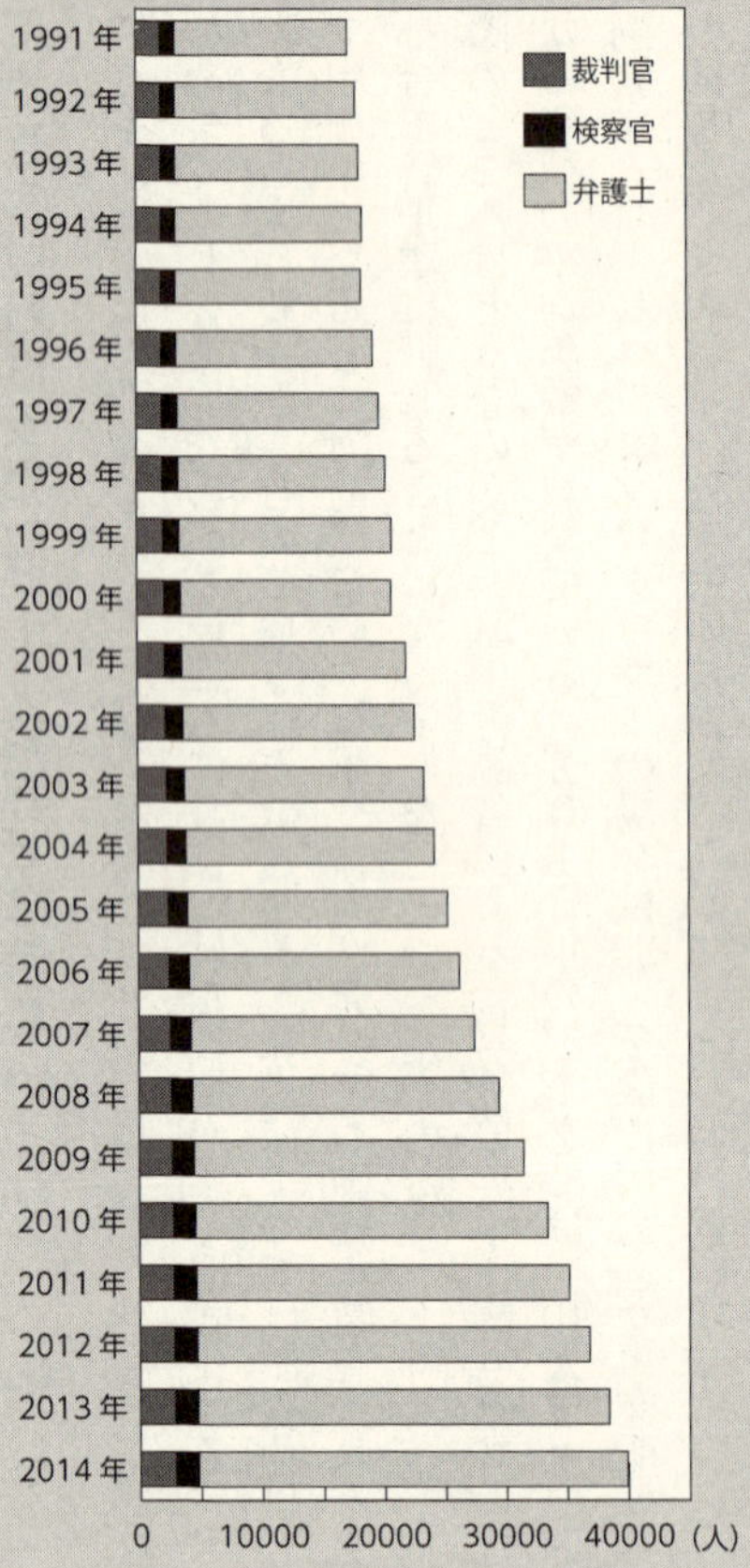

【出典】日本弁護士連合会「弁護士白書 2015年版」

弁護士人口の増加でがくっと下がった平均年齢

資格で食っていく仕事の代表格といえば、理系では医者、文系では弁護士だろう。厚生労働省の「賃金構造基本統計調査」によれば、医師の平均年齢は職場ごとのばらつきが大きく、勤務者100人未満の病院では51・8歳、1000人以上の大病院では36歳だ。これに対して、弁護士はあまり職場による差がなく、10人以上の事業所では35・6歳、より大きな職場でもだいたい35〜37歳だ。

30代半ば以上の人間なら「今の弁護士はそんなに若いの?」と思うかもしれない。かつては司法試験といえば超難関で、苦節を重ねて40代でようやく弁護士資格を取る人間も少なくなかった。実際、2005年当時の平均年齢は40歳だ。

しかし、06年に司法試験制度が改革されて以降、弁護士の数は急増している。14年の弁護士数は3万5千人以上で、20年前の2・4倍だ。つまりそれだけ、若手の弁護士がどんどん増えて平均年齢を押し下げていることになる。

とはいえ、若手にはせっかく資格を取ってもなかなか職に就けないという人も少なくない。11年の段階では、司法試験合格者の40%以上が就職先未定だったという。こうなると、資格のありがたみも下落してしまいそうだ。

COLUMN

平均値と最頻値

平均値に似た概念として、中央値（78ページ）とは別に最頻値というものもある。これは、調査結果のデータのなかで、いちばん多く出てくる数字の値のことだ。

たとえば、6人がテストを受けたとして、100点満点中、Aさんは5点、Bさんは7点、CさんとDさんは8点、Eさんは9点、Fさんは100点だったとする。6人中5人は10点以下しか取れなかった激ムズのテストだった訳だが、平均値で見てしまうと約22点となってしまう。

いっぽう、最頻値はCさんとDさんの2人が取っている8点だ。こちらのほうが、テストの難しさを正確に表していることは、すぐにわかるだろう。この例の場合、平均値と最頻値では、おおよそ3倍近い開きがあるため、どちらの値を取るかで、結果の受け取り方にも大きな違いが出る。

ちなみに、もしAさんが5点、Bさんが7点、CさんとDさんが8点、EさんとFさんが100点だった場合、CさんとDさんの値と、EさんとFさんの値がともに2回ずつ出てくるので最頻値は出せない。こういうときは、平均値や中央値を使うべきだ。

第3章 ニホンの数

小学校1クラスの平均生徒数は24人で30年間に8人減少

◉1学級あたりの児童生徒数の推移

【出典】「全国都道府県　教育データ集 2016」(全国都道府県教育委員会連合会)
http://www.kyoi-ren.gr.jp/datashu2016.pdf

少子化というよりも教師不足

少子化が唱えられて久しいが、２０１５年のデータでは小学校の1クラス生徒数は平均24人、中学校では28・2人だ。なお、第2次ベビーブーム世代が在学中の１９８５年には、小学校では32・9人で中学校は38・3人だった。

地方では過疎化も進んでいるので、生徒数は都道府県ごとのばらつきも大きい。こちらは公立の学校のみのデータしかないが、東京都では小学校1クラスが平均29・1人、その隣の埼玉県では28・6人もいるが、島根県では10人以上も少なく17・7人、全国最低となる四国の高知県では17・3人しかいない。

ここで視点を変えて、海外と比較してみると興味深い。アメリカの小学校は1クラス平均22人で、南米のチリは平均29人と大人数だが、逆に一人当たり国民所得が世界屈指のルクセンブルクはわずか15人あまりだ。

生徒数の少ない国は、単純に子供の数が少ないというだけでなく、教員が多く、つまり教育に力を入れている国が少なくない。ＯＥＣＤ（経済協力開発機構）に加盟している先進国34カ国の平均は小学校が21人、中学校が24人となる。要するに、日本は少子化と言いつつ世界的に見れば明らかに教員不足なのだ。

とりあえず回を重ねる。
30代後半女性の平均お見合い回数は16回

◉1年以内に成婚した人の平均お見合い回数

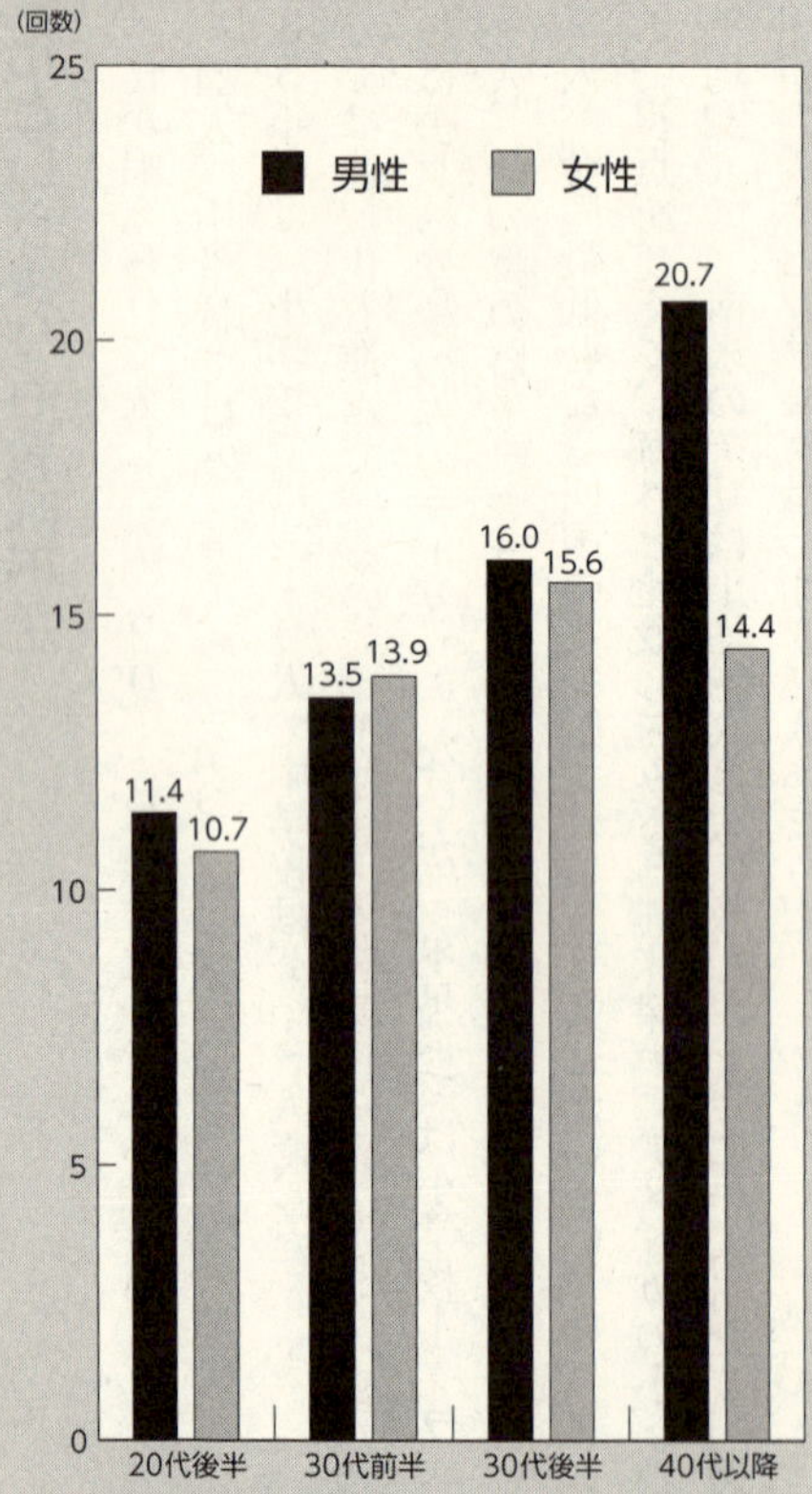

【出典】婚活総研
http://www.marriage-japan.net/hakusyo/detail/172043/

就職と同じく数打つ方式が成婚の決め手

30代で初婚ということも珍しくなくなった現在だが、いざ結婚となると相手が見つからないことも多い。最近は婚活サービスなどを利用する人も増えている。

会員約50万人を抱える婚活サービス会社ＩＢＪでは、２０１３年に過去1年間に結婚した人の平均お見合い回数を調査した。その結果、男性40代以降の場合には平均20・7回、女性は30代後半で平均15・6回のお見合いが必要とわかった。これが20代後半だと男性11・4回、女性10・7回で結婚までこぎつける。若い20代でも10回以上お見合いが必要ということは、年をとるほどがんばらなければならなくなる。婚活サービスは条件を機械的に選ぶだけなので、回数をこなすしかないのだ。

一方で、30代を過ぎると相手の希望に対しても条件を下げなければならなくなる。とくに女性の場合、40代になるとお見合いそのものを断られるケースが増えてくるため、高望みばかりしていられない。

ちなみに、理想の相手を選ぶには最初の37%を見送って、それ以降にいちばん良いと思った相手が理想になりやすいという説がある。16回のお見合いなら、最初の6回は様子見ということになるだろう。

セックスの経験人数とつきあった数の違い

◉セックスの経験人数

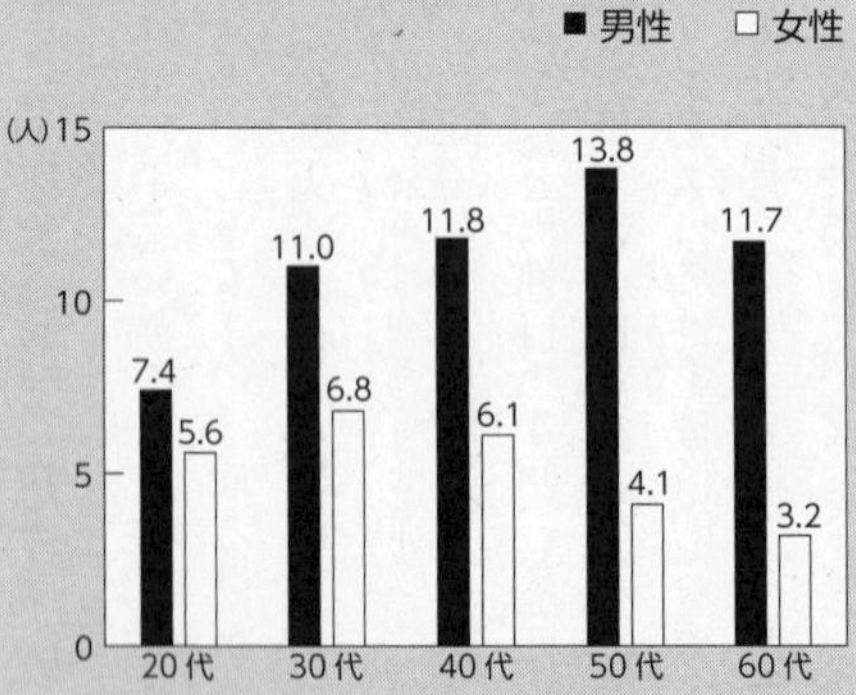

【出典】相模ゴム工業株式会社「ニッポンのセックス」
http://sagami-gomu.co.jp/project/nipponnosex/

◉平均交際人数

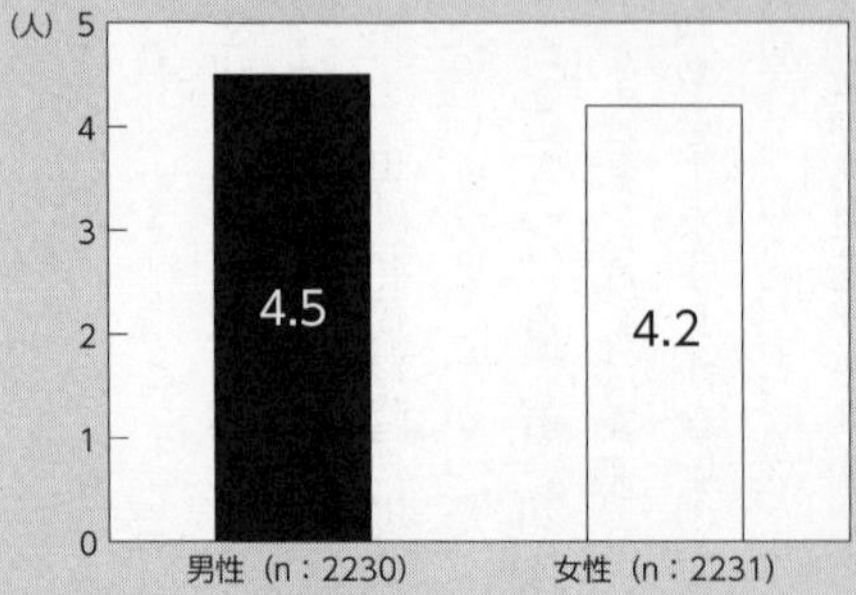

【出典】ブライダル総研「恋愛・婚活・結婚調査 2015」
http://www.recruit-mp.co.jp/news/pdf/20151119_02.pdf

一部の強者が平均値を大きく上げる

相模ゴム工業の調査では、これまでセックスした人数の平均は、男性11・1人、女性5・1人となった。全体で8・1人という数字に多いと感じる人もいるだろう。別の女性を対象にした調査では平均4・2人となったが、1～3人という女性が53・3％と半数以上を占めた。しかし、30人以上という女性が1・5％いるため、平均値があがってしまった。男性の場合にも同じことがいえるだろう。

いっぽう、リクルートの婚活調査で、これまでにつきあった人数を聞いたところ男性で4・5人、女性で4・2人という結果になった。男性の落差が大きいが、女性もわずかとはいえ、やはり経験人数のほうが上回っている。

女性誌の調査では「付き合っていない男性とのセックス経験がある」と答えた女性は全体の64％にもなっている。セックスと恋愛は別という考えが強いようだ。ただ、男性が年々数を増やすのに対し、女性は30代をピークに減少していく。美貌の衰え、結婚による自制、性欲そのものの減退など様々な理由が考えられる。

また、男性の29・6％、女性の18・6％は、異性とつきあったことが一度もないと回答。とくに20代男性は41・9％にもなる。

つつまし過ぎる日本人の夫婦生活の平均回数は月1・7回

◉セックス事情

■セックスの回数が多い国

1位	ギリシャ	138回
2位	クロアチア	134回
3位	セルビアモンテネグロ	128回

■セックスの回数が少ない国

1位	日本	45回
2位	シンガポール	73回
3位	インド	75回
4位	インドネシア	77回

【出典】durex「2005Global Sex Survey results」

■関係ごとの平均セックス回数

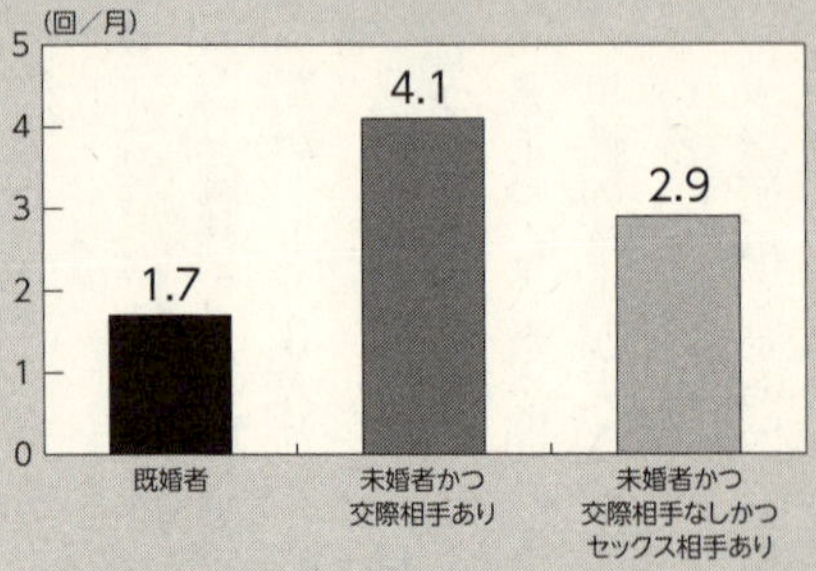

【出典】相模ゴム工業株式会社「ニッポンのセックス」
http://sagami-gomu.co.jp/project/nipponnosex/times_sex.html

セックスしない理由の1位は「面倒くさい」

イギリスのコンドーム・ブランドであるデュレックスが行った調査によれば、日本人は世界でいちばんセックスの回数が少ない国民であるという。年間で平均45回。いちばんセックスしているギリシャが年間138回だから、その3分の1以下の回数しかしていないことになる。なんと、つつましい国民性だろう。とくに、結婚してしばらく経つとセックスレスになるカップルは多いようだ。

日本のコンドーム・メーカーの相模ゴム工業が未婚・既婚問わず、パートナーのいる人に、「月何回その相手とセックスをするか」という調査をしたところ、交際相手が平均4・1回であったのに対し、結婚相手となると平均1・7回という結果が出た。単純に言えば、結婚すると恋人関係だったときの半分以下にセックスの回数が減ってしまうのである。ちなみに、別の調査だが、子どもが欲しくて妊活している夫婦でさえ、月2・8回というデータもある。

パートナーとセックスをしない理由でいちばん多いのは、「面倒くさい」というものであった。セックスが「面倒くさい」と思うようになったら、男女の関係も終わりと言っていいだろう。

高校生の4人に1人は「会ったことがないネット友達」が10人以上いる

◉インターネット上の友達の数

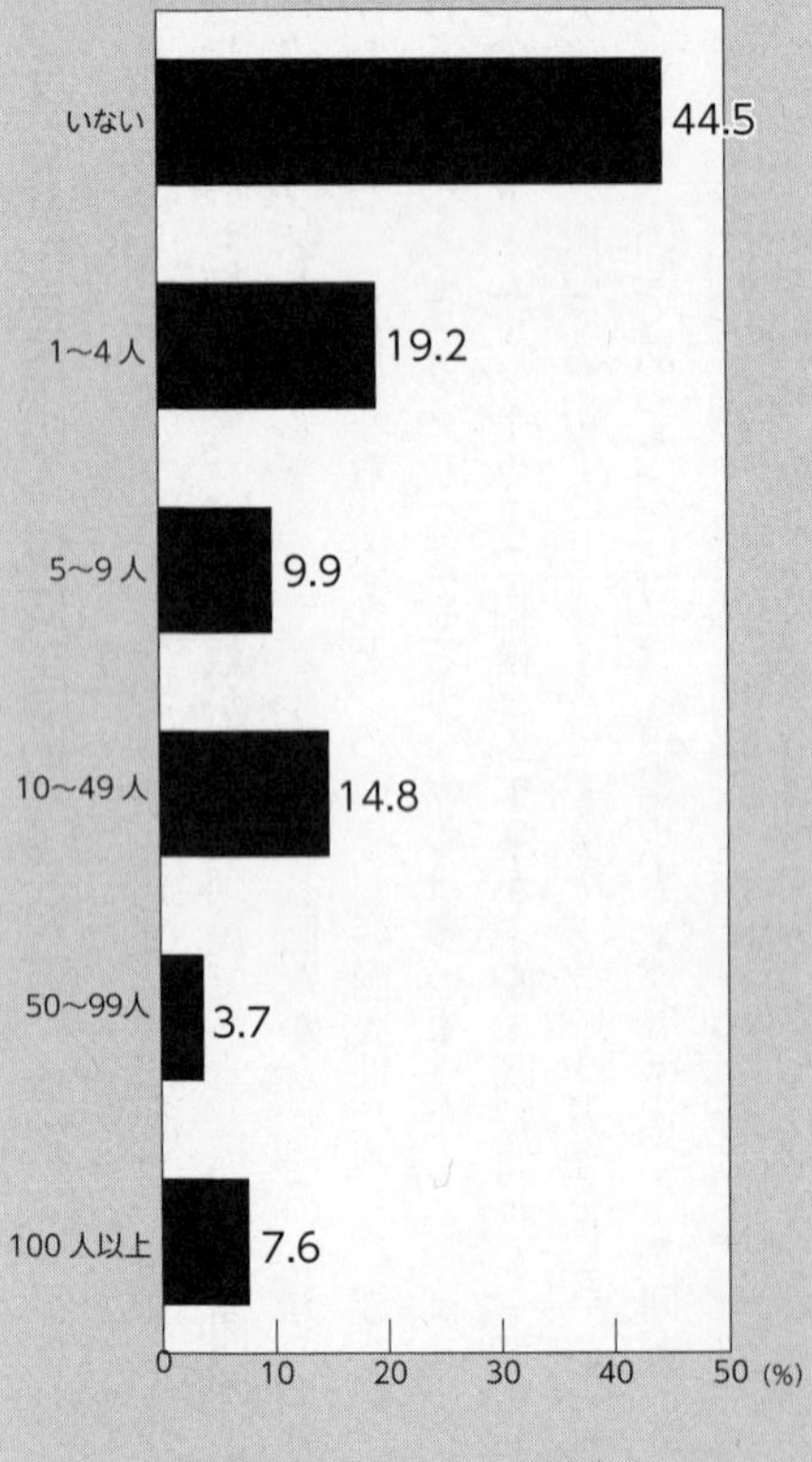

【出典】「高校生の生活と意識に関する調査報告書」国立青少年教育振興機構

ネット友達が多くても現実生活が充実とは限らず

すっかりSNSが普及した現代では、もはや友達の定義とは、直接会う機会がほとんどないネット上での友人も含むものになっているようだ。

国立青少年教育振興機構が2015年に発表したデータでは、インターネット上だけで会ったことのない友人の数を、10人以上と答えた高校生は26・1％にもなる。平均すれば4人に1人以上だ。100人以上と答えた人も7・6％いる。

もっとも、必ずしもネット友達の多さが幸福とは限らないようだ。広告代理店最大手の電通が2011年に行なった調査では、SNSでの友人が300人以上の人の21％が、「現実生活は充実していない」と答えている。

オリコンのアンケート調査では、18～39歳の男女で友達の数の平均は27・1人だが、さすがに「親友」となると平均3・7人で、大学生では平均4・9人、20代の社会人では3・3人、30代では2・9人と年齢を経るごとに減少している。

やはり、社会的地位が固まって年齢を重ねると交友の機会も減るようだ。カタログ通販会社のニッセンによると、子どものいる女性の半数が「ママ友」の数は4人以上と答えているが、いないという人が平均5人に1人を占めている。

10代と20代の5人に2人は「歩きスマホ」の習慣アリ

◉「歩きスマホ」の規制は難しい!?

■「歩きスマホ」に対して規制する必要がある？

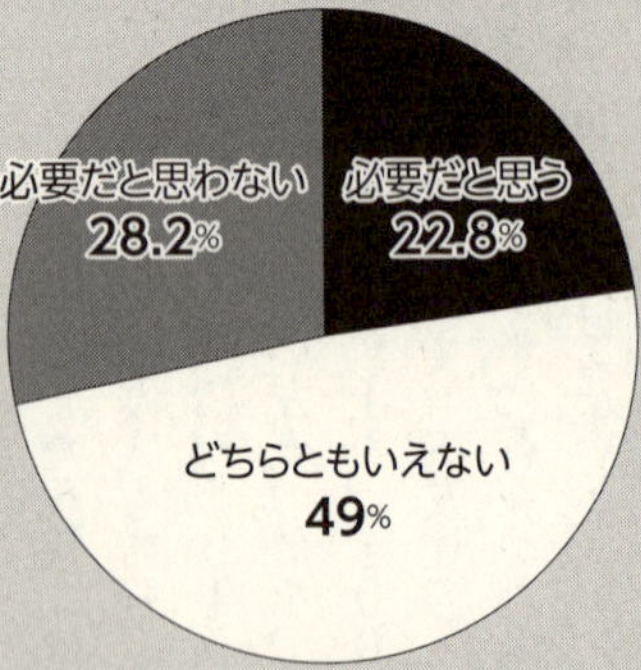

■「歩きスマホ」に規制が入っても続ける？

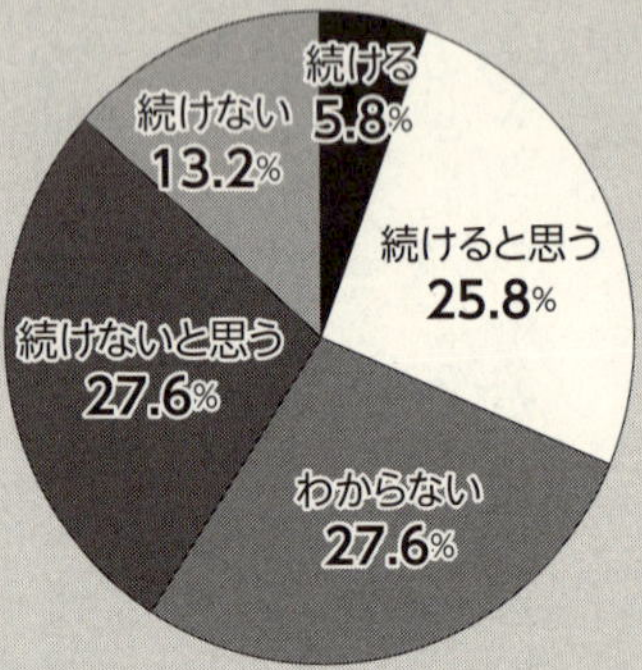

【出典】リビジェン「歩きスマホ」意識調査
https://www.smartsurvey.jp/board/press_view/90

歩きながらやっていることの1位は「SNS」

歩行者の多い都市部では、今や、スマホの画面をいじりながら歩いている人間を見かけない日はないと言って良いだろう。

２０１３年に行われた調査では、10代と20代の男女５００人のうち、「歩きスマホ」の経験がある人は86・８％におよんだ。まあ、人の少ない場所や信号待ちの間だけなら納得できないこともない。しかし、歩きスマホの頻度については「日常的にする」という層が約40％だという。つまり、平均すれば５人に２人だ。目的でいちばん多いのはゲームでもメール確認でもなくＳＮＳで、約34％を占める。ネット上での密接な人間関係が義務化しているのを反映しているようだ。

歩きスマホにも規制や処罰が必要かの問いに対しては、賛成が約23％、必要だと思わないが約28％で、残りの50％近くはどちらともいえないとしている。

さて、以上の調査結果はあくまで10代と20代の若者が対象だが、言うまでもなく30代以上の大人にも歩きスマホの習慣がある人間は少なくない。大人の場合は仕事のためのメール確認などを言い訳にする人もいるが、結果的に他の歩行者に迷惑な点に関しては、私用やゲームの場合と変わりはない。

3割の人で支えてる？
スマホゲームの10人中3人が課金

◉ゲームの課金の有無

■スマートフォン・タブレットゲーム（2014年）

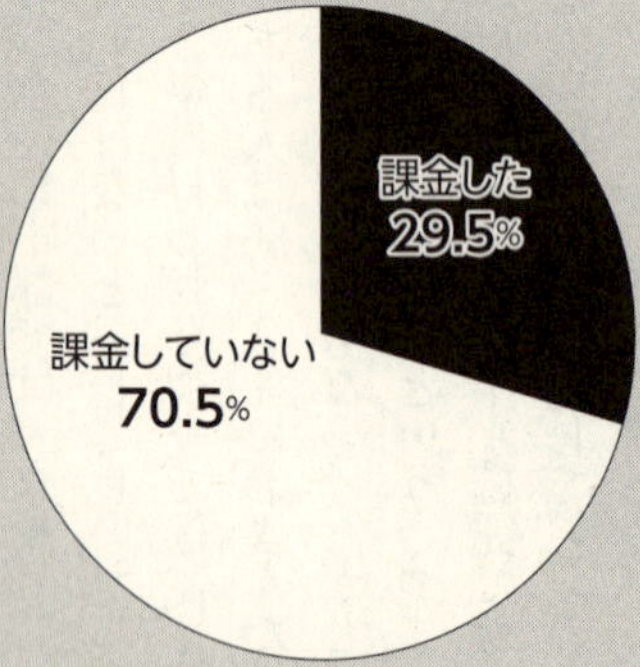

■パソコンゲーム（2014年）

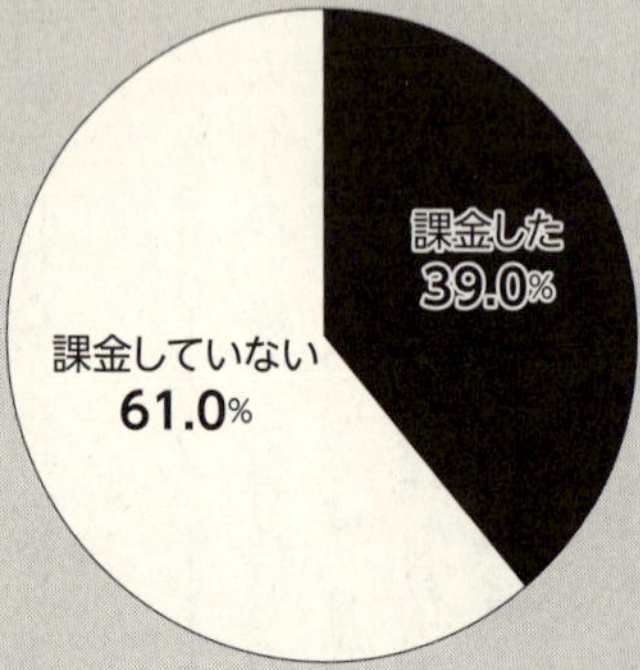

【出典】コンピュータエンターテインメント協会『2015 CESA 一般生活者調査報告書』

一部の重課金者が支える無料プレイヤー

ゲームといえば、大ブームとなった『ポケモンGO』のように、今や家庭用ゲーム機よりもスマホでプレイするものが主流になりつつある。

多くの携帯アプリゲームやオンラインゲームは、基本料金が無料だが、レアなアイテムなどは有料となっている。完全無料のゲームしかプレイしないという人もいるが、実際に課金している人はどれぐらいいるのだろうか？

コンピュータエンターテインメント協会がまとめた2014年の調査では、675人のうち課金した人は29・5％だ。平均すれば10人のうち3人、つまり、3人の課金者による収益によって7人が無料でプレイしていることになる。

これがパソコン用のオンラインゲームになると、携帯アプリよりも本格的なゲームマニアが多いのか、課金者の割合も少し増える。94人のうち課金した人は39％で、平均すれば10人のうち4人が課金していることになる。

ただし、課金している人の割合はゲームタイトルによって異なるし、個々の課金プレイヤーが使う金額もまちまちだ。なかには、レアなキャラクターをゲットしたいために月額数十万円をつぎ込むという人も少なくない。

Twitterのフォロワー数は150人が普通？

◉Twitterのフォローとフォロワー数

■フォロー数

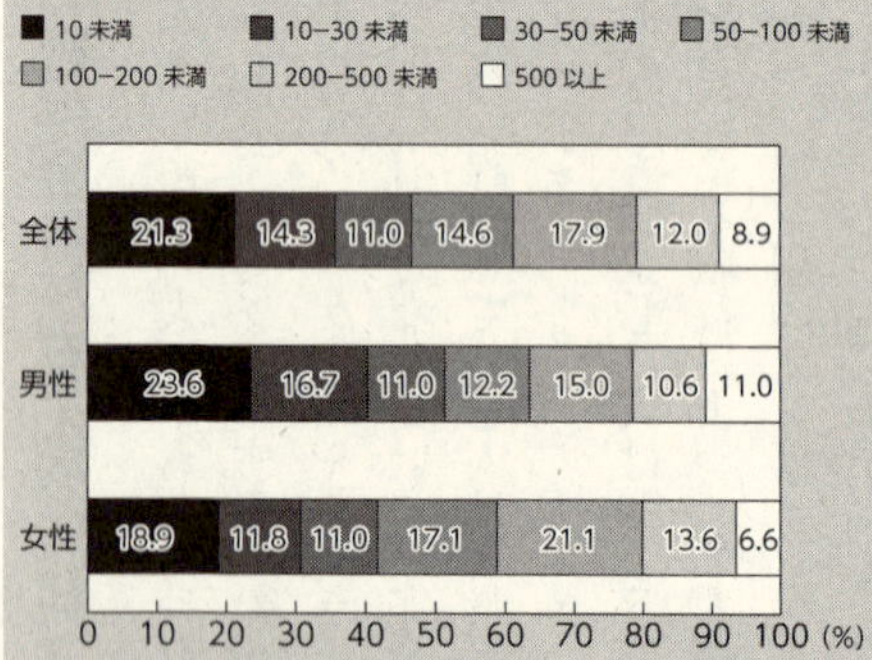

■フォロワー数

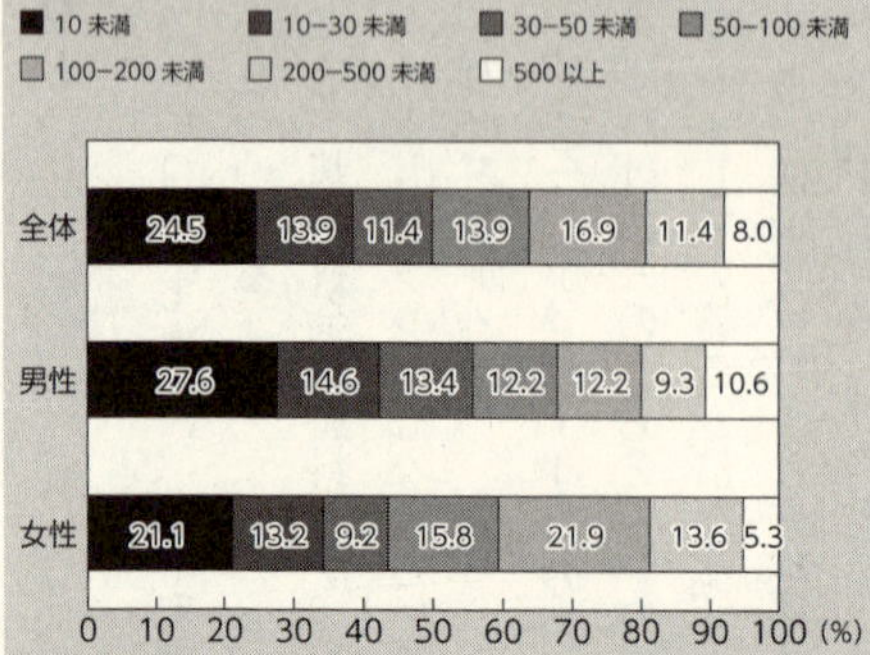

【出典】ライフメディア　リサーチバンク調べ
http://research.lifemedia.jp/2015/05/150513_twitter.html

フォロワーが増えれば炎上の危険性も増える

すっかり定着した感のあるツイッターでは、自分をフォローしたフォロワーに、自分のつぶやき（投稿）が表示される。ライフメディアのリサーチバンクでは2011年から「Twitter（ツイッター）に関する調査」を実施。最新の2015年の調査をもとにした概算では、利用者のフォロワー数の平均は男性149人、女性は139人、全体の平均は144人となった。

2011年には670万人だったツイッター利用者は、2015年には3500万人に達している。2013年の調査で、平均フォロワー数が95・6人だったことを考えると、利用者が増えた分フォロワーも増えているようだ。

もっとも、これは一般ユーザーを対象としたもので、回答者の4分の1は10人以下。逆に、芸能人や企業の公式アカウントなどはフォロワーが1万を超えることも珍しくない。日本でもっともフォロワー数の多いのは芸人の有吉弘行（約613・4万人）、世界ではミュージシャンのケイティ・ペリー（約9350万人）。

フォロワーが多いということは、それだけ多くの人に読まれているということ。ただ、フォロワーが多いことが本人にとって良いことかどうかは使い方によるだろう。

生活の中心？ 20代の18・6％が1日20回以上LINEチェック

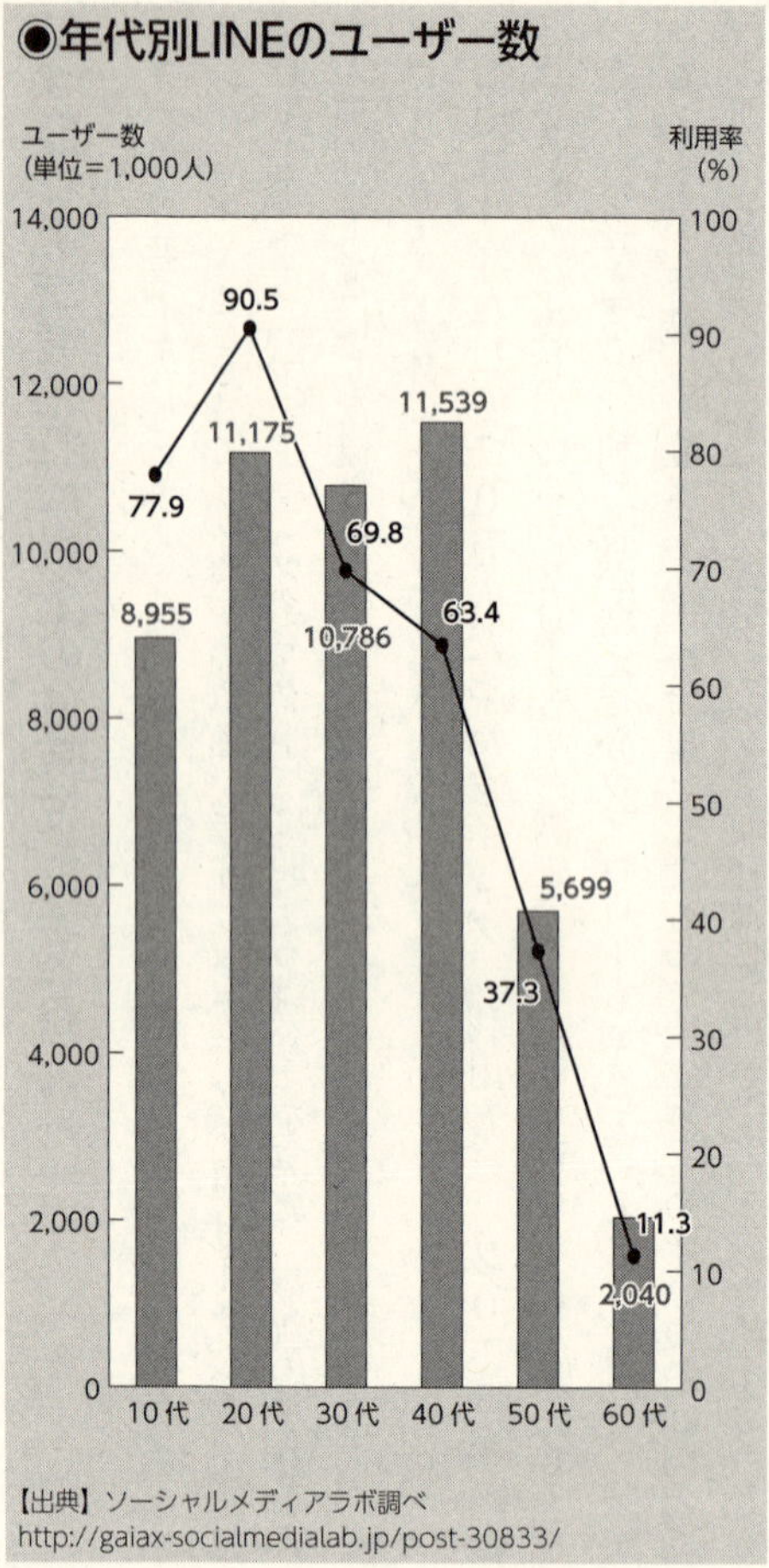

既読が気になって眠れない依存症

日本でもっとも利用者の多いソーシャルメディアがＬＩＮＥだ。２０１５年時点での利用者は５８００万人。フェイスブックやツイッターをもしのぐ。他のＳＮＳとの違いは、若い層ばかりではなく40代にも利用者が多い点。子どもとの連絡をＬＩＮＥでやりとりする家族が増え、学校や企業でも、クラスや部署ごとにグループをつくって連絡をしているところもある。それだけ普及した証拠といえるだろう。

一方で問題も起きている。中高生の間でのＬＩＮＥいじめ、犯罪に巻き込まれたという事例もある。そして誰もが陥りやすいのがＬＩＮＥ依存症だ。相手がメッセージを読んだことを確認する「既読」にならないと気になって仕方がない。既読になったらなったで返事が来ないと気になる。逆に相手からのメッセージはすぐに返さないと気が済まない。生活の中心がＬＩＮＥになってしまうのだ。

リサーチプラスが行なった調査では、１日のＬＩＮＥチェック数の平均は１日１〜5回という人が半数近くを占めた。しかし、１日20回以上チェックするという回答が20代で18・6％、30代で6・9％もいた。この調査では10代は含まれていないが、ＬＩＮＥに染まりやすい10代だったらどうなっていただろう？

景気に比例する？ 夫婦間のプレゼント回数は年間平均1・5回

◉夫婦間のプレゼントの回数

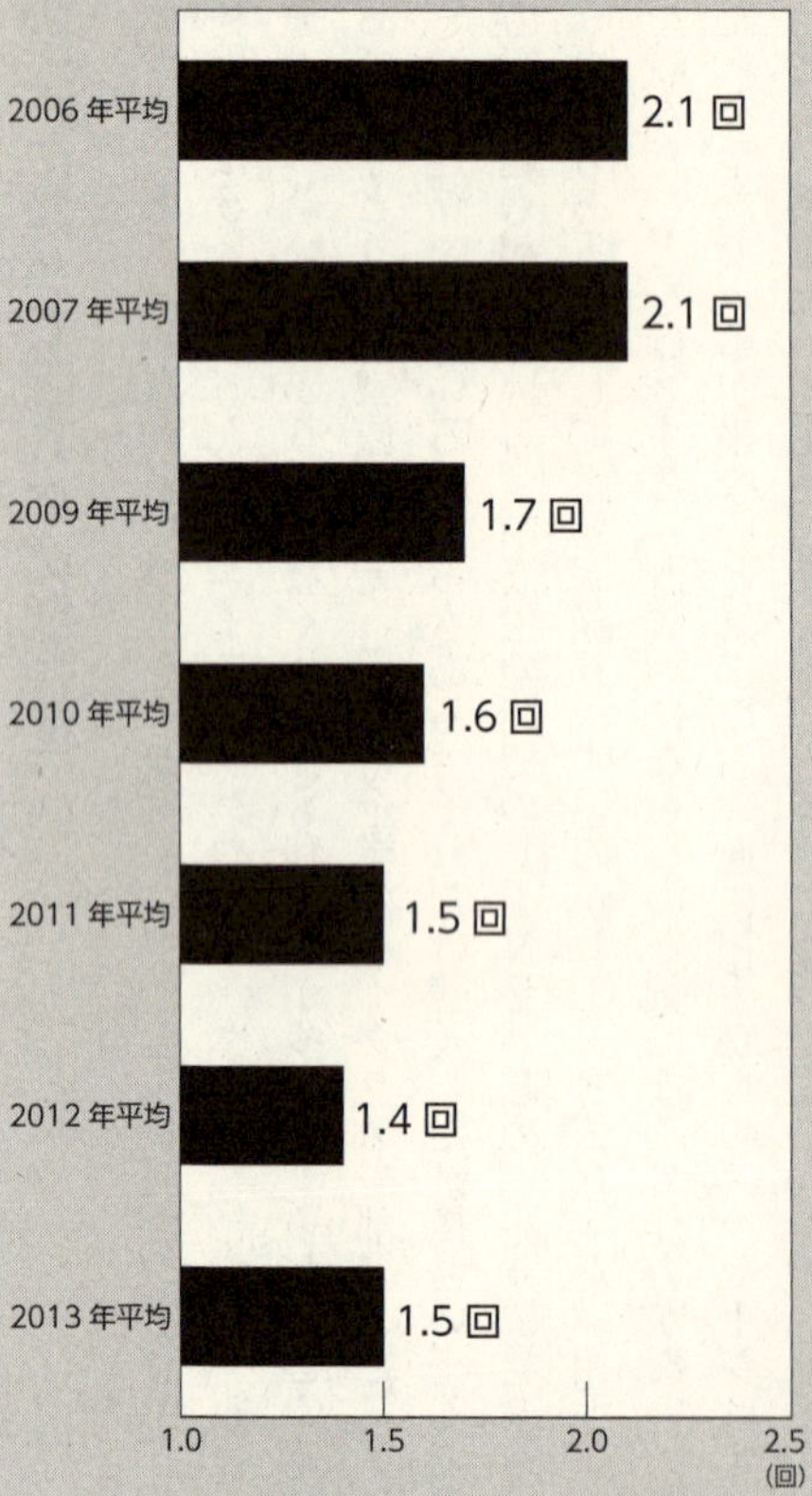

【出典】明治安田生命「2013年　いい夫婦の日」アンケート調査

結婚生活が続くと収入はアップしても金額は低下

世に「釣った魚に餌をやらない」という皮肉な言葉があるが、結婚後の男女はどれぐらいの頻度でプレゼントのやりとりをしているのだろうか？

２０１３年に明治安田生命が、11月22日の「いい夫婦の日」を前に、20～79歳の既婚男女１５６５人に対して行なったアンケート結果によると平均回数は１・５回だ。おそらく、結婚記念日か配偶者の誕生日かクリスマスだろう。じつはこの数字、06～07年には平均2・1回だったが、その後は低下の傾向が続いている。いかにも景気の低迷を反映しているようでさびしいところだ。

ちなみに、気になる金額の平均は１万９８４円となっている。普通に考えると、高年齢層になるほどお金に余裕ができるものだ。ところが、20代の男性はプレゼントの平均額が1万２９８３円、女性は平均1万３７８６円なのに対し、40代になるとそれぞれ平均９６７5円、平均８０９3円と落ち込んでいる。

やはり、結婚生活も長く続くと、若いころに比べて夫婦間のイベントも「まあこれぐらいでいいか」という感覚になってしまうのだろうか……。実際、プレゼントの回数も60～70代に限って見ると平均０・85回と少なくなっている。

平均所持数は10枚。財布の中はカードだらけ

◉カードの所有枚数

■クレジットカードの所有枚数と携帯枚数

	所有枚数	携帯枚数
2011年	3.5	2.2
2012年	3.5	2.2
2013年	3.3	2.1
2014年	3.3	2.1
2015年	3.2	2.0

【出典】JCB「クレジットカードに関する総合調査 2015 年度板」
http://www.global.jcb/ja/press/20160222150000.html

■ポイントカードの所持枚数

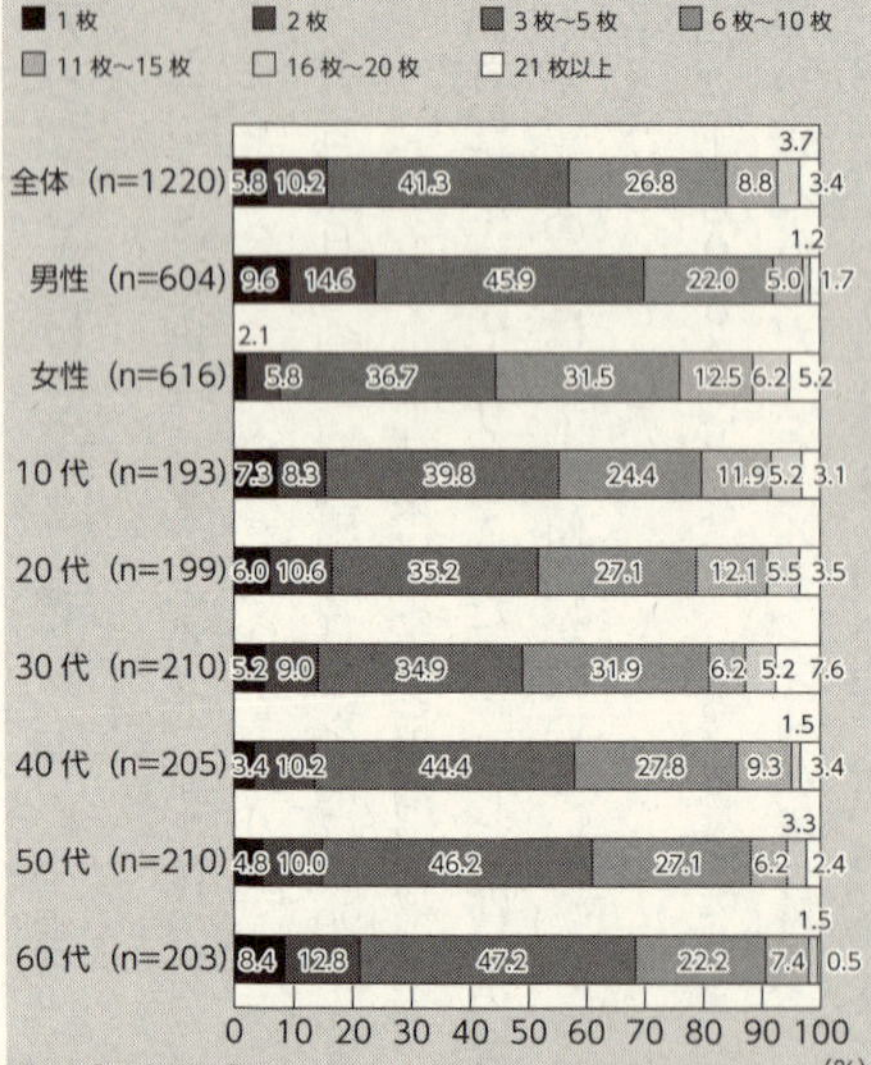

【出典】バルク「ポイントカードに関する調査」
https://www.vlcank.com/mr/report/041/

電子マネーとカード統合でちょっとだけ身軽に

現在は何でもカードの時代。スーパーでもレストランでもカード支払いが可能。ネットショッピングはカード決済が当たり前だ。しかし、放っておくとどんどん増えていくカード。果たしてあなたの財布には何枚入っているだろう?

クレジット会社のＪＣＢの調査では、クレジットカード保有率は84%、平均保有率は3・2枚。その中で常に携帯しているカードは2枚となった。ただ、２０１１年の調査では保有枚数3・5枚、携帯枚数も2・2枚だった。

減少の理由は20代・30代の所有率が少なくなっているため。若者はカードよりもスマートフォンなどによる電子マネーを使うケースが増えている。現在の電子マネーの普及率は79・9%で今後も増加傾向だ。

同様に、財布の中身を厚くする原因となっているポイントカードの所持枚数は、3~5枚が41・3%、6~10枚が26・8%だった。男性は3~5枚が多く、女性は6~10枚が多い。買い物の多い女性のほうが財布の中にため込みやすいようだ。ただ、近年はTポイントカードやPontaカードなど、クレジット機能と複数の店舗で使えるカードが登場し、統合が進んでいる。

景気や晩婚化も影響？
一家庭あたりの子どもの数は2人以下

◉夫婦の完結出生児数

調査(調査年次)	完結出生児数
第1回調査(1940年)	4.27人
第2回調査(1952年)	3.50
第3回調査(1957年)	3.60
第4回調査(1962年)	2.83
第5回調査(1967年)	2.65
第6回調査(1972年)	2.20
第7回調査(1977年)	2.19
第8回調査(1982年)	2.23
第9回調査(1987年)	2.19
第10回調査(1992年)	2.21
第11回調査(1997年)	2.21
第12回調査(2002年)	2.23
第13回調査(2005年)	2.09
第14回調査(2010年)	1.96

注：対象は結婚持続期間15～19年の初婚どうしの夫婦（出生子ども数不詳を除く）.

【出典】国立社会保障・人口問題研究所「第14回 出生動向基本調査」
http://www.ipss.go.jp/ps-doukou/j/doukou14_s/doukou14_s.asp

大家族ものが人気なのは兄弟姉妹への憧れか？

統計局の調査では、２０１６年時点での15歳未満の子どもの数は１６０５万人。前年の新生児の数は１００万８０００人で、その前年より約４０００人増えたものの、子ども全体の数は35年連続で減少している。総人口に占める割合は12・６％でこちらも42年連続の低下で過去最低。１９６５年の25・６％の半分以下にまで落ち込んでいる。世界ではドイツやイタリアが13％台、アフリカなどの途上国が軒並み40％以上。先進国の少子高齢化は深刻だ。

家族の子どもの平均を測るのには「合計特殊出生率」と「完結出生児数」がある。合計特殊出生率は１人の女性が生涯に産むであろう子どもの数。完結出生児数は、夫婦が最終的に生んだ子どもの数。後者は結婚後15〜19年経過した夫婦の平均出生子ども数になるため、家庭あたりの平均子ども数とみなされる。

２０１５年の合計特殊出生率は１・４６人で、前年を０・０４ポイント上回った。しかし、完結出生児数は70年代から2人を維持してきたが、２０１０年に１・９６人になった。これは１９９０年代前半に結婚した夫婦の子どもの数。バブル景気が終わり、不景気のため子どもを育てるのが難しくなり始めた時期に重なる。

名古屋より多い!?
東北地方の披露宴招待客は平均105・7人

◉披露宴招待客

	30人未満	100人以上	平均
全国（推計値）	9.7%	18.3%	72.5人
北海道	7.8%	34.6%	83.2人
青森・秋田・岩手	3.5%	51.7%	105.7人
宮城・山形	8.5%	24.1%	76.9人
福島	5.0%	38.2%	87.8人
茨城・栃木・群馬	7.9%	23.1%	76.9人
首都圏	12.7%	15.1%	68.7人
新潟	3.5%	5.6%	67人
長野・山梨	6.2%	17.4%	76.3人
富山・石川・福井	9.7%	5.4%	61人
静岡	5.9%	16.9%	76.9人
東海	11.3%	3.1%	60人
関西	11.0%	6.7%	62.7人
岡山・広島・山口・鳥取・島根	9.0%	8.7%	65.9人
四国	6.3%	22.6%	81.5人
九州	5.2%	48.4%	96人

【出典】ゼクシィ結婚トレンド調査 2015
http://bridal-souken.net/data/trend2015/XY_MT15_report_06shutoken.pdf

首都圏は地味でも地方では盛大なお祭り

地味婚や海外挙式などで披露宴を行なわないカップルが増えたというが、リクルートマーケティングパートナーズの最新調査では、結婚披露宴に呼んだ人の数の平均は全国で72・5人だった。多少の揺れはあるがここ数年はあまり変化がない。首都圏の平均は68・7人で、前年調査より1・8人上回った。

全国的には地方では多く都市部では少ないものの、60〜90人という層が約半数にのぼる地域が多い。ただ、首都圏の場合は30人以下という回答が12・7％。対して東北地方では100人以上というところも多い。とくに青森・秋田・岩手の3県では160人以上という回答が13・5％にもなり、平均も105・7人と突出している。西に行くに従って100人以上の割合は減ってくるが、九州になると再び多くなり、平均96人と東北に次いで多くなっている。

もっとも少ないのは東海地方の60人。東海地方といえば、名古屋の嫁入りは派手なことで有名だったが、近年は縮小傾向にあるという。対して東北などでは今でも地域の人たちに結婚を披露するという意味あいが強いようだ。招待客も、親族、友人関係や恩師、職場の同僚や上司に続いて、親の友人や近所の人の割合が大きい。

街コン参加人数は平均245人も成功率3%

◉街コン参加人数（地域別）

エリア	参加人数平均
関東	242人
北海道・東北	326人
北陸・甲信越	236人
中部	225人
関西	217人
中国	234人
四国	432人
九州・沖縄	227人
全国平均	252人

【出典】街コンまとめ
http://machicom-matome.com/summary/avg/

◉合コンへの期待度

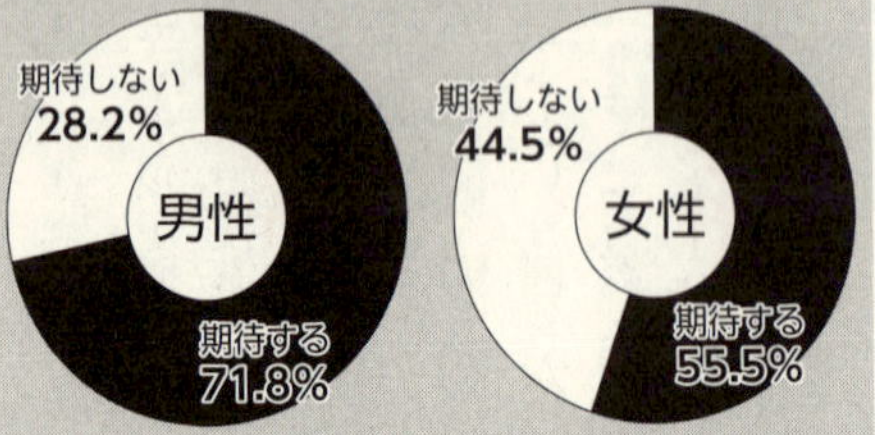

【出典】「マッチアラーム」調べ
http://prtimes.jp/main/html/rd/p/000000082.000005816.html

合コンの理想は5対5以下で期待しすぎは禁物

合コンは、お見合いよりも気軽に男女が出会える場として有効とされる。近年は地域全体を合コン会場として複数のお店をめぐりながら、参加者同士が自然に出会えるように工夫した街コンが人気。嫁不足に悩む地方でも積極的に開催される。また、同じ趣味の人が集まる趣味コンといったイベントもある。

ところが、肝心のカップル成立率はというと、街コンのカップル成立率はわずか3％とも4％ともいわれている。街コン参加者の平均人数は252人。もっとも多いのは四国地方の432人で、少ないのは関西の217人。これだけ数が多いとまず狙いが絞り込めず、さらに移動時間などで時間が削られてしまう。

街コンの平均相場は男性6425円、女性3026円と女性のほうが安く設定されている。いっぽう、合コンでの出会いに関して恋愛を期待しているのは、男性71・8％、女性で55・5％。街コンに参加する女性は、むしろ安い参加費でいろいろなお店の料理やお酒を楽しみに来ている人もいる。女性同士複数で来ている場合はその傾向が強く、出会い目的の男性との意識の差が大きい。合コンの理想は、じっくりと会話ができて目移りしない3対3くらいが理想という話もある。

30代主婦の生活満足度は平均70点、独身OLは平均60点

◉女性の生活満足度

（%）

	20代	30代	40代	50代	60代
独身OL	56.2	60.3	56.6	60.4	-
Dinks OL	71.9	68.5	66.6	65.4	-
働くママ	69.6	63.7	64.0	63.9	67.6
専業主婦	66.7	70.3	67.7	68.1	73.1

◉不安に思うこと年代別TOP3

（%）

	1位		2位		3位	
10代	収入	49.2	貯金	45.7	恋愛	45.3
20代	収入	57.7	貯金	57.4	仕事	49.2
30代	貯金	55.1	収入	53.1	老後	48.7
40代	老後	59.7	収入	49.9	貯金	48.5
50代	老後	64.2	老化	56.1	年金	47.6
60代	老後	55.8	老化	51.8	健康	46.1

【出典】読売IS「ライフスタイル調査 2013」
http://www.yomiuri-is.co.jp/news_release/wp-content/uploads/2013/04/20130415-01.pdf

共働きが勝ち組なのは20代まで？　シビアな実感

働いても給与の伸びにくくなった昨今、女性の間ではエリートＯＬより専業主婦のほうが勝ち組という声も少なくないが、当事者の実感はどうなのか？

15〜69歳の女性４１８９人を対象にした２０１３年のアンケート調査によると、20代で生活満足度がもっとも高いのは子どもなしで共働きの既婚ＯＬで、満足度は平均71・９％となる。続いて子持ちの働くママが平均69・６％、専業主婦は３番目で平均66・７％、もっとも満足度が低い独身ＯＬは平均56・２％となっている。

しかし、30代になると、専業主婦が満足度70・３％でトップになる、独身ＯＬも上昇しているが60・３％どまりだ。専業主婦がいちばん満足度が高いという状態は50代まで変わらない。やはり、歳をとるほど主婦は亭主の稼ぎが大きくなるから安泰だが、働いている女性は職場の昇進・昇給レースにもさらされ、周囲からの暗黙の結婚・出産プレッシャーもあってストレスが増えるからだろうか。

ちなみに、すべての年代の女性で「不安に思っていること」のトップは老後、続いて収入だ。以下、健康、災害、食の安全などが挙がり、「恋愛」は意外なまでに順位が低くて23番目、「夫婦・パートナーとの関係」は25番目となっている。

朝食を食べている子の算数の正答率は平均78%、食べない子は62%

◉朝食と学習

■朝ごはんを食べないことがある割合

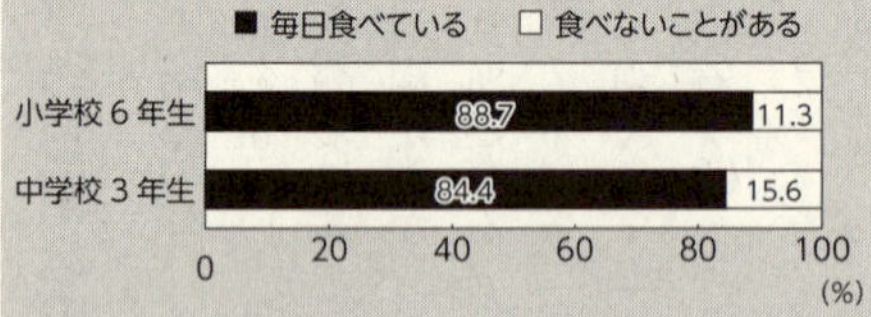

■朝食摂取と学力調査の平均正答率との関係

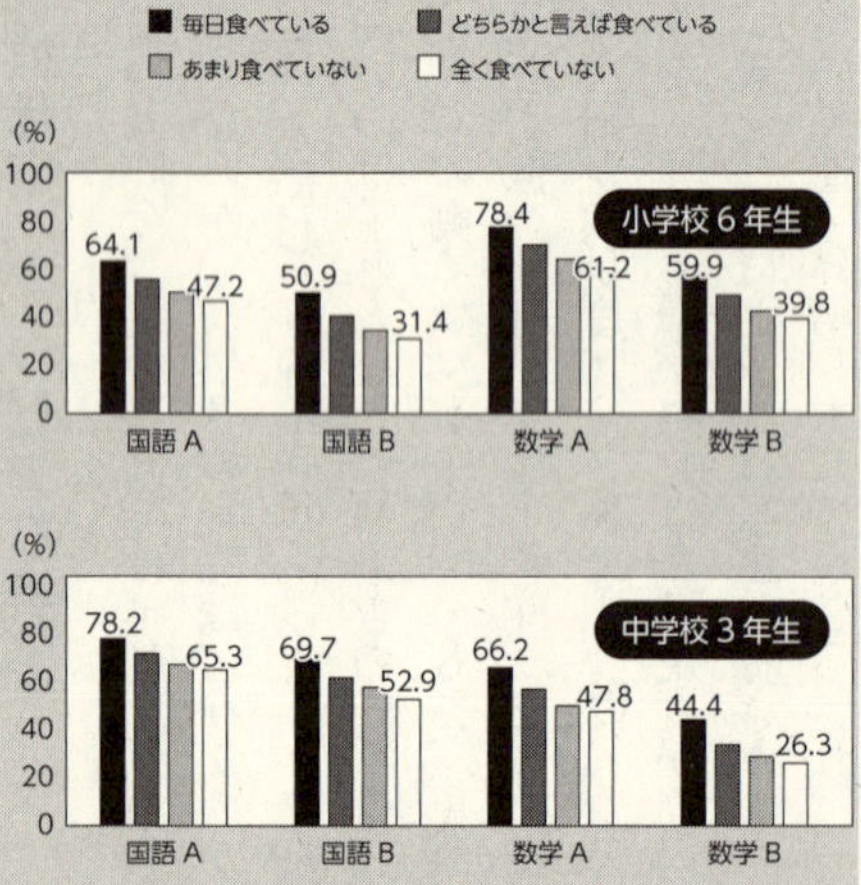

【出典】文部科学省「全国学力・学習状況調査（平成25年度）」

毎日きちんと朝ごはんを食べれば頭がよくなる？

世の中には、朝起きてすぐは食事が喉を通らない……という人も少なくないだろう。文部科学省の調査によれば、小学6年生で朝食を食べないことがあるという生徒は11・3％、中学3年生では15・6％におよぶという。

だが、やはり朝食はきちんと食べたほうがいいようだ。学力テストの結果を見ると、小学6年生で朝食を「毎日食べている」という子は、国語Aの正答率が平均64・1％、算数Aの正答率が平均78・4％なのに対し、「まったく食べていない」という子は、国語Aでは正答率が47・2％、算数Aの61・2％となっている。中学3年生の調査でも同様に、朝食を「毎日食べている」という子の方が正答率の平均値が高く、「まったく食べていない」という子と20点近く差がある場合もある。

とはいえ、単純に「朝ごはんを食べると頭がよくなる」というハナシではない。つまり、毎日きちんと朝食を摂っているような子は生活習慣もきちんとしているので、必然的に勉強もできるということなのだ。

また、不幸にも親が子どもを顧みないため朝食の準備などを怠っているような家庭環境の子ならば、集中して勉強するのも困難なはずだろう。

単身男性が朝食で炊いたご飯を食べる回数は1週間で平均2・3回

◉家庭で炊飯した米を主食とした回数

■この１週間、家庭で炊飯した米を主食とした平均食数〈朝食〉

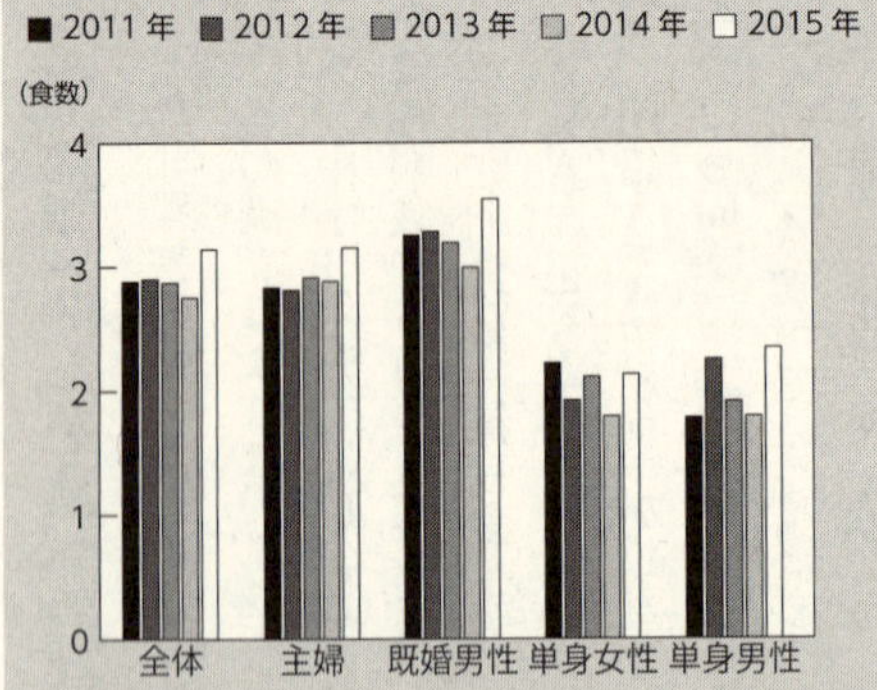

■この１週間、家庭で炊飯した米を主食とした平均食数〈昼食〉

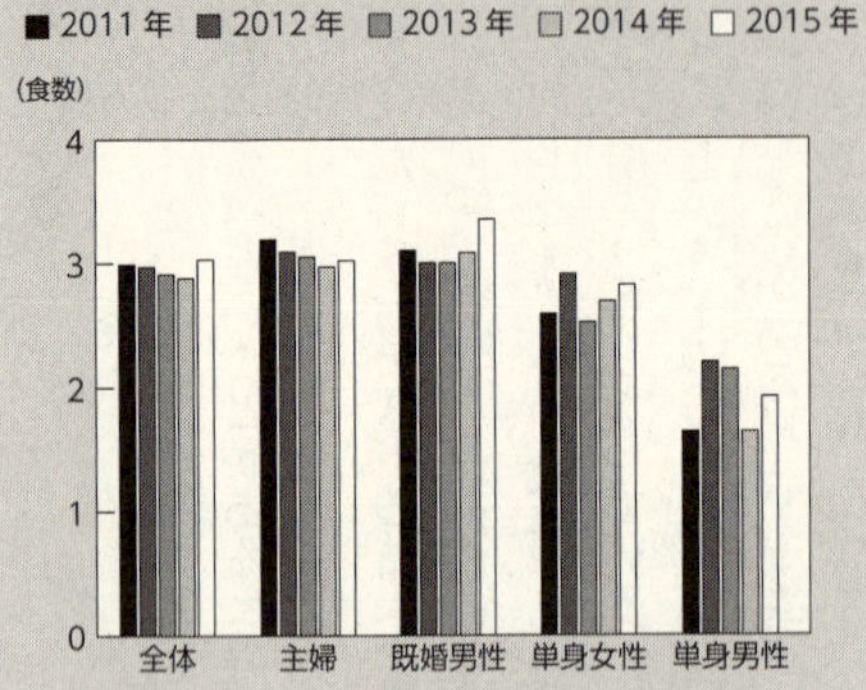

【出典】ＪＣ総研「米の消費行動に関する調査（2015年）」

結婚すると米のごはんを食べる回数が増える？

日本人の主食といえば米なのだが、食生活の多様化によって、パンやめん類など米以外のものをよく食べる人もすっかり多くなっている。

ＪＡグループに属するＪＣ総研が、２０８５人を対象として２０１５年に行なった調査では、１週間のうち米を食べる回数は平均13・33回だった。つまり、１日２食以下ということになる。単身女性は平均11・34回、単身男性では平均12・32回で、１日のうち１食に近い。

とりわけ、１週間のうち朝食に家で炊いたごはんを食べる回数は平均３・１回と半分以下だ。とくに、単身女性は平均２・１回、単身男性は平均２・３回と少ない。やはり、何かと忙しい朝はトーストなどの方が手軽なためだろう。だが、既婚男性では平均３・５回、主婦では平均３・２回と既婚者では数字がはね上がる。みんな結婚するときちんとした手料理が食べたくなるようだ。

じつは、２０１１年ごろから自宅で炊いた米を主食とする人は増加傾向が続いている。その最大の理由は、景気低迷のためかお金のかかる外食を減らす人が多くなったからだ。日本人として喜ぶべきかビミョーなところといえるだろう。

人の一生のうち風邪をひいている期間は4年

◉日本の風邪事情 都道府県別ランキング

■風邪をひきやすい県ベスト5

1位	富山県	2.76回
2位	沖縄県	2.71回
3位	新潟県	2.66回
4位	長崎県	2.59回
5位	宮城県	2.56回

■風邪をひきにくい県ベスト5

1位	山梨県	1.94回
1位	和歌山県	1.94回
3位	石川県	1.95回
4位	宮崎県	2.02回
5位	鹿児島県	2.06回

【出典】ウェザーニューズ「日本の風邪事情」（2011年）
http://weathernews.com/ja/nc/press/2011/111227.html

1年間で平均2・3回はひいてしまう風邪

ウェザーニューズの調査では、1年間に風邪をひいた回数の全国平均は2・3回。1回と2回という人がそれぞれ25%ずつで半数を占めるが、5回以上という回答が13%にもなり平均回数を増加させている。いずれにせよ年間2回くらいは風邪をひくのが当たり前だといえるだろう。

地域別にみると、もっとも風邪をひきやすいのは富山県民で2・76回、もっとも風邪をひきにくいのは山梨県と和歌山県の1・94回。海沿いでも内陸部でも、風邪をひくことに対して地域的な差というものはあまり見られない。男女別に見ると、男性は2・01回、女性は2・52回。女性のほうが風邪をひきやすいようだ。

風邪の回復期間は、2〜5日間が59%を占めて、全国平均では4・73日。1日で治るという人もいるが、症状が出ないだけでひいた状態の人も少なくない。

人が一生の間にひく風邪の回数は200回ともいわれている。平均1週間で治るとしても年数にすると3・8年以上になる。人は生涯のうち約4年間は風邪をひいているということになる。風邪を予防することはもちろんだが、風邪との付き合い方に関しても、人にうつさないなどの配慮が必要になる。

日本人の3分の2は仮病を使ったことがある

◉仮病を使った回数

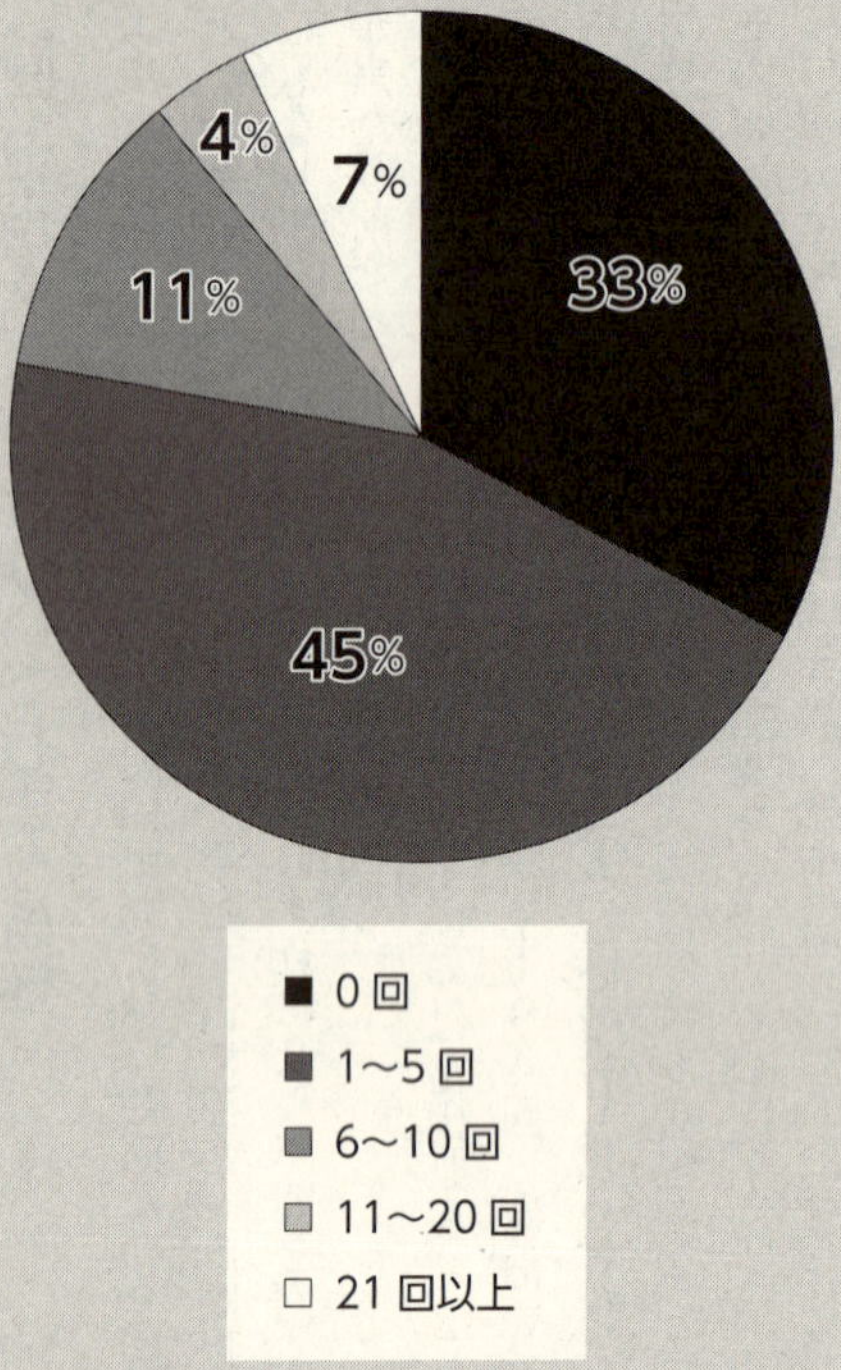

【出典】ウェザーニューズ「日本の風邪事情」2011年
http://weathernews.com/ja/nc/press/2011/111227.html

21回以上の人もいる仮病の全国平均は4・28回

ウェザーニューズでは、風邪の調査に伴って、熱が何度まで出たら学校や仕事を休むかをアンケート。もっとも多かったのは38・0〜38・4度の32％、続いて37・5〜37・9度の29％。多くの人は37度以上でも微熱だとして休まない傾向にある。風邪をひいても休んだことがないという人も7％にのぼる。風邪をひくことの多い富山県は、少々の風邪では休まない傾向にある。逆に佐賀県では熱が出たら早めにしっかりと休みをとるため、休んだことのない人は1％以下となった。

それでは、風邪でも病気でもないのに仮病を使って休む人はどれくらいいるだろうか？　回答では33％が「仮病を使ったことはない」と回答。つまり3分の2は仮病を使ったことがある。仮病回数の全国平均は4・28回で、男性4・16回、女性4・34回と女性のほうが多くなっている。女性の場合は生理痛など風邪以外でも言い訳がききやすいという側面もあるだろう。

仮病を使った回数としては1〜5回が45％と最多となったが、21回以上という猛者も7％存在している。県別では福井県が6・99回で最多。しかし、そもそも仮病というウソの申告だけに、素直な福井県民だけが正直に回答した可能性もある。

80歳までに虫歯になる数は平均22・9本

◉虫歯を持つ人の割合

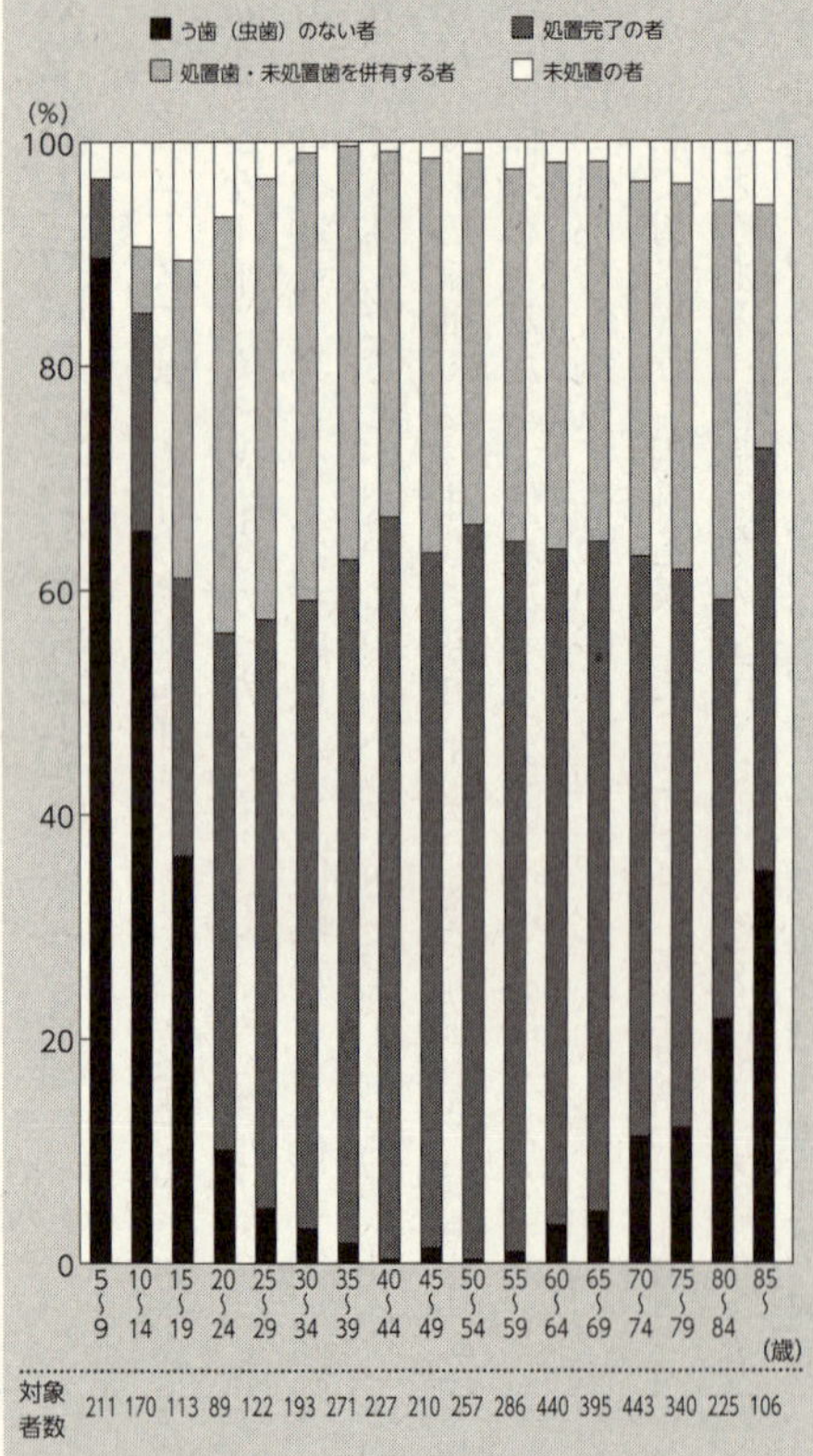

【出典】厚生労働省「平成23年歯科疾患実態調査」
http://www.mhlw.go.jp/toukei/list/62-23.html

虫歯にならない人はいないが虫歯の数は減少中

子どもの乳歯は20本、大人の永久歯は28本（親知らずを除く）。この歯を80歳までに20本は残そうというのが「８０２０運動」だ。厚生労働省の調べでは、８０２０を達成した８０歳は38・３％となった。以前の調査では24・１％だったので大幅に増えたといえるだろう。

人は、45歳くらいまでには歯の半分が虫歯になるといい、80歳までに失われる歯は12・７本にもなる。ただ、虫歯全体の数は減りつつある。

ＤＭＦ歯数（その年齢までに虫歯にかかった歯の本数の合計）で見ると、１９８７年の75〜79歳のＤＭＦ歯数は26・1本。ほとんどの歯が虫歯になっていた。しかし、２０１１年の調査では平均22・９本。以前は14歳までには7・6本の歯が虫歯になっていたが1・３本にまで減少している。

虫歯の数が減少した理由としては、やはり歯磨きの効果が大きい。１９６９年、歯を磨かない、ときどきしか磨かない者は20％近くいたが、現在では3％に減少。しかも1回だけではなく、朝と夜の2回という人が半数近い。3回以上という人も25％存在する。ソフトな磨き方が推奨されるなど、歯科技術も年々進歩している。

1週間に運動する時間は平均2日でも運動しない人が5割

◉運動の習慣

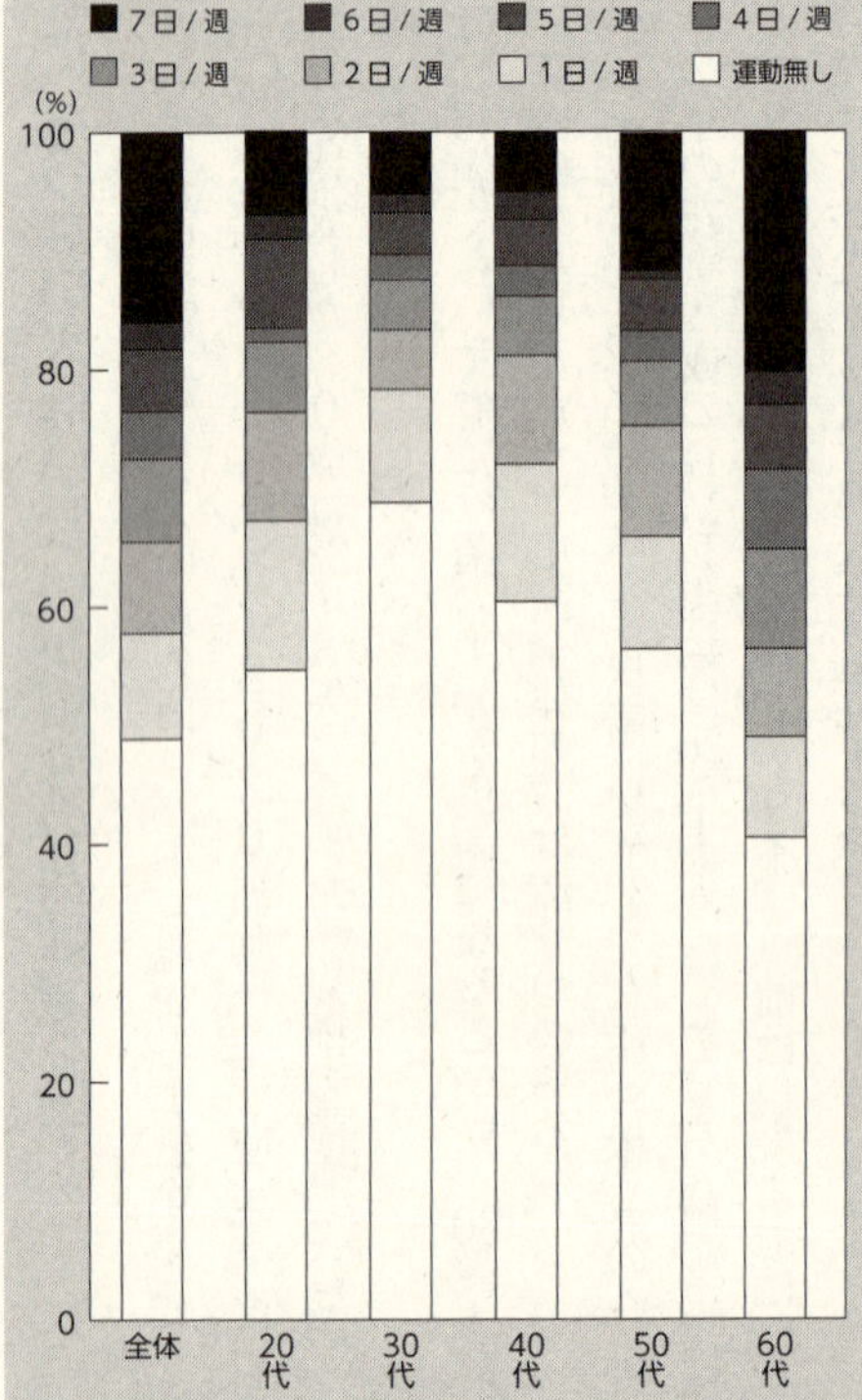

対象者数	全体	20代	30代	40代	50代	60代
	3,864	254	401	541	535	952

【出典】厚生労働省「平成25年国民健康・栄養調査報告」
http://www.mhlw.go.jp/bunya/kenkou/eiyou/dl/h25-houkoku.pdf

半数はまったく運動していないという事実

厚生労働省の調査では、常に運動の習慣のある人の割合は男性33・8％、女性27・2％で、全体の30％が運動をしていた。また、1週間でどれくらいの日数を運動しているかについては、約2日。1週間のうち5日は仕事、土日に体を動かしてリフレッシュしているとしたら健康的といえるだろう。

しかし、実際にはまったく運動しないという人が48・9％もいる。平均値の多くは毎日運動していると答えた16％の人々によるものだ。運動をする人としていない人の二極化が進んでいることがわかる。

これは子どもの頃には決まっているともいえる。文部科学省の全国体力調査の結果、1週間の総運動量が60分未満の小学生は男子10・5％、女子24・2％。中学生は男子9・3％、女子31・1％となった。60分未満というのは、体育の時間以外はまったく運動をしていないということ。一方で、中学では部活もあり、運動部所属の生徒は運動日数も多い。そのため、運動している生徒と運動していない生徒では、体力測定の結果の平均にも25点近い差が出ることとなった。

若者になるほど、運動するものとしないものの二極化は大きくなっていくようだ。

値上がりしても 1日1箱は吸ってしまう喫煙者

◉毎日吸う人の平均喫煙本数

	男性	女性
2012年	19.1本	15.2本
2013年	19.1本	15.1本
2014年	19.0本	15.1本
2015年	18.6本	14.7本

◉喫煙人口の推移（推計値）

	男性	女性	合計
2012年	1650万人	566万人	2216万人
2013年	1623万人	572万人	2195万人
2014年	1526万人	533万人	2059万人
2015年	1562万人	522万人	2084万人

【出典】JT「全国たばこ喫煙者率調査」2013年、2015年
https://www.jti.co.jp/investors/library/press_releases/2013/0730_01_appendix_02.html
https://www.jti.co.jp/investors/library/press_releases/2015/0730_01_appendix_02.html

映画・ドラマでも禁止され進んだ若者のタバコ離れ

２０１６年に大ヒット商品となったｉＱＯＳ（アイコス）は、フィリップモリス社が開発した電子タバコ。火を使わないためと煙とタールを出さず、副流煙被害もないと嫌煙家からも歓迎され入手困難な状況が続いた。

公共のスペースや道端での喫煙は禁止。飲食店でも全面禁煙の店が増加。喫煙者は年々肩身が狭くなる。さらに、消費税の値上げに伴ってタバコも値上がりし、健康と値上がりを理由に禁煙に踏み切る人も増えた。厚生労働省の調査では、現在の喫煙率は19・3％。喫煙率は年々減少しているが、ついに20％を切った。うち男性は32・2％、女性は8・2％となっている。

年齢別の喫煙者も40代をピークに若くなるほど、年をとるほど減っていく。若い人はそもそもタバコを吸わず、年をとると健康上の理由から禁煙する人が多い。

しかし、日本たばこ産業（ＪＴ）の調査では、喫煙者が一日に吸うタバコの量の平均は18・６本と出た。こちらも減少しているとはいえ、一日で1箱近く吸うペースは、なかなか改まらないようだ。絶滅寸前の喫煙者。むしろ本数を減らさないのも、意地になっているとしか思えないほどだ。

年賀状を出す枚数は40枚くらいが目安？

◉年賀状の年代別枚数

世代	枚数
全世代平均	44.1枚
10代	16.9枚
20代	19.6枚
30代	40.9枚
40代	52.1枚
50代	51.5枚
60代	63.1枚

【出典】ネオマーケティングの調査
http://www.garbagenews.net/archives/2114695.html

◉年賀状の総発行枚数

年	発行枚数
2004年用	44億5936万枚
2005年用	43億6774万枚
2006年用	40億8500万枚
2007年用	37億9978万枚
2008年用	40億2105万枚
2009年用	41億3684万枚
2010年用	38億9776万枚
2011年用	38億2024万枚
2012年用	36億6577万枚
2013年用	35億8730万枚
2014年用	34億1596万枚
2015年用	33億173万枚
2016年用	32億167万枚

【出典】日本郵政

あけおめメールもしつつ年賀状も出す

ネオマーケティングの調査では、ひとりが年賀状を出す枚数は44・1枚。細かい宛名書きやデザインをパソコンで作って印刷できるので、作業の労力も大きく軽減されている昨今。年賀状を出すという人はまだまだ多いようだ。

とはいえ、世代別に見ると、見事なまでに若い人ほど年賀状を出さなくなっている。学生などは、クラスメイトや先生に出す程度で、そもそもの枚数が少ないということもあるだろう。ただ、年が変わるとすぐにメールを送りながら、年賀状も送っておく若者もいる。様式美としての年賀状はまだ残っている。30代になって急に増えるのは、職場や取引先ばかりではなく、結婚や出産などによって、疎遠になっていた友人にも近況を知らせるという側面があるようだ。

しかし、全体的には年賀状離れの動きは止められない。日本郵便が発行するお年玉つき年賀はがきが登場したのは1949年（1950年用）。当初の総発行枚数は、1億8000万枚だった。その後、広く普及した年賀はがきは、2003年には44億5936万枚とピークを迎えた。しかし、以降は減少傾向となり、2016年には28億5329・6万枚にまで減ってしまっている。

日本では2時間に1人交通事故で死んでいる

◉交通事故死者数の増減

	死者数	一日平均
1992年	11,452人	31.34人
2000年	9,073人	24.86人
2001年	8,757人	23.99人
2002年	8,396人	23.0人
2003年	7,768人	21.28人
2004年	7,436人	20.37人
2005年	6,937人	19.00人
2006年	6,415人	17.56人
2007年	5,796人	15.88人
2008年	5,209人	14.27人
2009年	4,979人	13.64人
2010年	4,948人	13.56人
2011年	4,691人	12.85人
2012年	4,438人	12.16人
2013年	4,388人	12.02人
2014年	4,113人	11.27人
2015年	4,117人	11.28人

【出典】警察庁「平成28年警察白書」

15年連続減少を更新し続けるも2015年に増加

警察庁の発表によれば、2015年中の交通事故発生件数は53万6899件で、前年より3万6943件減少。しかし、死者数は4117人で、前年より4人増加してしまった。1日あたりの死亡者数は11・3人であり、日本では2時間8分にひとりが交通事故で亡くなっていることになる。

交通事故の死者数はモータリゼーションの発達とともに増加し、高度経済成長期の1970年には1万6765人に達した。その後減少したものの、バブル期の1988年に再び1万人以上となった。しかし、92年の1万1452人以降は減少に転じ、96年には1万人を割り、2009年には4000人台となった。

注目すべきは92年以降も交通事故件数は増加していたのに、死者数が減少に転じた点。これは、エアバッグやチャイルドシートの普及により、事故が発生しても人命は助かるというケースが増えたことが大きい。また、交通事故件数も2004年の95万2720件をピークに減少。とくに2006年に福岡県職員の飲酒ひき逃げにより3人の児童が死亡する事故が発生して以来、安全運転への注目度も高まり、飲酒運転への取り締まり、罰則が強化されたことで大きく減少することとなった。

首都直下地震のとき断水に直面する人は推定3人に1人

◉都心南部直下地震があった場合の各インフラの被害想定

■水道：断水人口・断水率

	断水人口（人）	断水率（%）
被災直後	約14,440,000	31%
被災１日後	約13,545,000	29%
被災１週間後	約8,516,000	18%
被災１カ月後	約1,402,000	3%

給水人口（人）約 46,562,000

■電気：供給能力と夏場のピーク電力需要に対する割合

	供給能力	ピーク電力需要に対する割合
被災直後	約2,700万ｋＷ	51%
被災１週間後	約2,800万ｋＷ	52%
被災１カ月後	約5,000万ｋＷ	94%

※「ピーク電力需要に対する割合」は、供給能力を夏場のピーク電力需要で除した値である

■ガス（都市ガス）：供給停止戸数・支障率

	供給停止戸数（戸）	支障率（%）
被災直後	約1,587,000	17%
被災１日後	約1,505,000	16%
被災１週間後	約1,257,000	13%
被災１カ月後	約485,000	5%

対象需要家数※（戸）約 9,390,000
（※需要家数から全壊・焼失、半壊家屋を除いた個数）

【出典】中央防災会議「首都直下地震の被害想定と対策について」
http://www.bousai.go.jp/jishin/syuto/taisaku_wg/pdf/syuto_wg_report.pdf

被災の翌日には携帯電話も2台に1台は不通？

東京都と、これに隣接する埼玉県、千葉県、神奈川県の人口は合わせて3592万人にもなる。首都圏でマグニチュード7級の大地震が起きたらライフラインはどうなるのか？　内閣府の中央防災会議は以下のように想定している。

まず、首都圏で被災直後に断水を余儀なくされるのは人口の31％、つまり平均して約3人に1人だ。被災から1週間後には18％に回復すると推定されている。

次に、被災直後の電力供給は51％に低下し、被災から1週間後でも1％しか回復しないと推定されている。これは単純に平均2人に1人が停電という事態ではなく、2011年の東日本大震災のときのような輪番停電になるかもしれない。

続いて、都市ガスの供給は被災直後に17％低下する推定だ、平均6軒に1軒はガスが使えないことになる。被災から1週間後でも13％が使用不能の見込みだ。

また、通信インフラでは、被災直後に固定電話は48％が使用不能となる。携帯電話の場合は少々意外で、被災直後に停波する基地局はわずか4％だが、1日後には46％に拡大する見込みだ。つまり、つながりやすさは半分になる。なお、停電との関係もあるので、被災から1週間後の停波状態の推定は困難だという。

東日本大震災後に地震保険に入っている人は4人に1人

◉地震保険の契約件数等の推移

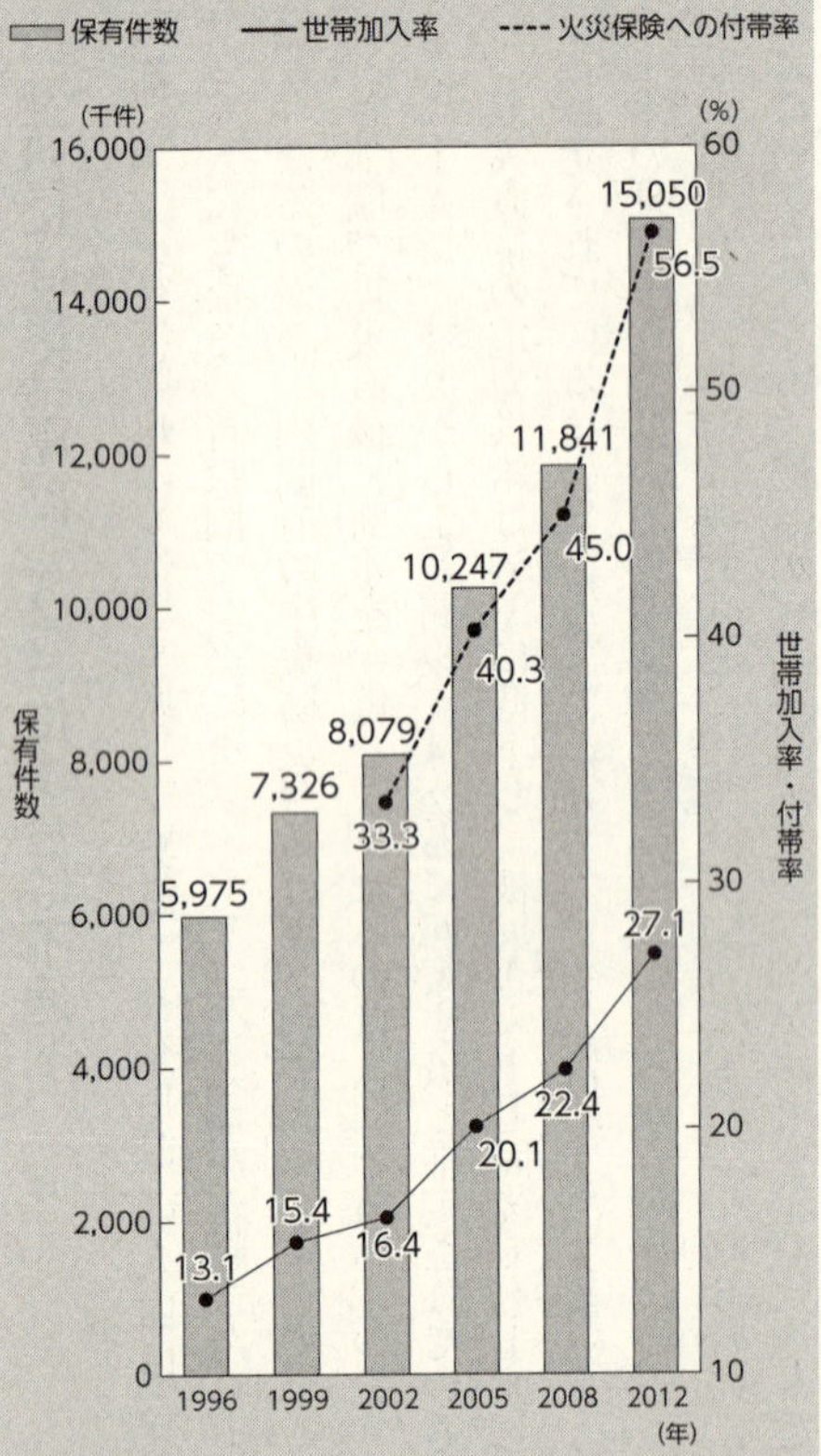

【出典】内閣府『平成27年版 防災白書』
http://www.bousai.go.jp/kaigirep/hakusho/h27/index.html

アナタの隣人はすでに加入しているかも？

昔から「備えあれば憂いなし」とは言うけれど、やたらと地震の多い日本でも、火災保険に比べて地震保険に加入する人は決して多くなかった。阪神大震災の翌年にあたる1996年の段階では、全国の加入件数は約598万件で加入率は13・1％、したがって平均すればおよそ8人に1人だった。

しかし、東日本大震災の翌年にあたる2012年の加入件数は1505万件、加入率は27・1％と倍増し、4人に1人以上となっている。

じつは、この増加ぶりは決して震災の影響だけではない。2008年には、すでに加入率は22・4％にまで増えていた。ここ10年ほどの間に、火災保険と地震保険をセットにする保険会社が多くなったからだ。

今のところ火災保険のみ加入している人でも、地震保険の加入を検討する人は少なくない。そのきっかけとしては、地震災害の報道を見て考えたという人が49％におよび、不動産屋などに勧められたという人も21％いる。

おりしも、16年4月には九州の熊本県でもマグニチュード7以上の大地震が起きた。今後はますます地震保険の加入者が増える可能性が高いだろう。

検挙率58・1%。強制わいせつ事件で犯人の検挙は平均5件に3件

◉強制わいせつの認知・検挙状況の推移

区分 / 年次	認知件数（件）	検挙件数（件）	検挙人員（人）	検挙率（%）
2005年	8,751	3,797	2,286	43.4
2006年	8,326	3,779	2,254	45.4
2007年	7,664	3,542	2,240	46.2
2008年	7,137	3,555	2,219	49.8
2009年	6,725	3,563	2,129	53
2010年	7,069	3,637	2,189	51.4
2011年	6,929	3,550	2,217	51.2
2012年	7,324	3,946	2,451	53.9
2013年	7,654	3,967	2,487	51.8
2014年	7,400	4,300	2,602	58.1

※08～12年の数値は、14年8月1日現在の統計等を基に作成。

【出典】警察庁『警察白書　平成27年版』

2013年まで検挙は平均2件に1件だった

警察庁によれば、2014年の強制わいせつの認知件数は7400件で検挙件数は4300件、検挙率は58・1%なので、平均すれば5件のうち3件だ。13年は検挙率51・8%、05年には43・4%だったので、年々向上している。とはいえ、放火などの検挙率は70～80%台なのだから、まだまだ低いと言わざるを得ない。それでは、性犯罪の検挙はなぜ難しいのか？　たとえば、電車内での痴漢などは加害者の顔をはっきり見られない場合もあるし、職場で異性の上司から無理やりわいせつな行為を迫られたなど、立場や力関係で訴えにくいというケースもあるし、加害者が合意の上だと言い張ることもある。

ただし、同じ性犯罪でもさすがに強姦はもっと検挙率が高い。14年の数値では認知件数が1250件に対して検挙件数が1100件と検挙率88%だ。これも05年当時には検挙率69・5%とかなり低かったが、相当に向上している。

もっとも、性犯罪では被害者が恥の意識や世間体、相手とのトラブルを避ける心理などから警察に訴えないケースも少なくない。つまり、そもそも認知されない事件も多く、検挙率の陰にはカウントされない数字が隠れているはずなのだ。

じつは高齢者が多い。万引き犯の検挙は平均10件に7件

◉万引きの認知・検挙状況の推移

区分／年次	認知件数（件）	検挙件数（件）	検挙人員（人）	検挙率（%）	高齢者の検挙割合（%）
2005年	153,972	115,636	113,953	75.1	20.4
2006年	147,113	110,723	107,123	75.3	23.4
2007年	141,915	105,774	102,504	74.5	25.2
2008年	145,560	105,986	101,504	72.8	26.6
2009年	150,060	108,802	105,228	72.5	25.7
2010年	148,669	107,684	104,804	72.4	26.1
2011年	141,931	104,516	101,340	73.6	27.7
2012年	135,231	97,841	93,079	72.4	30.8
2013年	126,386	89,910	85,464	71.1	32.7
2014年	121,143	86,784	80,096	71.6	35.1

※08～12年の数値は、14年8月1日現在の統計等を基に作成。

【出典警察庁】『警察白書　平成27年版』

万引き犯のうち平均3人に1人はお年寄り？

様々な犯罪のなかでもわりと敷居が低いのが万引きだろう。警察庁の発表では、2014年の万引きの認知件数は12万1143件、検挙件数は8万6784件で検挙率は71・6％なので、平均して10人に7人は検挙されている。

なお、05年には認知件数が15万件以上あったが、検挙率は75・1％だった。ここ10年ほどの経過を見ると、件数は少しずつ減少しているが検挙率の方も落ちている。どうやら、複数犯で1人が店員の気を引く、店員のなかに共犯者を作るなど、巧妙な手口で商品を盗み、さらにそれを転売するケースが増えているらしい。

しかし、それ以上に注目すべきなのは、05年には検挙された万引き犯に占める高齢者の割合が20％だったのに、以降は上昇を続けて14年には35％にまでなったことだ。つまり、平均して万引き犯の3人に1人はお年寄りなのである！

じつは、暴行、傷害、放火、恐喝、性犯罪などあらゆる分野で、高齢者の犯罪率は上昇しているが、とくに万引きは比率が高い。当然、世の中全体が高齢化しているせいもあるが、高齢者の貧困や、社会的に孤立して周囲に悪いことを止めてくれる人間もいなくなっている状況を反映しているようだ。

世界1位！新宿駅の1日の乗降客数は平均76万人

◉新宿駅の利用者数の変化

年次	利用者数
2015年度	760,043人
2014年度	748,157人
2013年度	751,018人
2012年度	742,833人
2011年度	734,154人
2010年度	736,715人
2009年度	748,522人
2008年度	766,020人
2007年度	785,801人
2006年度	757,013人

【出典】JR東日本「各駅の乗車人員」
http://www.jreast.co.jp/passenger/index.html

世界の駅の乗降客数23位までを日本が独占

世界一乗降客数が多い駅としてギネスブックにも載っている新宿駅。一日の平均利用客は2015年度で約76万人。そのうち定期券利用者が約40万4000人、半数以上は定期券を使って毎日新宿駅での乗降、乗り換えを行なっている。

世界的に見ても日本の鉄道の混み方は突出している。世界の駅別年間乗降客数ランキングでは、1位の新宿を筆頭に、渋谷、池袋と山手線が続き、次いで4位に大阪梅田、5位に横浜、6位に北千住、7位に名古屋、そして8位で再び山手線に戻って東京、品川、高田馬場となる。なんと23位の押上まで日本の駅が上位を独占し、24位にようやくフランスのパリ北、25位に台湾の台北が入る。

日本には多くの外国人旅行客が訪れるが、日本の電車の正確さとラッシュ時の混雑にまず驚くという。そして混雑率200％というギュウギュウ詰めの電車の前で、きちんと並んで乗降の順番を待っている日本人の姿にも衝撃を受ける。

狭い地域に人口が密集している東京では、電車こそが有効な移動手段。自動改札などでよりスムーズな乗降が可能になったが、何よりも日本人が培ってきた電車マナーというものが、大量の利用客をさばける最大の理由ともいえるだろう。

年に1度海外旅行に行くのは10人に1人だが、バブル期よりも増えている

◉出国日本人数の推移

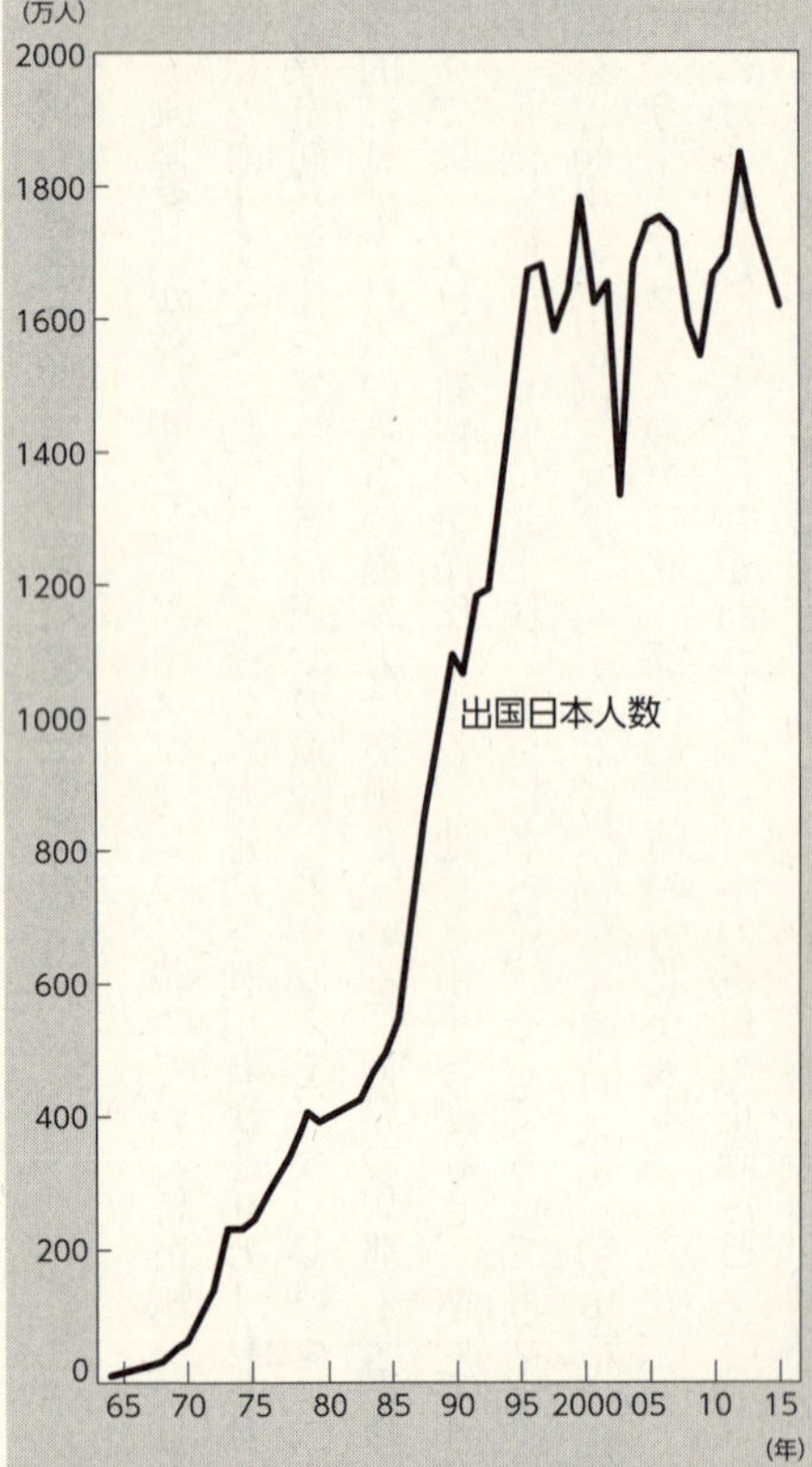

【出典】日本政府観光局「年別 訪日外客数，出国日本人数の推移」
http://www.jnto.go.jp/jpn/statistics/marketingdata_outbound.pdf

「若者の海外旅行離れ」はウソだった！

観光庁の調査によると、2012年の日本人1人あたりの海外旅行回数は0・15回だという。つまり、年に1回海外旅行に行く人は10人に1人あまりだ。

この数を「少ない」と思う人や、さらに「やっぱりバブル崩壊後に若者の海外旅行離れが進んだんだろうな」と考える人もいることだろう。

ところが、2015年の出国者数は約1600万人で、なんとバブル経済絶頂期の1990年よりも5000万人近くも多いのだ！　日本からの出国者数は01年に起きたアメリカ同時多発テロの直後には減少したが、長期的視野では、90年代以降ずっと上昇している。その一因は、円高の影響と格安航空券の普及だろう。

20代の若者に限って見ると、確かに90年代当時に比較して海外旅行に行く人の全体数は減っている。しかし、一方で少子化も進んでいるので、海外旅行に行った人の割合は約19・5％から約21％に微増している。

ちなみに、スウェーデンでは海外旅行回数が年間平均1・64回、スイスは1・57回、オランダは1・12回と、陸続きで外国に行けるヨーロッパ諸国は回数が多い。意外にも、中東のサウジアラビアも年に0・65回と日本の4倍以上だ。

東京ディズニーリゾートの1日の利用者は平均8万2500人

◉1日あたりの入場者数（ランド／シー合計）

年次	年間入場者数	一日あたり
2015年度	30,191,000人	82,489人
2014年度	31,377,000人	85,964人
2013年度	31,298,000人	85,747人
2012年度	27,503,000人	75,350人
2011年度	25,347,000人	73,469人

※2015 年はうるう年で 366 日
※2011 年は東日本大震災の影響により約 2 週間休園（ランド 352 日、シー 339 日）

◉年度別来場者数と営業日数

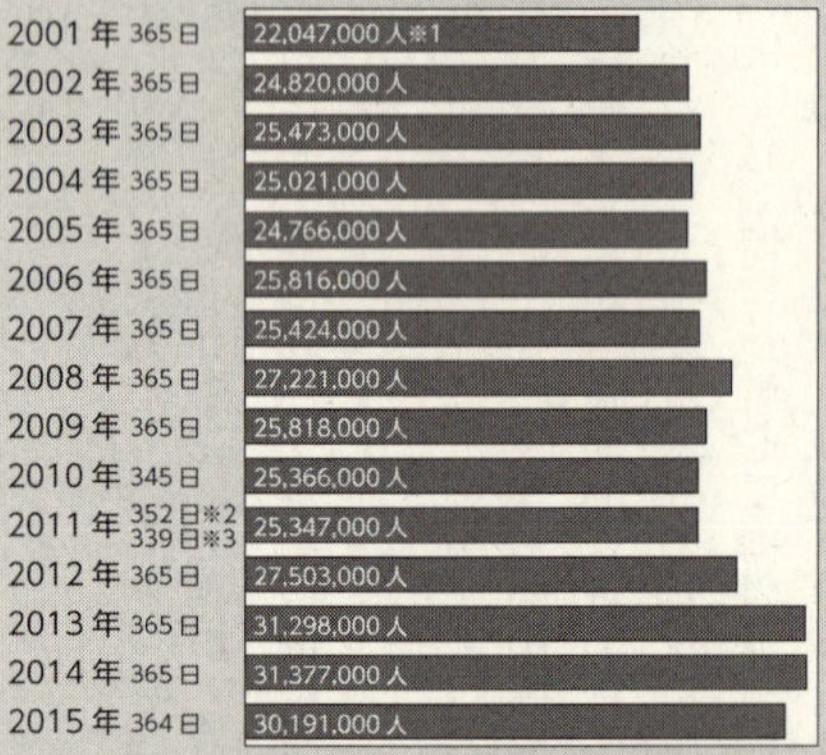

※1 東京ディズニーシーは 9/4～3/31
※2 東京ディズニーランド
※3 東京ディズニーシー

【出典】オリエンタルランド「入園者数データ」より
http://www.olc.co.jp/tdr/guest/

1人1万円で1日8億円以上の売り上げ

現在、世界にはディズニーのテーマパークが7カ所にある。アメリカに3カ所（フロリダ、カリフォルニア、ハワイ）、ヨーロッパに1カ所（パリ）、そしてアジアにも3カ所（東京、香港、上海）だ。その中でも最大の集客数を誇るのが東京ディズニーリゾートだ。東京ディズニーランドと、東京ディズニーシーという2つのパークを抱え、2013年度に年間来場者数3000万人を突破。

これは1日あたり8万人以上が訪れているということになる。2つのパークの合算だが、休日にはひとつのパークだけで8万人を超えることもあり、その場合は入場制限もかけられるという。2014年度は映画『アナと雪の女王』の大ヒットにより過去最高を記録。2015年度には若干減少したがまだまだ人気だ。

ちなみに、ゲストの比率としては女性が約70%、男性が30%。また、年代別では18〜39歳までの成人が半数近くを占め、高校生以下が約30%、40歳以上が約20%。近年はハロウィンやヴィランズ（悪役）のショーなど、大人向けのイベントが増えている印象。香港や上海にディズニーランドができたことで集客減が見込まれたものの、まだまだアジア最大のテーマパークの座は不動といえる。

富士山登山者が1シーズン23万人に減少した理由は？

◉富士山の登山者数の推移

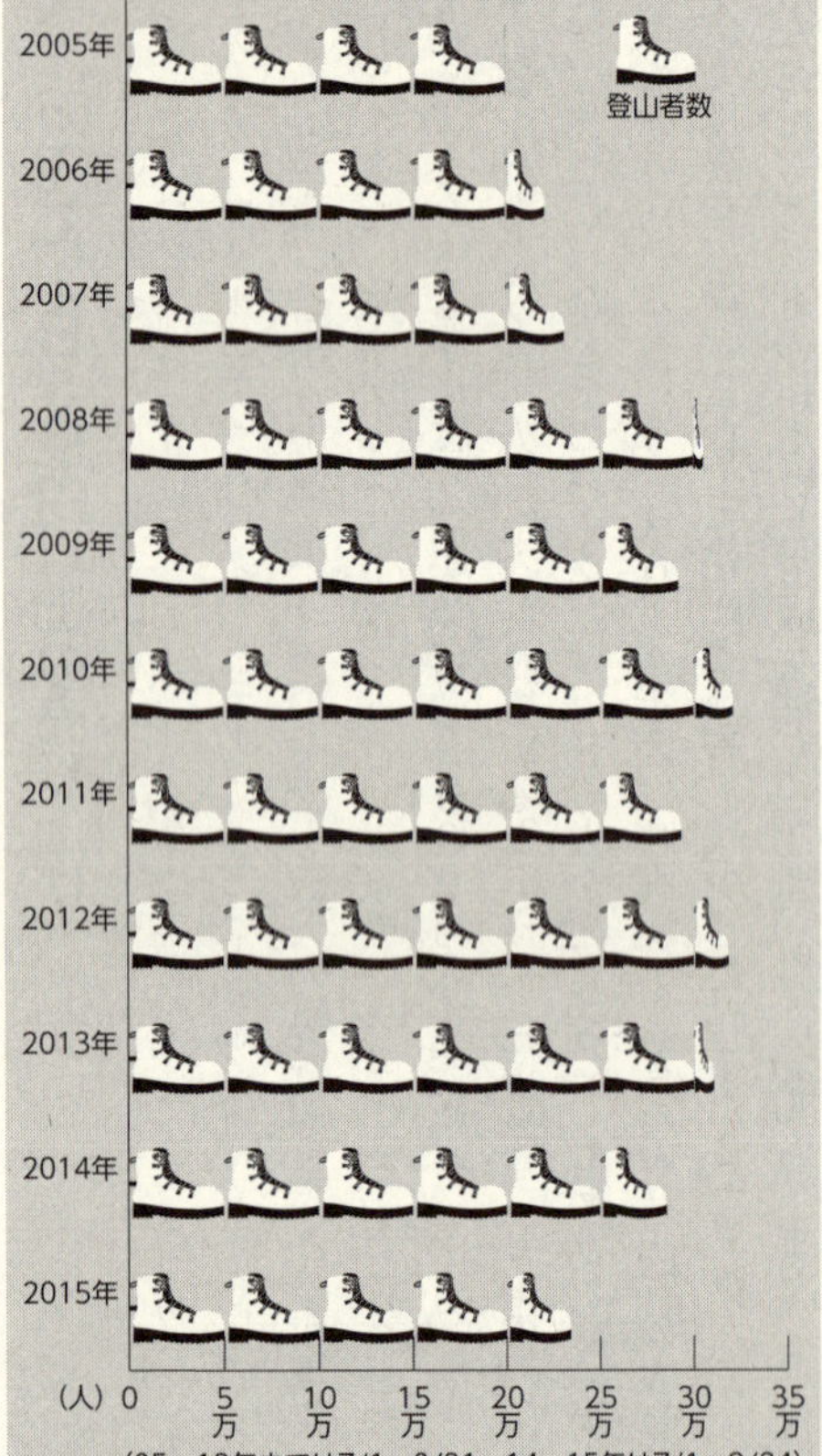

(05〜13年までは7/1〜8/31、14〜15年は7/1〜9/24)

【出典】関東地方環境事務所
http://kanto.env.go.jp/to_2015/29.html

30万人はいた登山客もマイカー規制で足踏み

その美しい稜線と高さによって日本を代表する山となった富士山。「富士山〜信仰の対象と芸術の源泉」として、世界遺産にも登録され、毎年夏のシーズンには多くの登山客が訪れる。一生のうち一度は登ってみたい魅力がある。

環境省では、国立公園の利用と環境保護に役立てようと、山梨県側の吉田、静岡県側の須走、御殿場、富士宮の4カ所のルートと、標高3100メートル地点の8合目に赤外線カウンターを設置。毎シーズンごとの登山者数を計測している。

2015年の7月1日から9月14日までの登山者の合計は約23・4万人。一日あたりの平均は、平日で2395人、土日祝日はほぼ倍となる4664人となった。もっとも多かったのは、夏休み初日で連休となった7月19日の7687人。シーズン中の土曜は常に7000人超えの大盛況だった。

しかし、過去の記録を見ると、前年まで30万人程度で推移していたのが一気に5万人近く減っている。これは、もっとも人気の高い吉田口ルートの混雑を避けるため、山梨県がマイカー規制の日数を増やし、2014年の御嶽山噴火、2015年6月の箱根山噴火の影響もあったとみられる。

観光立国にはほど遠い? 訪日旅行者は1日平均5万4075人

◉訪日旅行者数の国別推移

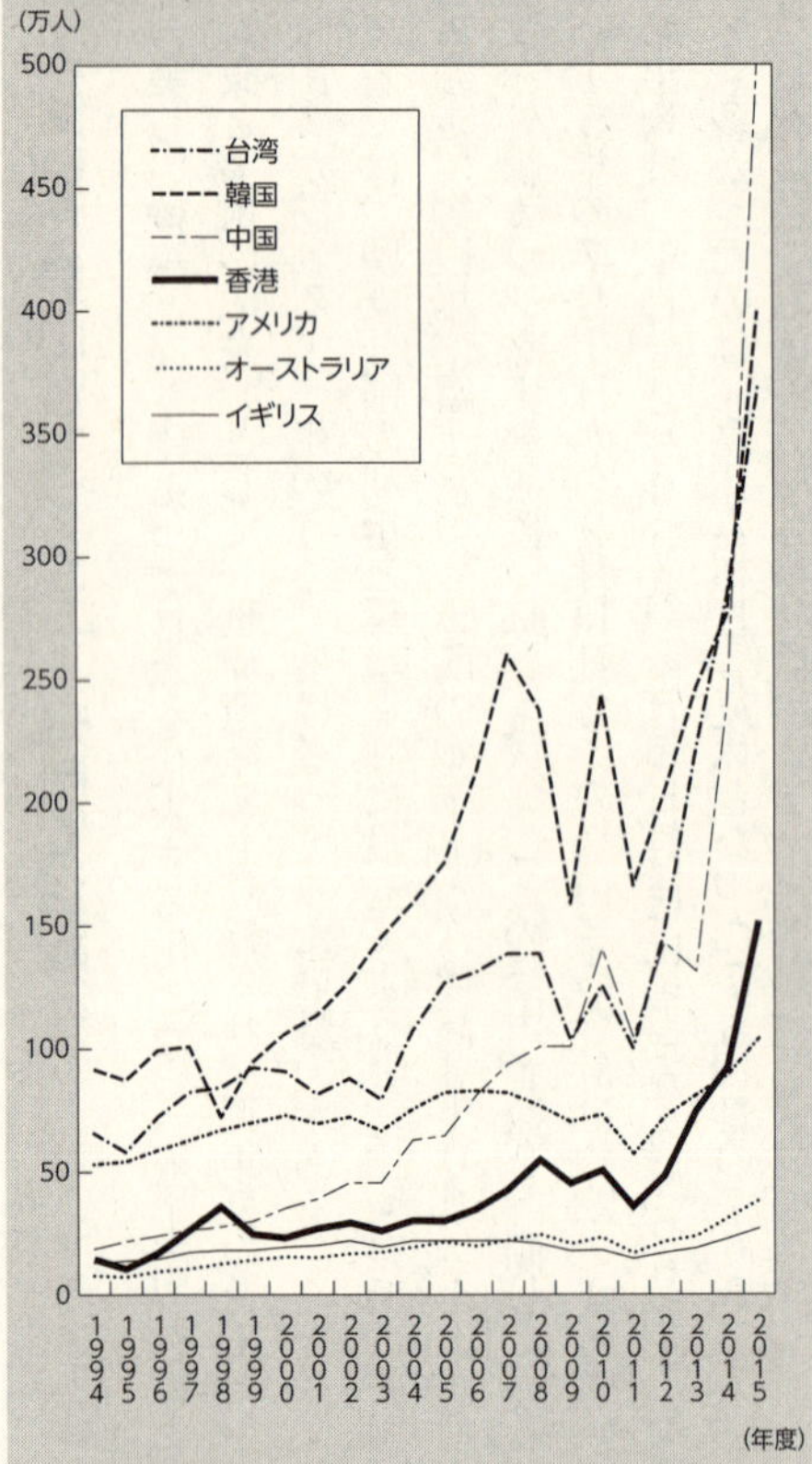

【出典】社会実情データ図録
http://www2.ttcn.ne.jp/honkawa/7200.html

訪日旅行者による収益は1日平均95億円以上！

大都市では、「爆買い」中国人の団体客を見かけることがめずらしくなくなって久しい。2015年の日本の外国人旅行者受入数はのべ1973万7400人におよんだ。にわかには信じがたいが、1日平均では5万4075人となる。

国籍別で見ると、やはり中国人が圧倒的に多い。もとより04年ごろから増加が続いていたが、13年からは年間100万人のペースで激増している。これに次ぐのが韓国と台湾だ。09年と11年にはリーマンショックと日本での東日本大震災の影響で一時的に訪日旅行者が落ち込んだものの、1990年代からほぼ一貫して上昇傾向が続き、中国や韓国での反日デモの影響などほとんど感じられない。

ちなみに、訪日外国人による消費の総額は年間3兆4771億円で、こちらも1日平均すると、じつに95億円以上となるから驚くべき数字だ。

だが、世界に目を向ければ上には上がいくらでもいる。ナンバーワン観光大国のフランスは1日に訪れる外国人旅行者が22万人を超す、これはEU圏内は入国審査がなく、陸続きでお隣のドイツなどからの日帰り旅行者も多いからだ。しかし、アメリカも1日平均19万人以上が訪れるので、日本もまだまだといえそうだ。

東京オリンピックで解消されるか？建設労働者の不足率は年間平均0・8％

◉建設技能労働者不足率の推移

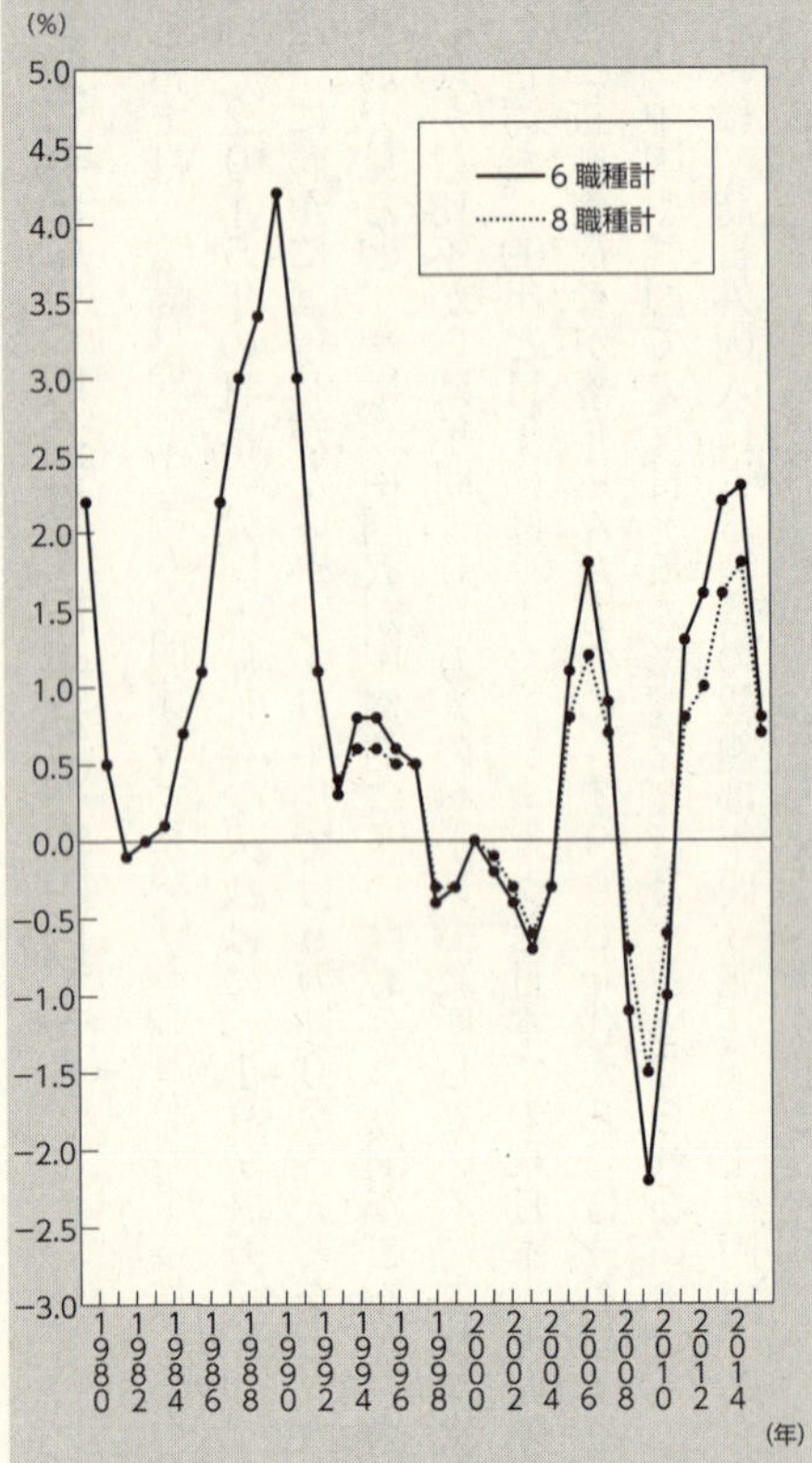

【出典】国土交通省『2015　国土交通白書』

景気しだいでころころ変わる人手の不足率

土木・建築の業界は景気の影響をダイレクトに受けるものだ。国土交通省では、土木系の型わく工、建築系の型わく工、左官、とび工、土木系の鉄筋工、建築系の鉄筋工の6職種の建設技能労働者の需要と供給を記録してきた。1993年以降は、これに電気工、配管工も加えた場合もカウントしている。

バブル経済絶頂期の90年当時、6職種の建設労働者は年間平均4・2％も不足していた。しかし、以降はぐっと落ち込み、98年には0・4％の人手余りになる。その後、小泉政権下で構造改革が進んだ2003年ごろから持ち直したが、リーマンショック後の09年に一気に急落して2・2％の人手余りとなった。たかが2・2％と言うなかれ、国勢調査によれば全国の建設技能労働者は約266万人、したがって6万人近くが一気に職を失って路頭に迷うことになったのだ。

その後、東日本大震災からの復興や、アベノミクスによる公共事業の拡大、20年の東京五輪決定で上向きになった。しかし、復興景気が落ち着いたためか15年には不足率が6職種で0・8％、8職種で0・7％に落ち着いている。もっとも、今後は人件費の高騰や、熟練工の高齢化が懸念されているところだ。

いちばん多いのは急患輸送。自衛隊の災害派遣は1日に平均1・4件以上

●災害派遣の実績

年度	2010	2011	2012	2013	2014
件数	529	586	520	555	521
人員（人）	39,646	43,494	12,410	89,049	66,267
車両（両）	6,637	12,117	2,068	7,949	9,621
航空機（機）	649	968	684	1,255	1,232
艦艇（隻）	2	2	1	51	0

●東日本大震災にかかる自衛隊災害派遣実績

種別	計
人員	1,066万4,870人
航空機	5万179機
艦艇	4,818隻

【出典】防衛省『平成27年版　防衛白書』

人命救助のため出動する隊員は1日平均181人

日本の自衛隊は、国内のどこかで地震や火山の噴火、航空機や船舶の大事故などが起きるたびに、国民の生命を守るため出動している。

防衛省の発表によれば、2014年の自衛隊の災害派遣の回数は、521回におよぶ。つまり、平均して1日に1・4件以上も出動しているのだ。また、投入された人員はのべ6万6267人だった。同じ隊員が何度も出る場合もあるだろうが、単純計算で平均1日に181人以上が派遣されていることになる。

具体的な派遣内容を見ると、じつはいちばん多いのは急患輸送で、全体の約8割の407件を占めている。そのおもな派遣先は、東京都の小笠原諸島や、鹿児島県と沖縄県に属する南西諸島などの離島で、ヘリコプターや飛行艇などの航空機が活用されている。自衛隊の航空機は航続距離も長いので、海上保安庁など他の機関の要請を受けて海難救助に出動することも少なくないという。

ちなみに、2011年に起きた東日本大震災で自衛隊が派遣した人員は、のべ数で1066万4870人におよんだ。年間を通してみれば、平均して1日に約3万人もの隊員が、救助や復興のため働いていたのだ。

COLUMN

平均と偏差値

高校や大学の合格率を判断するときに使われる「偏差値」。学力偏差値は、全国の学力テストの結果から平均を割り出し、その平均点を50として、偏差値が50以上なら平均以上、偏差値が50以下なら平均以下となる。

通常、テストは行なわれる回ごとに問題の難易度も平均点も違ってくる。前回60点で今回が90点だったとしても、平均点が前回60点で今回90点だった場合、成績は上がったのだろうか？　そこで、偏差値を判断基準とし、異なるテスト、異なる科目でも成績をわかりやすくしているのだ。もっとも、偏差値も万能ではなく、学力の高い学校のテストでは、平均点が高いので成績上位でも偏差値が低く、学力の低い学校では逆の現象が起こる場合がある。

同じように偏差値を使うのが、気象庁の年間気温推移。日本は南北に長く高低差もある。計測する場所によって20度以上の差が出てしまい、それを平均して日本の平均気温だとしても違和感が出る。そこで、過去の平均気温との偏差でどのように温度が変化しているかを測るのだ。たとえば、2015年の年間平均気温と、20世紀の平均基準とを比較すると偏差は＋1.30℃。100年の間に日本の平均気温が上がっていることがわかるだろう。

第4章 ニホンのサイズ

20代の平均身長は高齢者より10センチも高い

◉日本人男性の平均身長

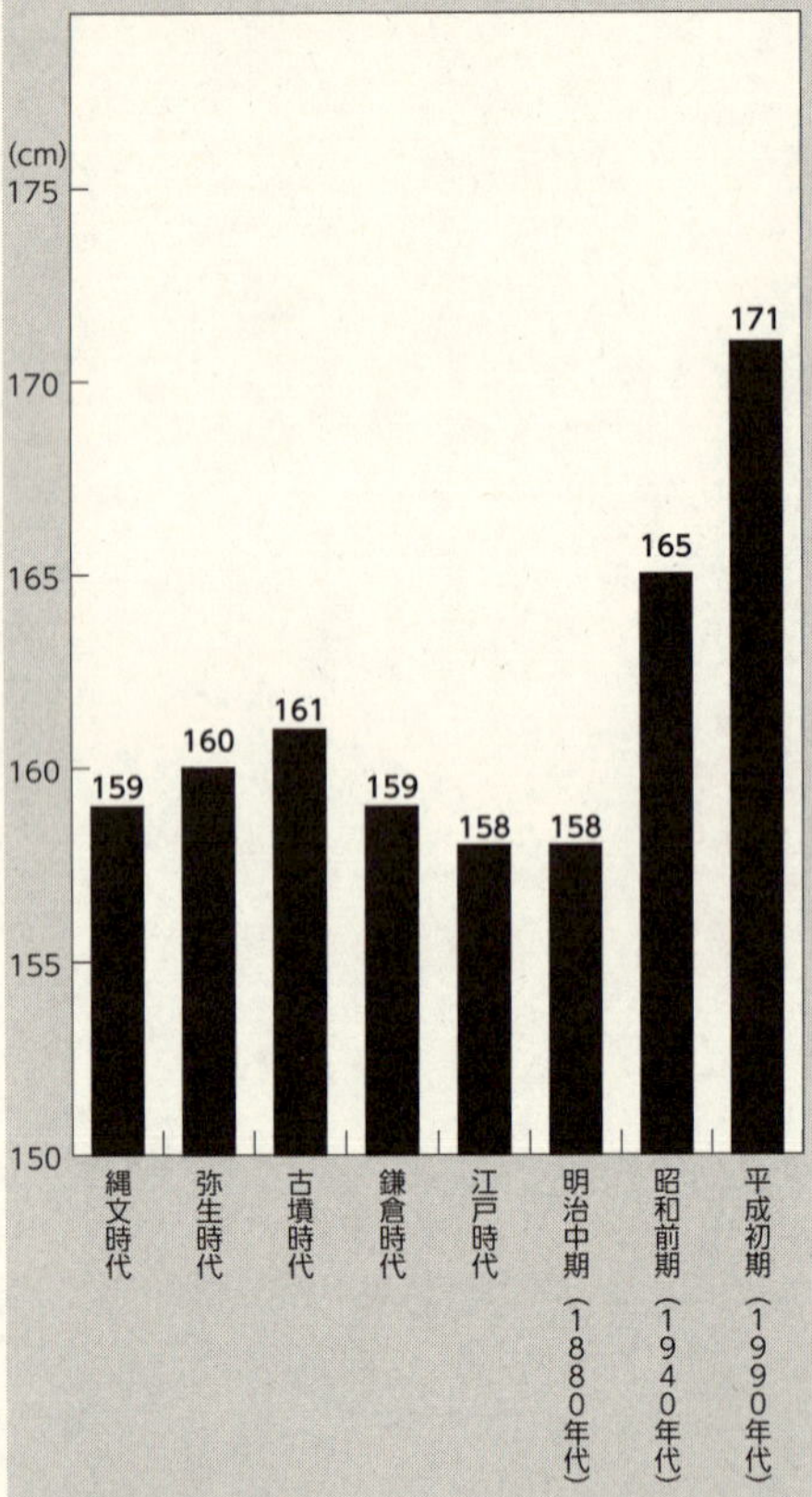

【出典】『骨が語る日本人の歴史』（片山一道・著／ちくま新書）

わずか100年ほどで激変した日本人の平均身長

「日本人の平均的なサイズ」はどれぐらいなのか？　これは意外に定義がむずかしい。なぜなら、身長や体格は世代によって差が大きいからだ。

厚生労働省の統計によれば、2012年の日本人の平均身長は、25歳の男性なら172・1センチで、同年齢の女性は159・6センチとなっている。ところが、60代では男性は165・5センチで女性は152・8センチと小さくなり、さらに70代以上では男性が162・1センチで女性が148・2センチとますます小さくなる。

いうまでなく、これは食生活が変化した結果だ。戦後の日本では、肉類など動物性タンパク質やカルシウムを多く含む乳製品を多く摂るようになったことで、体格の向上が進んだ。古代からの平均身長を比較すると、縄文時代の男性は約159センチ、明治時代の中期には158センチと2000年以上もほとんど変化していないのに、平成時代には171センチと、わずか100年あまりで大幅に伸びている。

ちなみに、3〜7世紀の身分の高い人間が埋葬された古墳からは、当時の平均身長を大きく上回る165センチ以上の人骨が複数出土している。食生活が体格に影響するとはいえ、すでに古代から貧富の格差が身長に反映されていたのだ。

女子の平均身長は男子よりも高い？

◉平均身長の比較

■身長の平均値（2012年）

	男子	女子
1歳	78.8cm	78.7cm
2歳	89.1cm	87.3cm
3歳	95.3cm	95.2cm
4歳	103.2cm	102.3cm
5歳	109.5cm	110.7cm
6歳	115.9cm	116.3cm
7歳	121.1cm	121.8cm
8歳	127.3cm	125.6cm
9歳	133.1cm	134.0cm
10歳	137.5cm	139.0cm
11歳	145.0cm	145.7cm
12歳	149.9cm	151.1cm
13歳	158.8cm	156.4cm
14歳	164.1cm	155.3cm
15歳	169.2cm	157.3cm
16歳	169.4cm	158.3cm
17歳	170.0cm	160.8cm
18歳	170.6cm	159.0cm
19歳	169.8cm	157.7cm
20歳	170.9cm	157.8cm

【出典】厚生労働省『厚生統計要覧（平成 27 年度）』
http://www.mhlw.go.jp/toukei/youran/indexyk_2_1.html

男子の身長は20歳を過ぎてもまだ伸びる

あまり知られていない事実だが、女子の平均身長は男子よりも高い――こう聞けば「ええっ?」と思う人は多いだろう。ただし、小学生までの話だ。

厚生労働省の統計によれば、2012年の12歳男子の平均身長は149・9センチ、12歳女子の平均身長は151・1センチだ。じつは、小学校の入学時から12歳ぐらいまで、わずか1センチ前後ながら男子より女子の方が平均身長が高い。これは、一般的な傾向として女子の方が早く成長期が来るからだ。

小学生の間は男女の体格差はきわめて小さく、女子の方が体格が良い場合もめずらしくないから必然的に体力の差も小さい。文部科学省のデータでは、19歳の男女の50メートル走の平均値は、男性が7・44秒で女性が9・17秒だが、10歳の段階では男子が9・35秒に対して女子が9・54秒とほとんど差がない。小学生のころ、徒競走で女子に負けた経験があったとしても、ちっとも恥ではないのだ。

ところが、13歳を過ぎると男女の体格差は大きくなる。女子の平均身長の伸び幅はがくっと落ちて頭打ちになり、代わりに男子の平均身長は1年で5~6センチも伸びる。男性では25歳ぐらいまで身長が伸び続けるケースも少なくない。

胴長短足ではない！ 17歳日本人男子の股下の長さは平均78・6センチ

◉身長と座高の世代間比較

■17歳（高校三年生）男子平均

区分	平均身長(cm)	平均体重(kg)	平均座高(cm)	平均身長－平均座高(cm)
祖父母世代(1960年度)(1942年度生まれ)	165.0	56.1	89.8	75.2
親の世代(1985年度)(1967年度生まれ)	170.2	61.5	90.8	79.4
子世代(2015年度)(1997年度生まれ)	170.7	62.5	92.1	78.6

■17歳（高校三年生）女子平均

区分	平均身長(cm)	平均体重(kg)	平均座高(cm)	平均身長－平均座高(cm)
祖父母世代(1960年度)(1942年度生まれ)	153.7	50.4	84.9	68.8
親の世代(1985年度)(1967年度生まれ)	157.6	52.8	85.1	72.5
子世代(2015年度)(1997年度生まれ)	157.9	53.0	85.9	72.0

【出典】文部科学省「平成27年度　学校保健統計調査」
http://www.mext.go.jp/b_menu/toukei/chousa05/hoken/kekka/k_detail/1365985.htm

日本人も外国人も股下比率に大きな違いはない

日本人は足が短いといわれるが、昭和の時代と比べれば身長も伸びた現代、足も長くなっていないだろうか？　２０１５年の学校保健統計調査の結果から、17歳男子の平均身長から平均座高を引いたおおよその股下の長さは78・6センチとなった。

これは２０１３年の数値より０・１センチ少なく、若干足が短くなった形。とはいえ、１９４２年度生まれの祖父母の時代から比べればはるかに長くなっている。平成に入ってからあまり大きな変化は見られないので横ばいといってよい。

身長に対する股下の比率は大体46％。じつは身長や股下の長さが大きくなってもこの数値はあまり変化がない。背が伸びても比率は変わらないということだ。ところが、通常足が長いといわれている外国人も、じつは股下比率は45％前後。この比率は性別や人種によって大きく違うということはないようだ。

それでも、やはり外国人の足が長く見えるのは、モデルなど特殊な事例ばかりが目につくため。とはいえモデルでも股下比率は47～48％が主流。顔が小さいなど他の部分との対比で長く見えるのだ。ちなみに日本人では、富永愛、杏といったファッションモデル系に、股下比率50％以上のスーパー足長が存在する。

理想はウエスト50センチ台。日本人女性のスリーサイズは？

◉年代別スリーサイズの実際および理想

■実際のスリーサイズの平均

年齢	20代	30代	40代
B	83.1	83.1	83.6
W	63.1	64.5	66.4
H	88.2	89.1	90.4

■理想のスリーサイズの平均

年齢	20代	30代	40代
B	85.4	85.0	84.8
W	59,4	60.3	61.5
H	85.0	86.1	87.4

【出典】資生堂「生活者と美の白書」
http://www.womenjapan.com/pages/life/jpn_joseiheikin.html

ウエスト60センチ以下の女性は芸能人でも希少

資生堂の「生活者と美の白書」によれば、女性のスリーサイズの平均はバスト83・9、ウエスト66・2、ヒップ90・0となった。これは20代から40代までの女性の統計で、下着メーカーのワコールが20代の女性を対象に行なった調査ではバスト81・3、ウエスト64・1、ヒップ87・6となった。資生堂でも20代に限定すると大体同じくらいの数値だといえるだろう。

一方で自分の理想とするスリーサイズでは、バストを大きく、ウエストを細くしたいという女性の願望が如実に出た。とくにウエストは全年代が4〜5センチはしぼりたいと考えている。ウエスト50センチ台は女性の憧れのようだ。

この「くびれ信仰」の原因ともいえるのが芸能人のスタイルの良さ。アイドルのプロフィールなどを見ていると、ウエスト58センチが異常に多い。ある調査では実に30％のアイドルがウエスト58センチと公称している。しかし、バラエティー番組で実際に検証したところ、ウエスト58センチとしているアイドルのうち、実際に58センチだったのはわずか29％だった。アイドルのスリーサイズは88・58・88と「8」が並ぶのが黄金比のようだが、本当にそのサイズであるとは限らない。

性別でなく身長に比例する。足の平均サイズ

◉19〜29歳の日本人の足のサイズ

身長の階級 (cm)	男			女			男／女 x 100
	人数	平均身長 (cm)	測定値 (cm)	人数	平均身長 (cm)	測定値 (cm)	
182.5〜187.4	1	183.9	27.0	0	-	-	-
177.5〜182.4	15	179.2	26.4	0	-	-	-
172.5〜177.4	21	174.3	25.6	1	173.0	25.7	99.8
167.5〜172.4	43	169.8	25.4	3	169.6	25.0	101.7
162.5〜167.4	24	165.2	24.5	26	164.5	24.2	101.3
157.5〜162.4	6	160.5	23.7	32	159.4	23.6	100.2
152.5〜157.4	0	-	-	31	154.7	22.7	-
147.5〜152.4	0	-	-	10	151.5	22.2	-
142.5〜147.4	0	-	-	2	144.5	21.8	-
全　体	110	170.6	25.3	105	158.7	23.4	108.3

【出典】デジタルヒューマン工学研究センター
https://www.dh.aist.go.jp/database/97-98/index.html

同じ身長の場合足の大きさに男女差はない

　産業技術総合研究所デジタルヒューマン工学研究センターが、19～29歳の男女約200名を対象に行なった人体寸法形状データによれば、足の長さの平均は男性で25・3センチ、女性で23・4センチとなった。追加調査の結果、男性では22・9～28・7センチ、女性は20・6～26・3センチの間に分布していた。日本のJIS規格では男性20～30センチ、女性19・5～27センチまで靴のサイズを定めている。実際にはスポーツ選手などで29センチを超える場合もあるが、その場合は特注になる。日本人の足の大きさはほとんどがJIS規格の中に入るということだ。

　また、身長と足の長さとを比較すると、男女で大きな差は見られない。身長が170センチの場合は男女ともに足の長さは25センチが平均となる。

　違うのは足の長さではなく足幅と足囲だ。足幅は横幅の長さ、足囲は足の親指のつけ根から小指のつけ根までを通るように測った足全体のふくらみで「ウィズ」と呼ばれる。このウィズが男性より女性のほうがずっと細い。靴選びで大事なのは足の長さよりもウィズだといい、A～Gまでサイズがある。平均的な日本人はEサイズだが、ウィズが大きいとF～G、小さいとD～Aへと変化する。

新生児の平均体重は50年前より10グラム減った？

◉新生児の平均体重と低体重児出生率

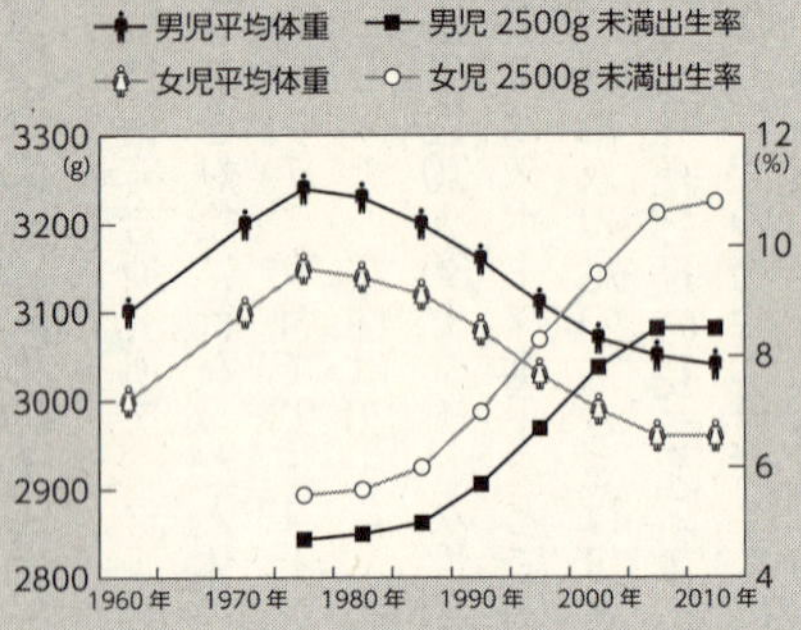

◉初婚年齢と出生時年齢の年次推移

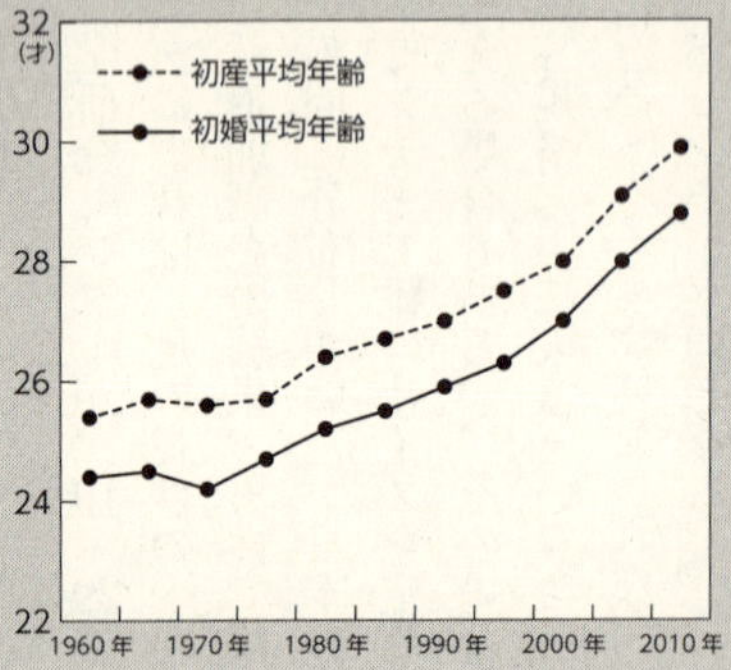

【出典】厚生労働省「人口動態統計」

1990年代から減少に転じた赤ちゃんの体重

戦後の日本人は、食生活の変化で昔より体格が向上してきた。ところがである、じつに驚くべきことに、赤ちゃんの体は小さくなっている。

1960年の男子の新生児は平均体重が3・14キログラムで、80年には3・23キログラムに上昇した。しかし、90年代以降は体重が減り、2014年には3・04キログラムと60年当時よりも軽くなってしまっている。女子も同様で、60年には平均3・06キログラムだったが、14年には2・96キログラムだ。

不思議な事態と言うよりないだろう。これは、昔に比べて妊娠期間が平均的に短くなり、早く赤ちゃんが生まれるケースが増えているためだ。

それでは、なぜ妊娠期間が短くなったのか？　ひとつには、喫煙やストレスなど妊婦が不健康な環境にあるためだという説がある。また、現代では初婚年齢も出産年齢もすっかり高くなっている。第一子出産時の女性の平均年齢は、60年には25・4歳だったが、14年には30・6歳だ。そして、高齢出産では母体への負担を減らすため妊娠期間が短くなりやすいといわれる。つまり、赤ちゃんの小型化という事態は、なかなか子どもを産みにくい時代を反映しているのだ。

僻地の中学生の平均体重は都会より1・7キロ重い？

◉地域の規模別体重の違い

■中学生男子の体重

	標本数	平均値	標準偏差
大都市	130,191	48.50	9.51
中核市	74,242	48.38	9.51
その他の都市	267,463	48.54	9.58
町村	47,533	49.19	9.92
僻地	4,088	50.21	10.29

■中学生女子の体重

	標本数	平均値	標準偏差
大都市	121,764	46.37	7.18
中核市	68,600	46.56	7.32
その他の都市	253,723	46.80	7.41
町村	44,854	47.16	7.61
僻地	3,719	48.08	7.96

【出典】文部科学省スポーツ・青少年局「平成 26 年度　全国体力・運動能力、運動習慣等調査報告書」
http://www.mext.go.jp/a_menu/sports/kodomo/zencyo/1353812.htm

地方ほど子どもの生活は不健康になりつつある

田舎の子どもは自然の中で走り回っているが、都会の子どもの方が体を動かさないから太っているはず……多くの人はそう思うだろう。しかし、事実は意外だ。

2014年の調査では、大都市の男子中学生の平均体重は48・5キログラムだが、各地方の中核市では48・38キログラム、さらに小さな都市では48・54キログラム、市ではなく町村では49・19キログラム、そして僻地では50・21キログラムと、なんと田舎に行くほど肥満児が多い傾向がある。これは女子も同様で、大都市では平均体重が46・37キログラムだが、僻地では48・08キログラムだ。

どうしてこんな事態になっているのか？　今や地方ほど共働き世帯が多いため、子どもがきちんと家庭で昔ながらの手料理を食べず、高カロリーなファストフードや宅配のピザなどで食事を済ませる例が増えているようだ。

また、都市部では買い物先や塾など習い事の教室も、たいてい徒歩や自転車で行ける範囲にある。しかし、地方ではちょっとした外出や学校のイベントなども自動車で移動することが多い。このため、都会よりも歩く機会が少なく、日常生活においては運動不足になりやすいという指摘もある。

1.0未満の園児が約30%も！低下し続ける日本人の視力

◉裸眼視力階層別比率

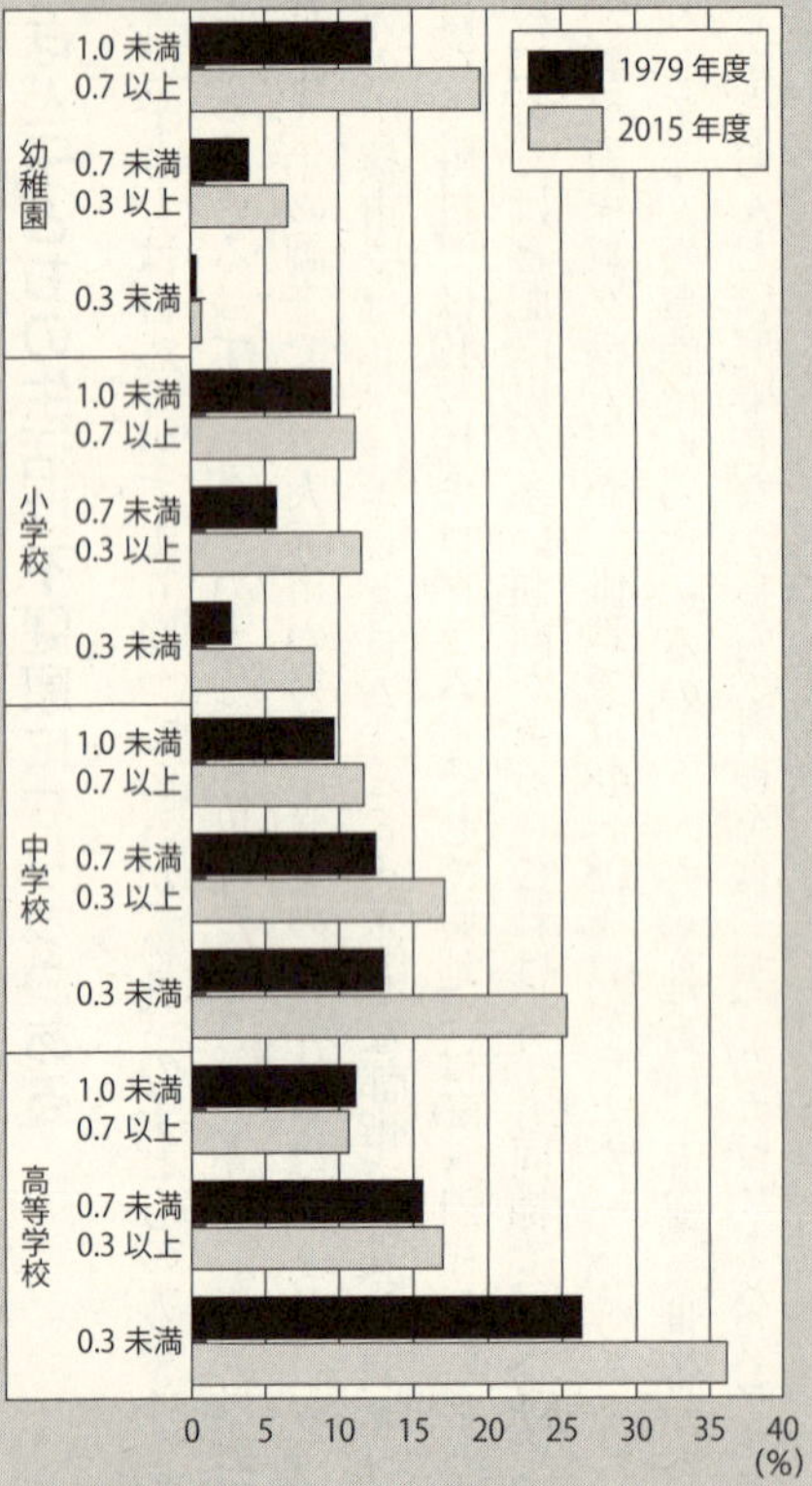

【出典】文部科学省「平成 27 年度学校保健統計調査」
http://www.mext.go.jp/component/b_menu/other/__icsFiles/afieldfile/2016/03/28/1365988_03.pdf

小学校に入る前からはじまっている視力低下

文部科学省の「学校保健統計調査」では、1979年の調査開始以来、子どもの視力は低下するいっぽう。2015年の調査では裸眼視力1・0未満の割合が小学生30・97％、中学生54・05％、高校生で63・79％となった。園児の段階でも26・82％と、4人にひとりは視力が低下している時代だ。これが視力0・3未満となると、小学生8・32％、中学生25・31％、高校生36・16％となる。

マイボイスコムのアンケートでは、メガネもコンタクトレンズも使わない人は27・5％で、4分の3近くが視力矯正を目的としたアイテムを使っていた。そのうち、メガネのみの利用者が42・1％、コンタクトレンズのみの利用者はわずか2・3％となった。ただ、メガネとコンタクトを併用している人は28・1％となった。

視力低下の原因は、PCやスマホ、テレビゲームの普及によるものといわれる。ただ、それを裏付ける証拠はなく、それだけが原因とはいえないともいう。視力低下の主原因は「長時間近い距離で同じモノを見ること」。これはPCやゲームをすると必ずやってしまうことでもある。1時間に1分くらい休憩をはさみ、目を閉じる、遠くを見る、などして目を休ませると、かなり視力低下を抑えられるという。

10本から200本まで人それぞれ。1日に抜けてなくなる頭髪は平均59本

◉世界各国の薄毛率

順位	調査地	薄毛率 (%)	薄毛人口 (万人)	薄毛率・対日本比 (倍)
1	チェコ (プラハ)	42.79	158	1.64
2	スペイン (マドリッド)	42.60	650	1.64
3	ドイツ (フランクフルト)	41.24	1263	1.58
4	フランス (パリ)	39.10	787	1.50
5	アメリカ (NY/LA/シカゴ)	39.04	4027	1.50
6	イタリア (ミラノ)	39.01	874	1.50
7	ポーランド (ワルシャワ)	38.84	505	1.49
8	オランダ (アムステルダム)	37.93	216	1.46
9	カナダ (モントリオール)	37.42	441	1.44
10	イギリス (ロンドン)	36.03	760	1.38
11	ロシア (モスクワ)	33.29	1623	1.28
12	オーストラリア (シドニー)	30.39	208	1.17
13	メキシコ (メキシコシティ)	28.28	811	1.09
14	日本 (東京)	26.05	1293	-
15	中国 (香港)	24.68	61	0.95
16	シンガポール (シンガポール)	24.06	41	0.92
17	タイ (バンコク)	23.53	476	0.90
18	マレーシア (クアラルンプール)	22.76	152	0.87
19	台湾 (台北)	22.59	175	0.87
20	韓国 (ソウル)	22.37	337	0.86
21	中国 (上海)	19.04	8876	0.73

※ 株式会社アデランス「世界の成人男性薄毛率」調査結果より

【出典】アデランス「世界 21 の国と地域の成人男性薄毛率調査データ表：高薄毛率準」http://allabout.co.jp/gm/gc/195575/

つねに頭髪の0・1～0・2％は抜けている

中高年の男性になると、髪の毛の減少に頭を抱える人も少なくないだろう。

日本毛根抜け毛研究会が2012年に行なった調査によると、1日に抜ける頭髪は平均59本だという。ただし、当然ながら年齢や生活環境などによる個人差は大きく、10本に満たない人もいれば1日に200本以上が抜けるという人もいる。

髪が生えかわるサイクルは、男性は平均3～5年、女性は平均4～6年といわれるが、当然すべての頭髪が一気に生えかわるわけではない。随時、頭髪の80～90％の髪は成長期にあり、残りの10～20％は成長が鈍った休止期に入り、そのうちの0・1～0・2％が抜けているという。日本人の頭髪の全体数は平均して10万本といわれ、その0・1～0・2％なら100～200本なので、先に挙げた数字と一致する。

ちなみに、カツラメーカーのアデランスが世界21カ国で行なった調査では、日本人成人男性の薄毛率は26％で14位だった。つまり平均して4人に1人は髪が少なめとなる。なお、日本より上位はすべて欧米諸国でトップはチェコの43％。逆に日本より下位はすべてアジアの国で、「白人は東洋人よりハゲやすい」という印象を裏づけている。

人は座っているだけで平均246ミリリットルの汗をかく

◉ウォーキング1時間あたりの発汗量と必要水分量（体重54キロの場合）

気温	発汗量	必要水分
35度以上	1189ml	890ml
31〜34度	865ml	690ml
28〜30度	604ml	490ml
27度以下	267ml	220ml

【出典】日経ウーマンオンライン
http://wol.nikkeibp.co.jp/article/special/20120621/128063/?P=2&rt=nocnt

◉脱水症状の目安

体重における水分減少率と症状	
2％	のどがかわく
3％	強くのどがかわく、意識が薄れる、食欲減退
4％	肌の紅潮、イライラする、体温上昇、尿の減少と濃縮、疲労感
5％	頭痛がする、熱にうだる
8〜10％	身体動揺、痙攣

【出典】環境省「熱中症環境保健マニュアル」

炎天下の工事現場で失われる水分は12リットル！

人間の体温調節のために必要な発汗。暑いときにかく汗はその気化熱によって体温を下げる働きがあり、汗の量は気温と運動量によって変わってくる。

通常、1日にかく汗の量は1リットルといわれるが、平均気温29度の夏に、体重65キロの男性が室内で活動した場合、汗の量は3リットルにもなる。これが高温環境で作業する人の場合、8時間労働でじつに12リットルもの水分が失われる。

じつは、さほど暑くなくても人間は汗をかいている。室温23度前後、湿度18〜36％の乾燥した環境のもとで座り続けるだけでも、まったく水分補給をしなかった場合、2時間で246ミリリットルもの水分を失っていたという実験結果が出ている。眠っている間も、人はコップ一杯分の汗をかくといわれるが、この量も260ミリリットル。お風呂に入るだけでも135ミリリットルの汗をかく。

このように失った水分を補給するためには、こまめに水分をとること。気温30度で体重54キロの場合が、1時間のウォーキングでかく汗は604ミリリットル。脱水症状を抑えるには、1時間あたりペットボトル1本分の水分摂取が必要。この場合、ただの水よりもスポーツドリンクなどのイオン飲料のほうが効果が高いという。

ライフスタイルの変化？
年々下がる日本人の平均体温

◉自分と子どもの平熱は何度か

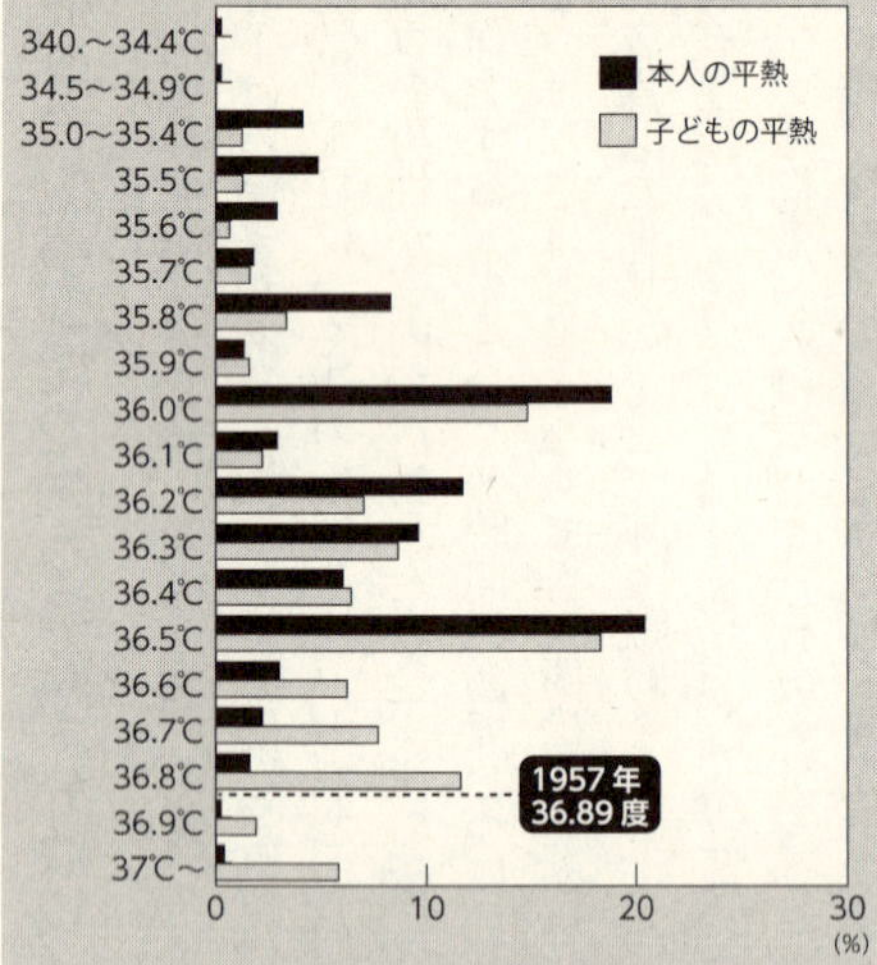

◉1日の体温リズム

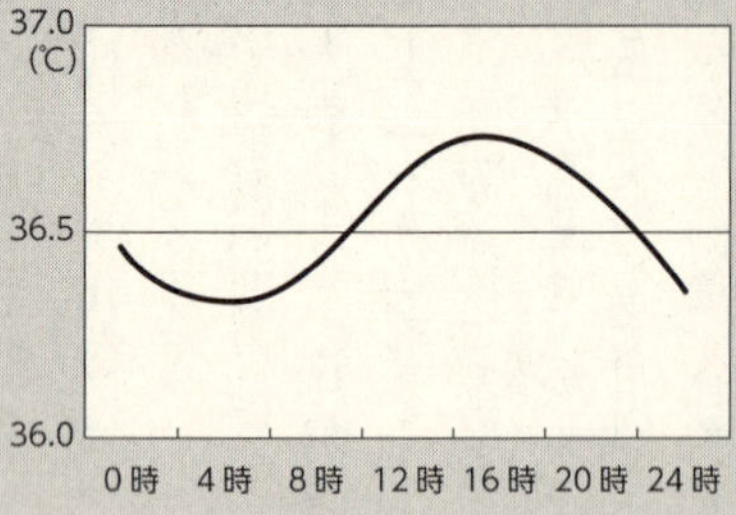

【出典】テルモ体温研究所

37度は微熱ですらなく子どもと外国人には平熱

１９５７年、東京大学が10～55歳の男女３０００人を対象に行なった調査では、日本人の平均体温は36・89度となった。ほとんど37度に近い。しかし、体温計メーカーのテルモが、約１０００人を対象にした調査では、大人の平熱は平均36・14度、子どもの平均は36・39度となった。もっとも多いのは大人、子どもともに36・５度という回答。とくに大人は35度台という回答も多かった。

この結果の原因となっているのが、正しい体温の測り方ができていないのと、現代人に低体温の人が増えてきたことによるという。テルモの調査では、体温計を斜め下から入れ、しっかり脇を閉じて測っている人は約３割しかいなかった。

また、全体的に女性や老人は体温が低い傾向にあるが、本来体温に男女差はない。女性に低体温が多いのは、過度なダイエット、ストレスなどが要因となっている。また、男女関係なく運動不足やクーラーの使い過ぎなどが考えられる。

欧米では37度前後が平熱で、38度を超えないと発熱とは言わない。欧米人は筋肉や赤血球の量が多いため熱が高いというが、本来日本人も同じだった。しかし、ライフスタイルの変化などでより低くなってしまったようだ。

男性の声と女性の声では周波数に倍近い差がある

◉動物の可聴域と出せる音の範囲

	聞こえる範囲	出せる範囲
人間	40～17000Hz	80～3000Hz
犬	67～45000Hz	450～1100Hz
猫	60～47000Hz	750～1500Hz
豚	45～40500Hz	45000Hz
ネズミ	500～64000Hz	76000Hz
イルカ	150 ～100000Hz	7000 ～120000Hz
コウモリ	2000 ～110000Hz	1000 ～120000Hz

※測定基準が異なる情報が混在していますので、あくまでも目安程度

【出典】音楽研究所
http://www.asahi-net.or.jp/~HB9T-KTD/music/Japan/Research/MediaArt/hearing_range.html

モテる声の周波数で異性を虜にできる？

男性、女性、子どもでは声の高さや大きさに違いがある。音響学会の調査では、男性の声の周波数平均は125ヘルツ、女性はその倍の250ヘルツだった。

女性の場合、男性よりも声道が約20％、子どもは約24％短い。のどの大きさも子どものほうが短い。このような発声器官や調音（声を発するための声道の形の調整のしかた）の違いによって声の高さや大きさが違ってくる。周波数は声帯の長さに関係し、男性と女性の声は聞き分けやすいが、女性と子どもの声は聞き分けにくい。

また、音は波のように伝えられるが、音声波形の中でエネルギーが集中している周波数成分をフォルマントという。このフォルマントの分布も、男性と女性では違ってくる。

声は高いほど明るい印象になり、低ければ落ち着いて聞こえる。「いい声になろう！」を合言葉に、声の話題を研究する「声総研」では、モテる声の周波数を調査。この結果、男性のモテ声の平均値は123ヘルツで、女性は311ヘルツとなった。ピアノの鍵盤でいうと男性は低い「シ」の音、女性は高い「レ♯」となる。男性は平均より若干低く、女性は平均より高い声が魅力的に聞こえるようだ。

酒離れは進む。20代の若者の飲酒率は50代の3分の1

◉年代別飲酒習慣のある男性の割合

年代	割合（%）
20代	14.2
30代	30.8
40代	37.3
50代	45.3
60代	44.2
70代	25.0
男性平均	34.0

【出典】厚生労働省「厚生統計要覧（平成27年度）」
http://www.mhlw.go.jp/toukei/youran/indexyk_2_1.html

◉世界の年間ビール消費量（万キロリットル）

1位	中国	4485.3
2位	アメリカ	2417.2
3位	ブラジル	1314.6
4位	ロシア	1001.2
5位	ドイツ	844.1
7位	日本	540.7

◉ひとりあたりの年間ビール消費量（リットル）

1位	チェコ	142.6
2位	セーシェル	114.6
3位	オーストリア	104.8
4位	ドイツ	104.7
5位	ナミビア	104.0
51位	日本	42.6

【出典】「キリンビール大学」レポート2014年
http://www.kirin.co.jp/company/news/2015/1224_01.html

飲みニケーションもパワハラ扱いされる時代

近頃は、上司からのお酒の誘いを断ったり、忘年会新年会への出席もキャンセルする若い社員が多いという。勤務時間外まで上司とつきあいたくない！　という気持ちもあるだろうが、そもそも最近の若者はお酒を飲まない。

厚生労働省の調査結果に、それを裏付けるデータがあった。20～29歳までの男性の平均飲酒率はわずか14・2％。新入社員が10人入ってもお酒が飲めるのはひとりか2人ということになってしまう。一方で世代が上がると飲酒率も高くなり、50代の飲酒率は45・3％と、若者の3倍近い人がお酒が飲める。若者とはお酒以外の方法でコミュニケーションをとったほうが良さそうだ。

また、お酒の飲める若者の中でも、最近はビールが避けられる傾向にあるともいう。キリンビールの調査では、世界のビール消費量は1位が中国、2位がアメリカで、7位に日本が入っている。しかし、ひとり当たりの消費量だと50位にも入れない。これは発泡酒や第3のビールなども含めてのもの。

世界のビール消費量は29年連続で上がっているが、日本の消費量はバブル期の70％ほど。カクテルやチューハイなど、甘いお酒の消費量のほうが増加傾向だ。

日本人は1週間にコーヒーを何杯飲むのか?

◉1週間あたりのコーヒー消費量の推移

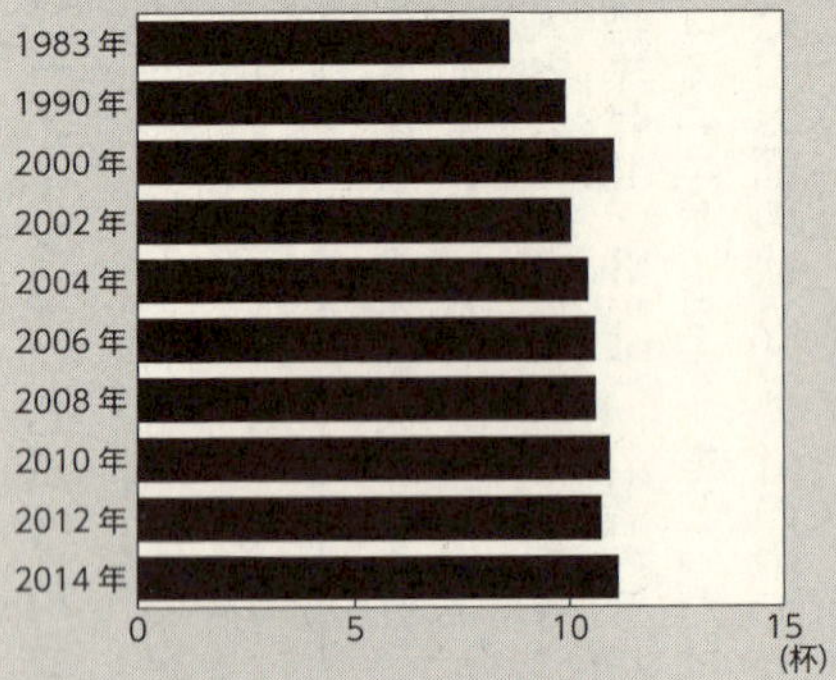

◉コーヒーの飲用場所(2014年)

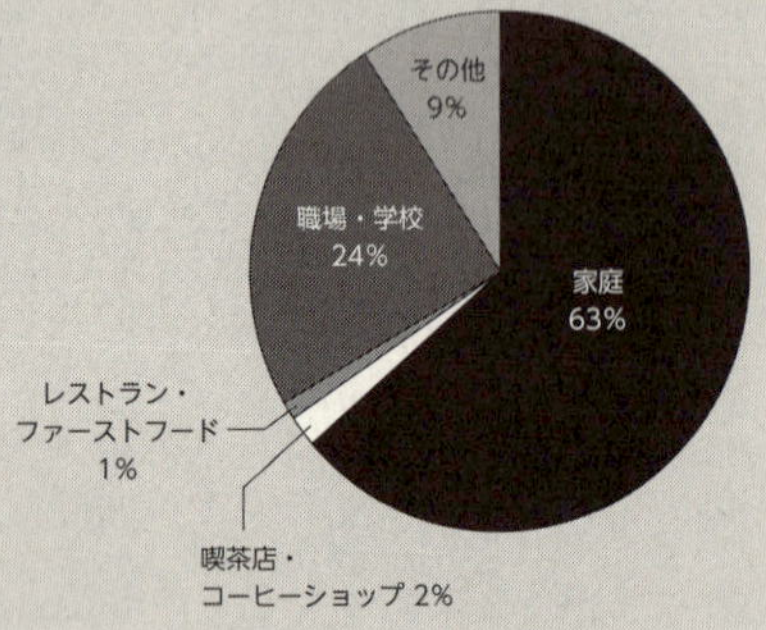

【出典】全日本コーヒー協会　統計資料
http://coffee.ajca.or.jp/data

家庭で気軽に本格エスプレッソも可能に

日本でもっとも愛されている飲み物がコーヒー。コーヒーの消費量は1975年にはレギュラーとインスタントの合算で緑茶を上回り、1985年ごろには缶コーヒーの消費量がコーラを抜いた。現在、ひとりの日本人が1週間に飲むコーヒーの量は平均して11・13杯にもなる。

コーヒーは「大人の味」とも言うが、25歳以上と以下で大きく変わる。男性の24歳までの平均消費量は5・66杯だが、25歳以上は一気に倍。とくに多いのが40〜59歳までの14・74杯で、毎日2杯以上は飲んでいる計算だ。

ちなみにどこでコーヒーを飲むかというと11・13杯のうち7杯は家庭で飲んでいる。毎朝の1杯ということだろう。近年おしゃれなカフェも増え、またコンビニでも本格コーヒーが飲めるようになったが、統計では喫茶店などのお店で飲むのは週に1回あるかないか。家の次に飲むのは職場や学校だ。飲む量が多いほど、自分好みの味が作れてリーズナブルな方法を選ぶようだ。

ただし、モーニングが充実する愛知県や岐阜県、大阪や兵庫では一人当たりの喫茶店数が多い。関西のほうが、毎朝お店で飲むという人も多くなりそうだ。

日本人の野菜摂取量は目標より100グラム少ない

◉世界の1日あたりの野菜消費量

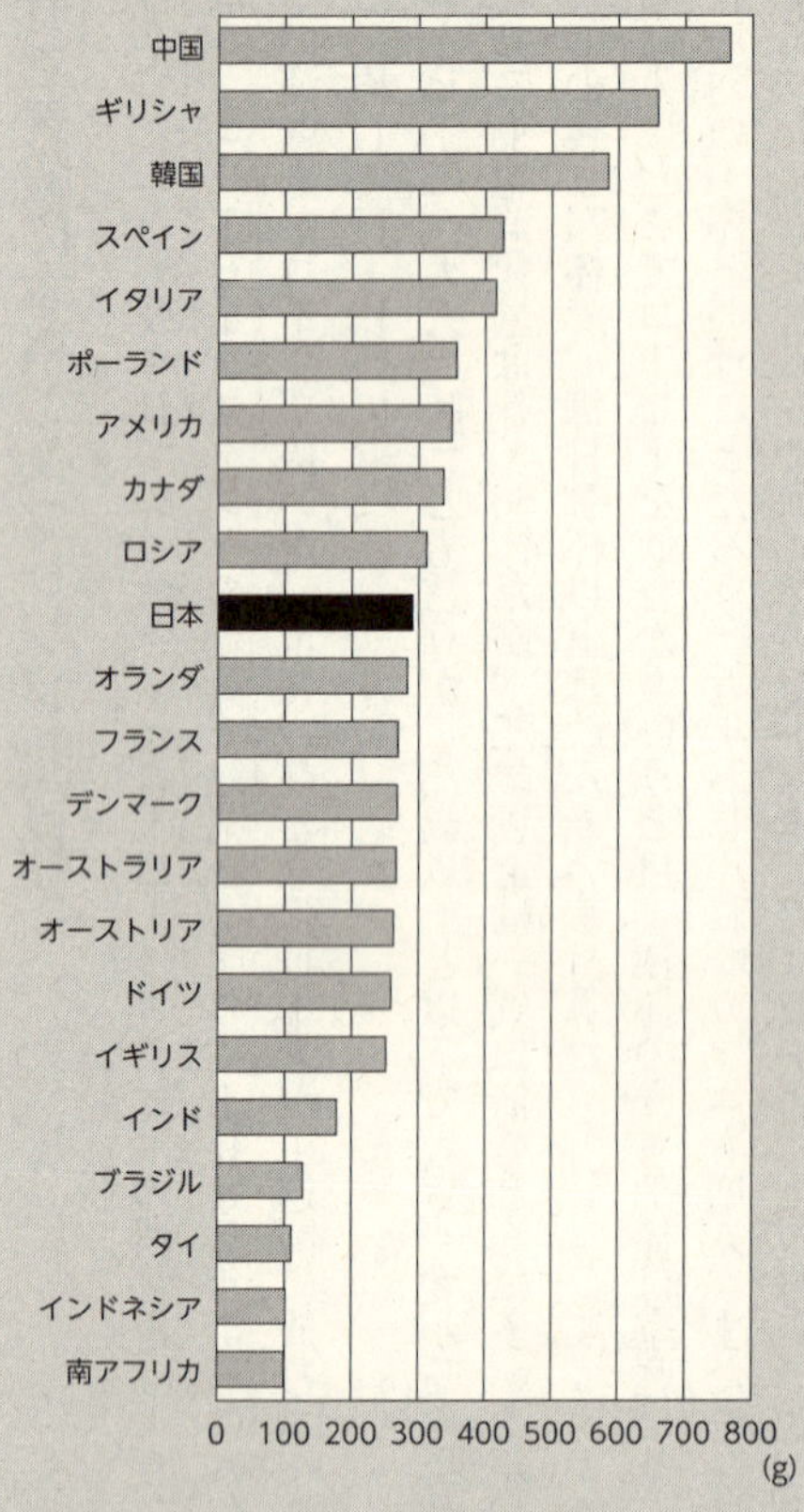

【出典】 ファイブ・ア・デイ協会 ファクト集
http://www.5aday.net/fact/p2/index.html

先進国の中ではかなり少ない日本人の野菜摂取量

健康のためには適度な運動と野菜をとること。厚生労働省の「国民健康・栄養調査」を見ても、生活習慣病予防・改善のため「野菜をたくさん食べるようにしている」と回答した人は男性約45％、女性約60％にもなった。

しかし、実際に食べている野菜の量の平均値は、男性300・8グラム、女性285グラムで、ヘルシー志向のはずの女性のほうが野菜を食べていない。全体の平均は、292・3グラムとなったが、厚生労働省が推奨する野菜摂取量350グラムには達していない。ほうれん草のおひたしの小鉢1つぶんで約50グラムなので、目標野菜摂取量を目指すには1日5～6皿の野菜小鉢が必要ということになるだろう。都道府県別に見ると、東北地方など農業県はやはり野菜摂取量が多く、都市部ほど少ない傾向にある。世界では、お隣の中国と韓国は世界トップクラスの野菜摂取量を誇る。同じアジアにありながら野菜が足りないのは深刻だ。アメリカやヨーロッパの国々も、日本人より野菜を食べている。一方で日本より摂取量が少ないのは、東南アジアやアフリカなど。アフリカでは野菜が育ちにくく、東南アジアでは高温多湿で野菜が傷みやすいため、あまり食べる機会がないのだという。

じつはそれほど食べていない？
お米の消費量日本は世界50位

◉1日の米の消費量

順位	国	1日の消費量
1位	バングラデシュ	473グラム
2位	ラオス	445グラム
3位	カンボジア	436グラム
4位	ベトナム	398グラム
5位	インドネシア	364グラム
6位	ミャンマー	345グラム
7位	フィリピン	325グラム
8位	タイ	306グラム
9位	スリランカ	295グラム
10位	マダガスカル	283グラム
50位	日本	119グラム

【出典】トリップアドバイザーギャラリー
http://tg.tripadvisor.jp/news/graphic/eatrice/

キューバ人よりも米を食べていない日本人

日本人にとっての主食といえば、なんと言っても白米だろう。炊き立てのご飯のおいしさは、なにものにも代えがたいし、大抵のおかずに合うので、食事に白米は欠かせないという人も少なくないはずだ。だが、世界的に見ると、日本は米の消費大国ではない。

旅行サイトのトリップアドバイザーが行った調査によれば、日本人の1日あたりの米の平均消費量は119グラム。コンビニのおにぎりの米の量が約45グラムだから、1日3個近くのおにぎりを食べている計算になる。そう聞くと、かなり食べているようだが、日本は世界の米消費ランキングで、なんと50位なのである。

世界でいちばん米を消費しているのはバングラデシュで、国民1人あたり1日平均473グラムも食べている。おにぎりにして約10個分。バングラデシュ人は日本人の3〜4倍もの米を毎日食べているのだ。

2位ラオス、3位カンボジアと上位にはアジアの国が並んでいるが、意外なのは中南米のキューバが28位で1日平均174グラムも食べている。キューバでは、アロス・コングリという米料理がポピュラーで、それゆえ消費量も多いのだ。

日本人は1年間で平均30キログラムの肉を食べている

◉肉類の摂取量と供給量の推移

■肉類の摂取量

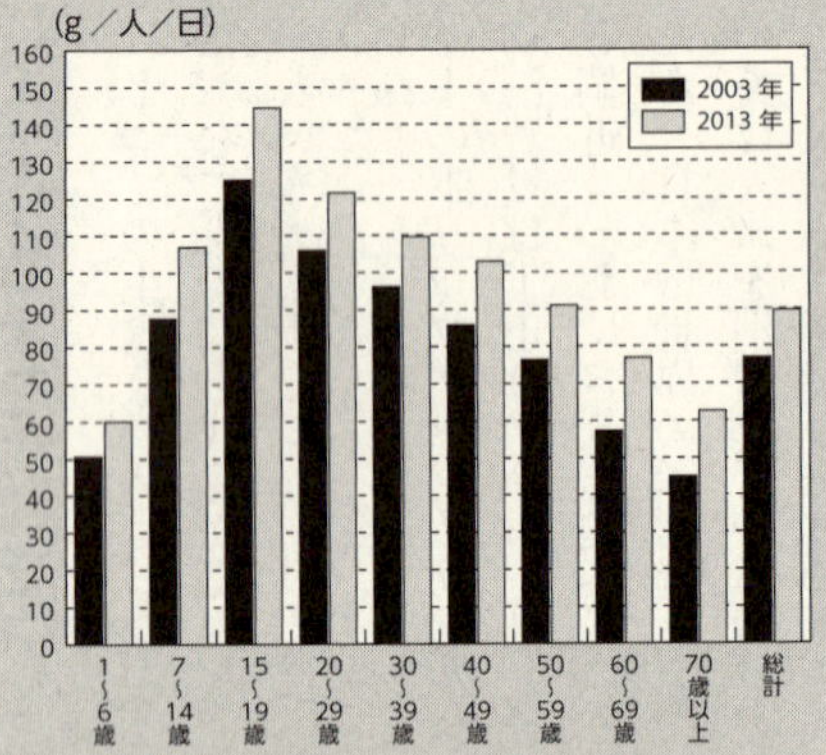

■年間一人当たりの供給量の推移

肉の種類	1960年	2013年
食肉合計	3.5kg	30kg
鶏　肉	1kg	12kg
豚　肉	1kg	12kg
牛　肉	1kg	6kg

【出典】農畜産業振興機構
https://www.alic.go.jp/koho/kikaku03_000814.html

半世紀ほどで10倍も肉を食べるようになった日本人

仏教の影響などもあり、昔の日本はあまり肉類を食べなかったが、第二次世界大戦後、生活スタイルの欧米化が進んだことで食生活も変化し、肉食化が進んだ。

農林水産省の調査によれば、2015年度の牛肉、豚肉、鶏肉を合わせた肉類の消費量は国民1人あたり年間で平均30・7キログラムとなっている。その内訳を見てみると、牛肉が年間5・8キログラム、豚肉が12・2キログラム、鶏肉が12・6キログラムだ。

牛肉が、それ以外の肉類の消費量の半分ほどしかないのは、値段の問題だろう。スキヤキやステーキは、やはり特別な日のご馳走である。

ちなみに、1960年の時点では、年間の肉類の消費量は国民1人あたりわずか3キログラムであった。この半世紀ほどで日本人は約10倍もの肉を食べるようになったのである。

面白いのは、1960年の肉類消費量の内訳で、牛肉、豚肉、鶏肉がそれぞれ1キログラムとなっている。当時は、牛肉だけがご馳走という訳ではなく、肉全般がまだまだ非日常の食べものだったということかもしれない。

日本人1人あたりの魚の年間消費量は25・8キログラム

◉日本の魚の消費量

年	数量
2000	37.2kg
2001	40.2kg
2002	37.6kg
2003	35.7kg
2004	34.6kg
2005	34.6kg
2006	32.8kg
2007	31.9kg
2008	31.4kg
2009	30.0kg
2010	29.4kg
2011	28.5kg
2012	28.9kg
2013	27.4kg
2014	27.3kg

【出典】農林水産省「食料需給表」

50年前と変わらぬ量の魚を食べている日本人

肉類の消費量がこの50年で10倍になったことは別の項目（230ページ）で紹介したが、では魚の消費量はどうだろうか？

農林水産省の調査によれば、2015年度の魚介類の年間消費量は、国民1人あたり平均25・8キログラムであった。牛肉、豚肉、鶏肉を合わせた年間消費量が約30キログラムだから、「魚離れ」が叫ばれているわりには健闘していると言えるだろう。

日本の魚の消費量のピークは2001年で、このときは年間で国民1人あたり平均40・2キログラムも食べていた。それと比べると3割以上消費量は減っているので、この事実だけをとれば「魚離れ」も間違いではない。だが、1960年の魚の消費量は年間平均28キログラムなので、現在とそれほど変わりはないのだ。

それでは当時の日本人が何を食べていたのかというと、とにかく米を食べていた。1960年の米の年間消費量は国民1人あたり115キログラムであるのに対し、2015年は54キログラムと半減している。この50年で日本人の食生活は主食中心から、おかず中心へと贅沢になったということだ。

日本人の1日の塩分摂取量の平均は小さじ1杯半の10グラム

◉食塩摂取量の平均値(g)

年	総数	男性	女性
2003	11.7	12.7	10.9
2004	11.2	12.1	10.5
2005	11.5	12.4	10.7
2006	11.2	12.2	10.5
2007	11.1	12.0	10.3
2008	10.9	11.9	10.1
2009	10.7	11.6	9.9
2010	10.6	11.4	9.8
2011	10.4	11.4	9.6
2012	10.4	11.3	9.6
2013	10.2	11.1	9.4
2014	10.0	10.9	9.2

【出典】厚生労働省「平成26年国民健康・栄養調査」
http://www.mhlw.go.jp/bunya/kenkou/kenkou_eiyou_chousa.html

世界基準の2倍も塩分を摂取している日本人

塩は味付けの基本であり、塩気のあるものはおいしいが、塩分の取り過ぎは高血圧につながるなど体には悪いことは広く知られている。みんなは1日どのくらい摂取しているのだろうか？

2015年に厚生労働省が発表した「平成26年国民健康・栄養調査」によれば、日本人は1日平均10グラムの塩分を摂取しているという。男女によって多少違いがあり、男性は1日平均10・9グラム、女性は9・2グラムであった。塩10グラムというのは小さじ一杯半ほどの分量だから、それほど摂っていないように思うかもしれないが、年間にすれば3・65キログラムだから、かなりの分量となる。

厚生労働省が作成した「日本人の食事摂取基準」では、健康に配慮した塩分摂取量として、18歳以上の男性で1日当たり8グラム未満、18歳以上の女性で7グラム未満を目標値として定めている。世界の基準はもっと厳しく、世界保健機関（WHO）が定めているのは1日5グラムだ。これを考えると、日本人はまだまだ塩分の摂り過ぎと言えるだろう。だが、やめられない止まらないのが塩気のある食べ物というのも、否定できない事実である。

1日の平均エネルギー摂取量1863キロカロリーは終戦直後より低い

◉平均エネルギー摂取量の推移

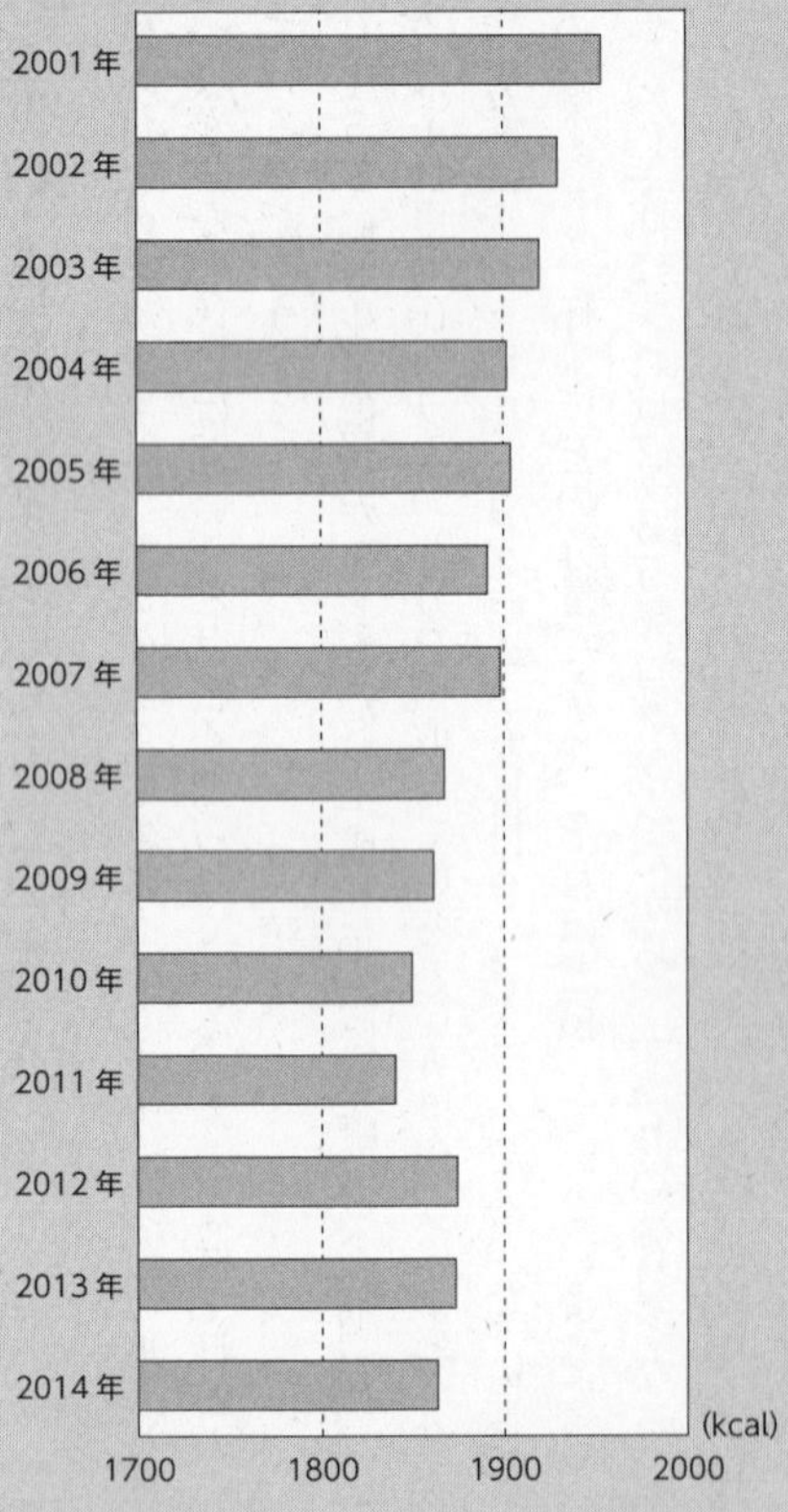

【出典】厚生労働省「平成26年国民健康・栄養調査」
http://www.mhlw.go.jp/bunya/kenkou/kenkou_eiyou_chousa.html

食糧難の終戦直後より低栄養の現代日本

美容や健康のため、食事のたびに細かくカロリー計算をして、気を使っている人は少なくない。だが、現代日本人の平均摂取エネルギー量は、食糧難だった終戦直後よりも低いという驚きの事実がある。

厚生労働省の調査によれば、終戦から間もない1946年の日本人の1日における平均摂取エネルギー量は1903キロカロリーであった。そして、高度成長とともに食糧事情が改善され、1975年には2188キロカロリーにまで増加する。ところが、これがピークで、以後摂取エネルギー量は減少していき、2006年には1891キロカロリーと終戦直後を下回ってしまうのである。

とくにダイエットに関心の強い若い女性の摂取エネルギー量は極端に減っており、20代女性の平均が1625キロカロリーという2015年の調査結果もある。一般的な若い女性が1日に必要とするエネルギー量は2000キロカロリー程度。人間が長期間低カロリー状態に置かれると、代謝を促す甲状腺ホルモンが減少し、筋肉量が減り、体温も下がり、内臓の働きも悪くなる。あまりカロリーばかり気にせず、しっかり食べるほうが結果的には健康につながるのだ。

日本人1人が毎年3キロメートルもの紙を水に流している

◉都道府県別トイレットペーパー年間消費量

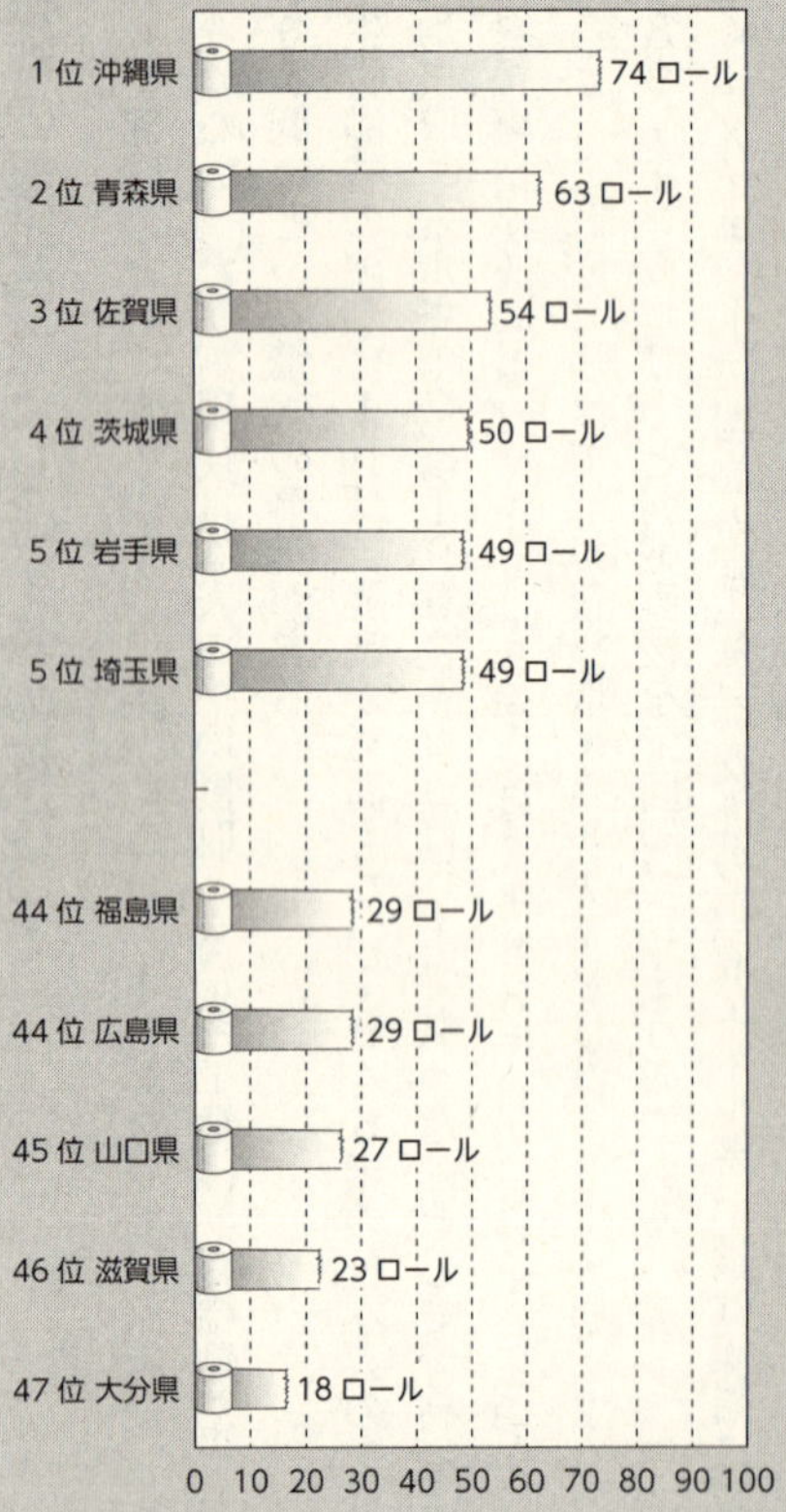

【出典】トイレットペーパー
http://www.toiletpaper.co.jp/vote/anq_02.html

トイレットペーパーの年間使用量の平均は53ロール

温水洗浄便座の普及により、以前よりは使用量が減っているとはいえ、トイレットペーパーの買い置きがない家というのも、あまりないだろう。出荷量から割り出すと、日本人1人あたりの年間トイレットペーパー消費量は53ロールになるという。

シングルタイプの1ロールの長さは約60メートルなので、年間で3180メートルもの紙を水に流していることになる。全長3キロメートルのトイレットペーパーというのも、なかなか壮観だ。

日本トイレ協会によれば、1回の使用量の平均は80センチメートルとなっている。また、男性が1日に使う量の平均は3・5メートル、女性は12・5メートルとされている。

もっとも、使用量には、かなりの地域差がある。いちばん多くトイレットペーパーを使っているのは沖縄県で、1人あたり年間で平均74ロールも使用している。2位が青森県の63ロール、3位が佐賀県の54ロール。反対に都道府県でいちばん使用量が少ないのは大分県の18ロールだ。

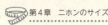

昔の単位が基準？日本の新築家屋の天井の高さは平均2・4メートル

◉天井の高さ

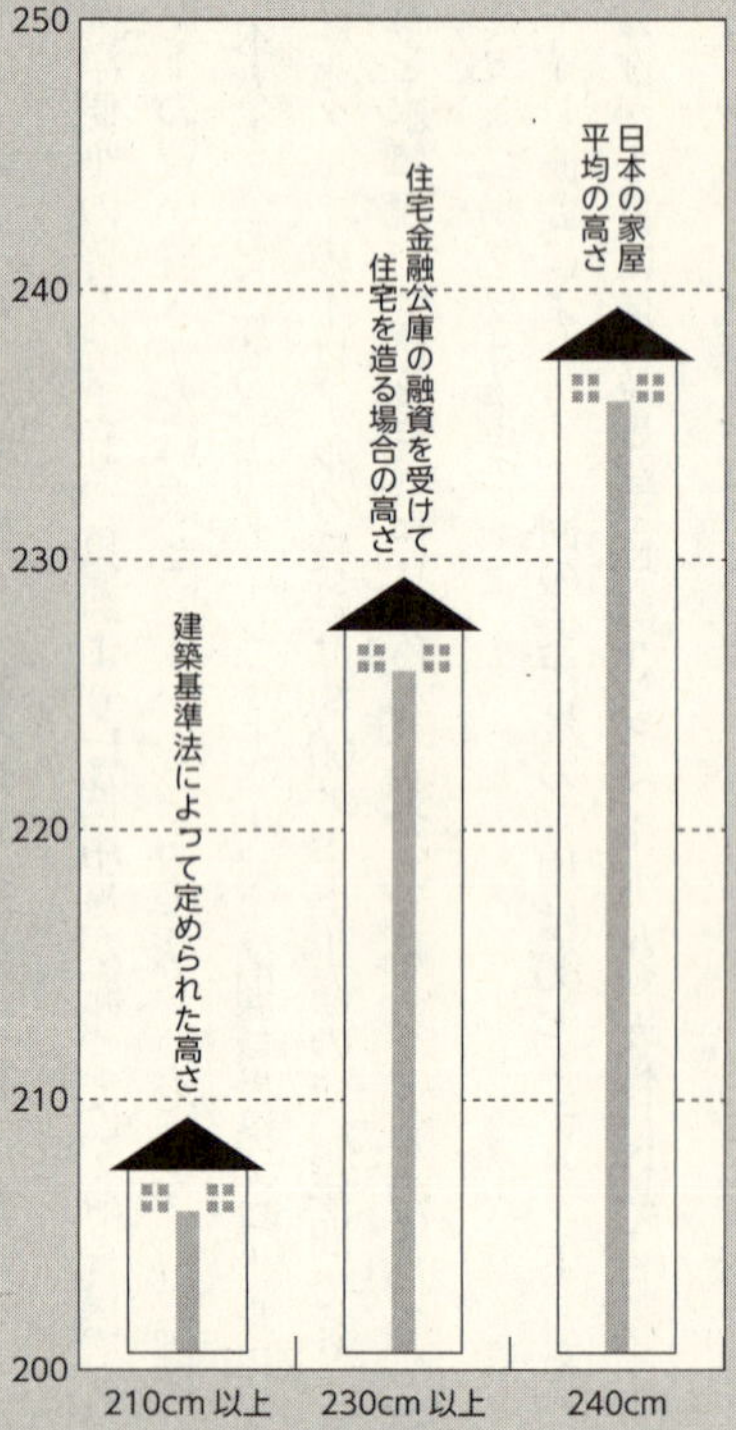

「尺」の倍数で建てられている日本の家

天井が高い家は圧迫感がないので気分のいいものだが、実際にはなかなかそこまで天井の高い家にはお目にかかれない。建てるとき、よほど特別に注文しないかぎり、ほとんどの日本の家屋の天井の高さは2・4メートルである。

これは統計的にそういう数字になっているというわけではなく、日本の建築ルール上これが基本となっている。理由は、日本の建築材が、たいてい約30センチメートルの倍数でできているためだ。じつはこれ、古い日本の長さの単位である「尺」を基準としている。一尺は30・303センチメートル。つまり、日本家屋の天井の高さは8尺ということだ。そして、玄関ドアや部屋の扉は、7尺（約210センチメートル）が基本となっている。

海外からの輸入建材で家を建てれば、もっと高い天井にすることも可能だが、その場合はドアや窓、キッチンなども海外仕様のものにしないと、バランスがおかしくなることがあるので注意したほうがいい。また、吹き抜けは解放感があっていいが、熱効率がとても悪いので光熱費が高くなるという。これらを考え合わせると、天井の高い家は憧れだけに留めておくほうがいいのかもしれない。

ウサギ小屋ではない？ 全国の家屋の平均床面積は92・97平方メートル

◉全国の家屋の平均床面積

順位	都道府県	床面積
1位	富山県	150.08㎡
2位	福井県	143.83㎡
3位	山形県	138.78㎡
4位	秋田県	136.58㎡
5位	新潟県	132.64㎡
	⋮	
43位	埼玉県	85.44㎡
44位	神奈川県	75.92㎡
45位	沖縄県	75.60㎡
46位	大阪府	75.01㎡
47位	東京都	63.54㎡

【出典】総務省統計局「平成 25 年住宅・土地統計調査」

日本海側に豪邸が立ち並んでいる

一昔前まで、日本の住宅の小ささを揶揄して「ウサギ小屋」などという言い方をした。これは欧米の住宅と比較しての言葉だが、実際、現在の日本の住宅の平均的な広さはどの程度のものなのだろうか？

国土交通省が2015年に行った「住宅・土地統計調査」によれば、全国の家屋の平均床面積は92・97平方メートルだった。坪にして、約28坪。

もちろん、都道府県でかなりの違いがあり、いちばん床面積が広いのは富山県の150・08平方メートル。次いで2位が福井県の143・83平方メートル、3位が山形県の138・78平方メートルとなっている。なぜか日本海側に集中しているのは、面白い傾向だ。

いっぽうワースト3を見てみると、ワースト1位は東京都の63・54平方メートル、次いで大阪府の75・01平方メートル、沖縄県の75・60平方メートルとなっている。東京と大阪は土地代が高いため、沖縄はそもそも土地面積が狭いためだ。ちなみに、アメリカは日本よりも平均床面積が広いが、イギリスやフランスは日本より狭いというデータもあるので、そこまで卑屈になることもないだろう。

小学生の平均読書量は1カ月11・2冊でバブル時代の1・7倍

◉1カ月の平均読書冊数

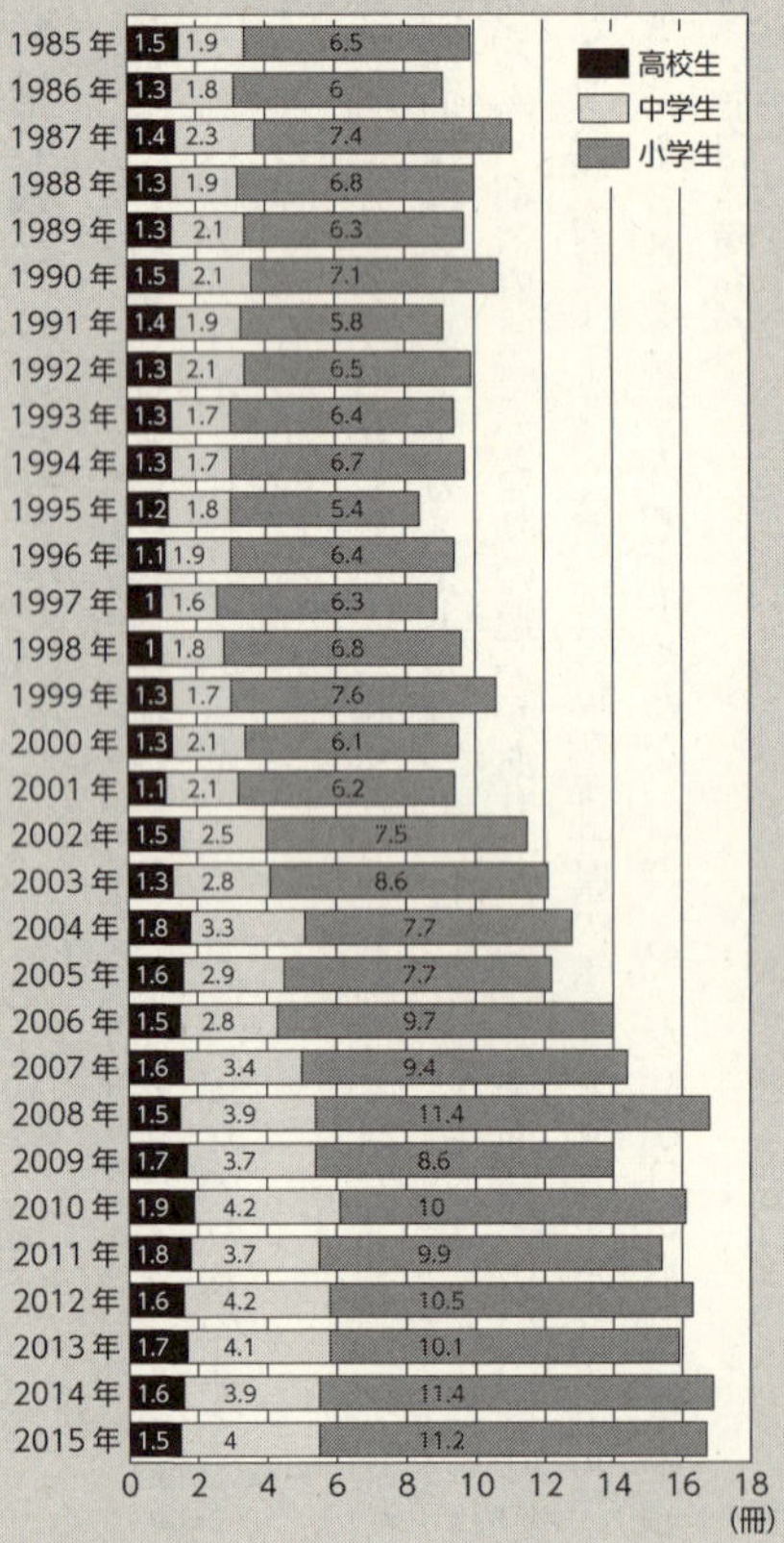

【出典】毎日新聞社「読書世論調査」

小学生は読書熱心でも高校生になると読書離れ？

今どきの子どもは昔に比べて活字の本を読まなくなった……というのは、ウソである。毎日新聞社が全国で行なった調査によれば、２０１５年の小学生の１カ月の平均読書数は11・2冊で、１週間に２冊近く本を読んでいることになる。これに対し１９８７年当時は平均７冊で、07年ごろから増加が続いている。

また、同じ期間に中学生も読書量が平均２・３冊から平均４・０冊と伸び、高校生も伸び率は低いものの平均１・４冊から平均１・５冊と微増している。

これは、２０００年前後から全国で朝の始業前に読書の時間を設ける学校が増えたのが、大きな理由のひとつだといわれる。この「朝の読書」では読む本は自由とするのが基本だ。また、中高生に人気のライトノベルなど揃えた「YAコーナー」を設ける公共図書館が増えた点も影響しているかもしれない。

反対に「1カ月に1冊も本を読まなかった割合」をみると、１９８７年の小学生は7・8％だったものが２０１４年には3・8％に半減し、中学生では43・9％から15％と激減している。ただし、高校生では54・4％から48・7％とあまり変化ない……やはり、高校生となると受験などで忙しいためなのだろうか。

余裕はまだある？
8月の原子力発電所の平均稼働率は70％

◉「設備利用率」とは？

一定期間内の発電量 ÷ 定格出力で運転したと想定した場合の発電量

※ 定格出力：発電設備における単位時間当たりの最大仕事量

◉設備利用率

発電方法	原子力	石炭火力	LNG火力	太陽光
設備利用率	70%	80%	80%	12%
1kWで得られる発電量	6,132 kWh	7,008 kWh	7,008 kWh	1,051 kWh
稼働年数	40年	40年	40年	20年
1kWhあたりの発電コスト	8.9円	10.3円	10.9円	9.9～20円

【出典】エコライフ.com
http://standard-project.net/solar/words/operation-rate.html

発電所は真夏がフル稼動とは限らない

２０１１年の東日本大震災にともなう福島第一原発の事故をキッカケに、電力の消費量について関心を持つようになった人は少なくないだろう。

発電所というものは、つねにフル回転で動いているわけではない。電力が大量に必要な日もあれば、わりと余裕のある日もあるし、点検や整備のための停止も多い。

２０１０年当時、日本の商業用原子力発電所の設備利用率は、年間平均で67・３％だった。一般的に、真夏の暑い時期は冷房のため電力が逼迫するといわれるが、月ごとの平均設備利用率をみると、いちばん数値が高かったのは、意外にも暑くもなければ寒くもないはずの10月で、72・３％だ。記録的な猛暑といわれた同年８月は70・２％で、いちばん数値が低いのは５月の62・１％だった。

翌11年は、全国の原発が点検のため次々と停止したので、設備利用率の年間平均で38・０％まで低下し、さらに14年には０％となっている。

こうしてみると一見、電力には余裕があるようにも思える。しかし、その余裕を維持できるかは、火力、水力、再生可能エネルギーなど原子力以外の発電能力や、日本各地の企業や自治体、各家庭の節電努力にかかっている。

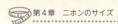

日本の道路の8割を占める市町村道の幅は平均3・7メートル

◉道路種別と延長割合

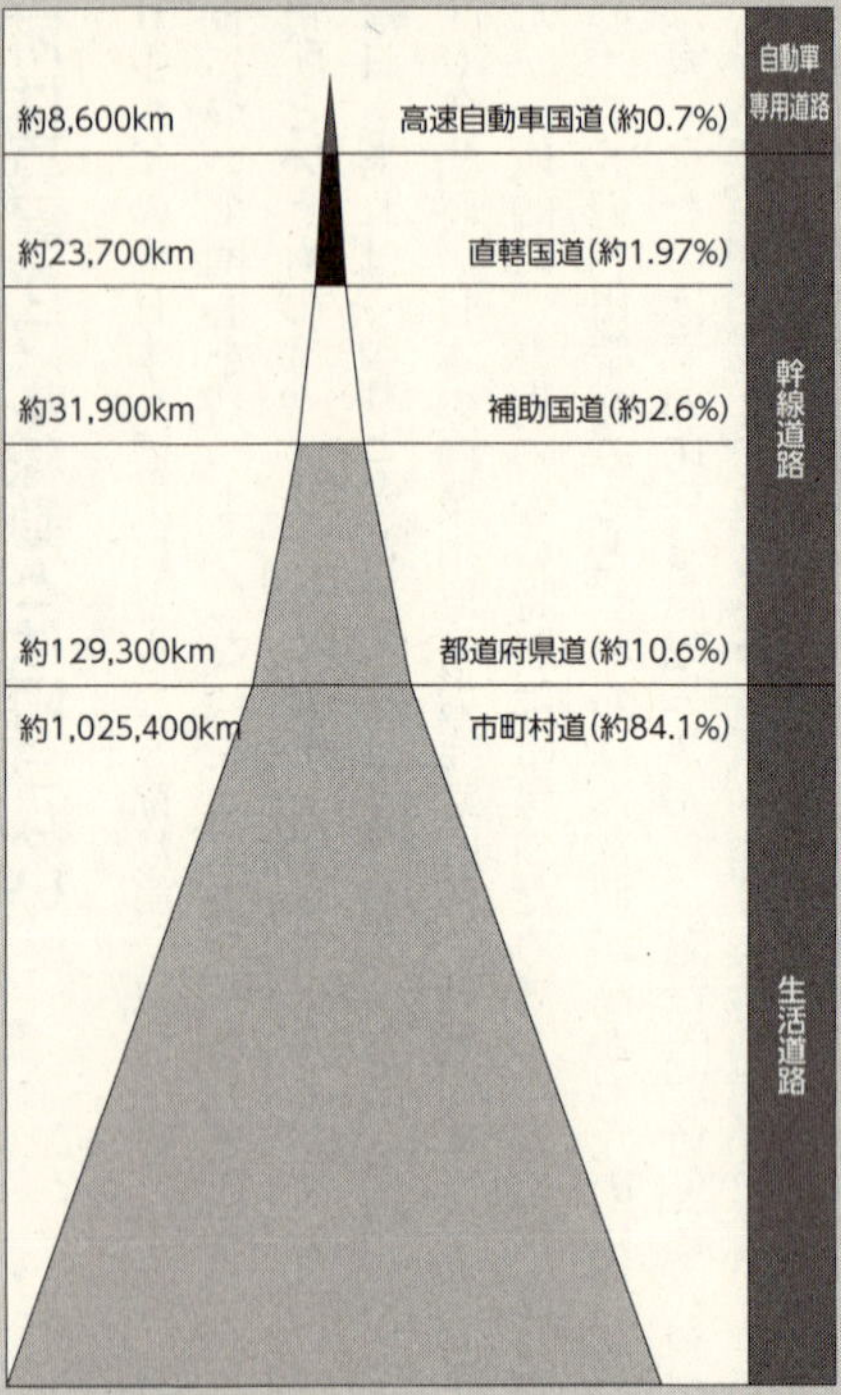

【出典】国土交通省「道路行政の簡単解説」
http://www.mlit.go.jp/road/ir/sisaku/dourogyousei/

自動車２台がやっとすれ違える狭さ

日本の一般道路全体の平均幅員は４・２メートルだ。道路を種別で見てみると、一般国道の平均幅員は７・８メートル、都道府県道の平均幅員は６メートルとなっている。

だが、一般道路に占める国道の割合は５％、都道府県道の割合は11％に過ぎない。残りの84％は、市町村道である。そして、その道幅は平均３・７メートルという狭さなのだ。３・７メートルというと、自動車が２台すれ違うのがやっとという幅である。このように狭い道が日本全土を縦横無尽に覆っているのだ。

ところで、災害時の避難や消火・救助等の活動の困難さを表す「災害時活動困難度」というものがある。これは、幅６メートル以上の道路にまで到達するのにかかる平均的な時間と、幅４メートル以上の道路からすぐにアクセスできない範囲が町丁目面積に占める割合を掛け合わせることで割りだされている。ようするに、狭い入り組んだ道の多い地域は消防車や救急車の到着が遅れるということだ。一度、自分の住んでいる地域のハザードマップで確認してみて欲しい。

電気に依存した生活。1世帯の電力使用量は月平均271キロワットアワー

◉1世帯あたりの電力消費量の推移

(1カ月あたりの平均電力消費量)

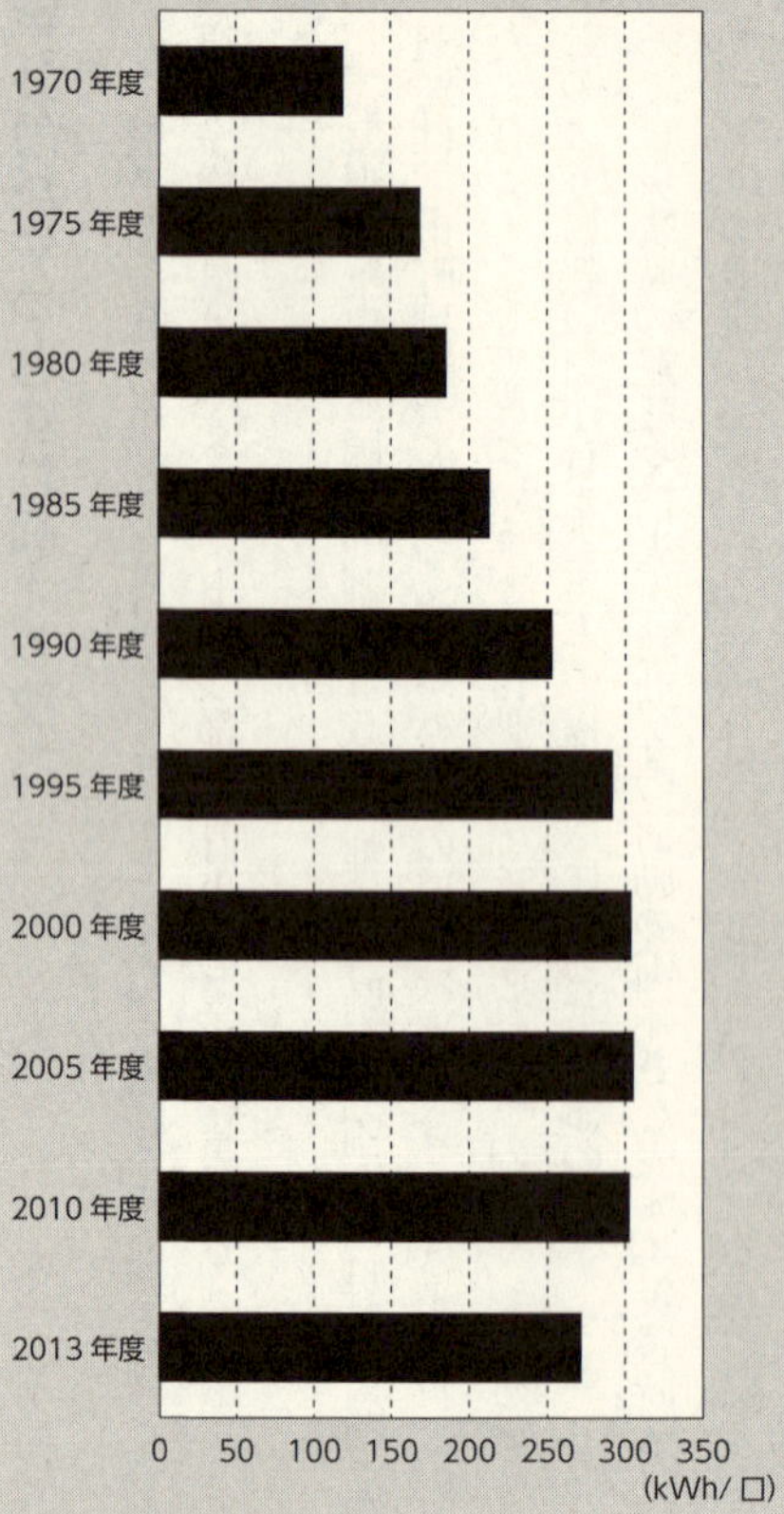

【出典】電気事業連合会「日本の電力消費」
http://www.fepc.or.jp/enterprise/jigyou/japan/

40年間で3倍も電気を使うようになった私たち

２０１１年3月11日の東日本大震災のあと、被災地以外でも輪番停電などで電気が使えない生活を体験した人も少なくないだろう。あの時の体験で、私たちの普段の暮らしが、いかに電気に頼っているかを思い知った人もいるはずだ。

震災から2年後の２０１３年の1世帯の電力使用量は1カ月平均２７１・２キロワットアワーとなっている。料金にして、1カ月平均７０００円強を払っている計算だ。震災前の２０１０年は３００キロワットアワーを越えていたので、多少、節電傾向にあるとは言える。だが、１９７０年は１１８・８キロワットアワーなので、この40年で3倍近くも電気使用量は増えている。

電気使用量が増えた原因は、住宅のオール電化が進んだこと、灯油暖房からエアコンに切り替えた家庭が多いこと、テレビが大型化して消費電力が増えたことなど、様々だ。この傾向は、今後も進むことはあれ、後退することはないだろう。否応なく、私たちは電気を使う生活を続けざるを得ないのである。

ちなみに、一般家庭の消費電力のピークは10時から19時。季節では、冷暖房器具を使う夏場と冬場に電気使用量は跳ね上がっている。

平均と期待値

　平均とよく似たものに期待値がある。たとえば、サイコロを振ってどの目が出るかという確率はすべて1／6。そこで、1～6まで出る確率を合計し、6で割ると3.5となる。これが期待値だ。いっぽう、実際に1000回くらいサイコロを振り、出た目の合計を、振った回数で割れば、3.5に近い数字になるだろう。これが平均だ。

　つまり、平均は、実際に行なわれた「統計」に対して出される値、期待値はこれから行うことの「確率」からの予測といえる。似たようなものだが、平均と期待値が一致しないケースもあるので一緒にはできない。

　とくに期待値が重要なのがギャンブルだ。ギャンブルでの期待値は1回の勝負で戻ってくる金額の見込み。ギャンブルには収益に対して支払われる還元率が決まっており、これが期待値となる。宝くじは約45～50％の還元率のため、3000円買えば約1500円戻るという期待値になる。ほぼ確実に損をするギャンブルといえる。パチンコやパチスロの還元率は90％にもなるので、宝くじより割が良さそうだ。しかし、期待値が支払った金額を上回ることはない。結局、すべてのギャンブルは、回数を重ねるほど、平均して損をするようにできているのだ。

第5章

ニホンの時間

世界的には短い？日本人の睡眠時間の平均は7時間31分

◉都道府県別の平均睡眠時間

都道府県		平均睡眠時間
全国平均		7時間42分
1位	秋田県	8時間2分
2位	青森県	8時間1分
3位	高知県	8時間
4位	山形県	7時間57分
5位	福島県	7時間55分
43位	埼玉県	7時間35分
44位	千葉県	7時間34分
44位	兵庫県	7時間34分
46位	奈良県	7時間33分
47位	神奈川県	7時間31分

【出典】総務省統計局「平成 23 年社会生活基本調査」

日本でいちばん長く寝ているのは秋田県民

1日8時間以上寝ないと体調が悪くなるという人もいれば、5時間も寝れば充分という人もいるように、睡眠時間は人によってかなりばらつきがある。ただ、本当はもっと寝ていたいのに、学校や仕事のために無理やり起きている人のほうが多いというのが実情だろう。

総務省統計局の調査によれば、日本人の平均睡眠時間は7時間42分であるという。いちばん良く寝ているのが秋田県の8時間2分、青森県が8時間1分、高知県が8時間。反対に睡眠が短い都道府県は、ワースト1が神奈川県の7時間31分、奈良県が7時間33分。千葉県、兵庫県が7時間34分。秋田県と神奈川県では30分以上睡眠時間に差があるが、それでもほとんどの人は7時間以上の睡眠を取っていることになる。みんな、それなりに健康に気を使って睡眠時間を確保しているようだ。

だが、国際的に見ると日本は睡眠時間が短いほうだ。日本と同じく7時間台の睡眠なのは韓国やノルウェーなど、わずかな国しかない。たいていの国は8時間以上睡眠を取っている。なかには中国のように、平均9時間を超える国もある。

都市部と地方では大きく違う。日本人の平均起床時間と平均就寝時間

◉都道府県別の起床時間と就寝時間

■平均起床時間（平日）

都道府県		平均起床時刻
全国平均		6:37
1位	青森県	6:19
2位	岩手県	6:22
2位	新潟県	6:22
2位	島根県	6:22
5位	秋田県	6:23
43位	福岡県	6:44
44位	神奈川県	6:45
45位	大阪府	6:49
46位	京都府	6:51
47位	東京都	6:52

■平均就寝時間（平日）

都道府県		平均就寝時刻
全国平均		23:15
1位	青森県	22:35
1位	秋田県	22:35
3位	山形県	22:43
4位	岩手県	22:45
5位	福島県	22:47
43位	京都府	23:25
44位	福岡県	23:26
45位	大阪府	23:32
46位	神奈川県	23:36
47位	東京都	23:41

【出典】総務省統計局「平成 23 年社会生活基本調査」

東北と日本海側の人は早寝早起き

「早寝早起きが健康の秘訣」とは昔からよく言われるが、ついついテレビを観たり、スマホを弄ったりしているうちに夜更かししてしまうもの。そうなれば当然、朝起きるのもツラくなる。みんなはだいたい何時ごろに寝て、何時ごろに起きているのだろうか？

総務省統計局の調査によれば、平日の日本人の平均就寝時間は23時15分だという。平均起床時間は6時37分だ。おおよそ、夜の11時過ぎにベッドに入って、6時半に起きるといった生活サイクルである。

都道府県別に見てみると、就寝時間が早いのは、青森県と秋田県の22時35分、山形県の22時43分の順になっている。寝るのが遅いのは、東京都の23時41分、神奈川県の23時36分、大阪府の23時32分だ。

いっぽう、起床時間が早いのは、青森県の6時19分、岩手県、新潟県、島根県の6時22分。遅いのは東京都の6時52分、京都府の6時51分、大阪府の6時49分となっている。ここからわかることは、東北や日本海側の人は早寝早起きであり、都市部の人は宵っ張りの朝寝坊ということである。

日本人は起きている時間の8分の1近くはスマホを見ている

◉1日あたりのスマホ利用時間

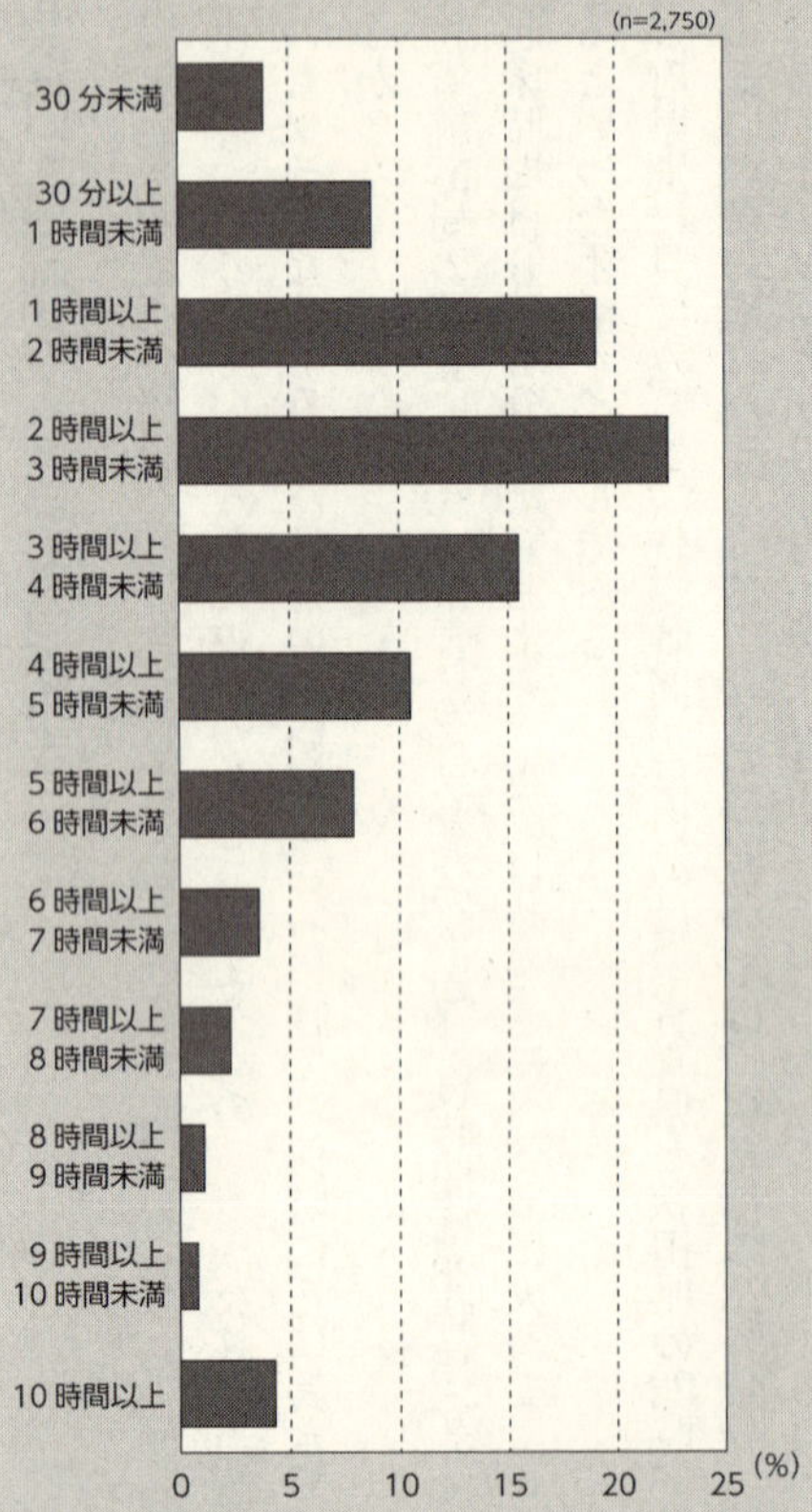

【出典】MMD研究所「2015年版　スマートフォン利用者実態調査」
https://mmdlabo.jp/investigation/detail_1511.html

1日にスマホをいじる時間は122・6分

いまや生活に欠かせなくなっているスマートフォン。プライベートから仕事、あるいは学校生活なども、スマホに頼り切っている人も多いだろう。

ある調査によれば、1日のスマートフォン利用時間の平均は122・6分だというデータがある。1日8時間寝るとして、起きている16時間のうち、8分の1近くをスマホの画面を見ながら過ごしている計算だ。

10代女子になると、さらに利用時間は長くなり、平日で平均201・4分、休日・祝日で207・1分という結果となった。スマホの利用目的は、通話、ネット、アプリ、ゲームなど様々だろうが、起きている時間の5分の1以上、スマホを手にしているということになる。

また別の調査では、スマホ・ユーザーのうち、利用時間が「2時間以上〜3時間未満」という人がもっとも多く、3時間以上の人も合せると、半数近くになったというデータもある。やはり、2〜3時間というのが、平均的な利用時間のようだ。ただ、これらの調査データは「ポケモンGO」リリース前のものなので、いまはさらに利用時間が伸びているかもしれない。

ビジネスは1日以内、恋愛は1時間以内が電子メール返信の平均

◉仕事で受け取ったメールへの返信

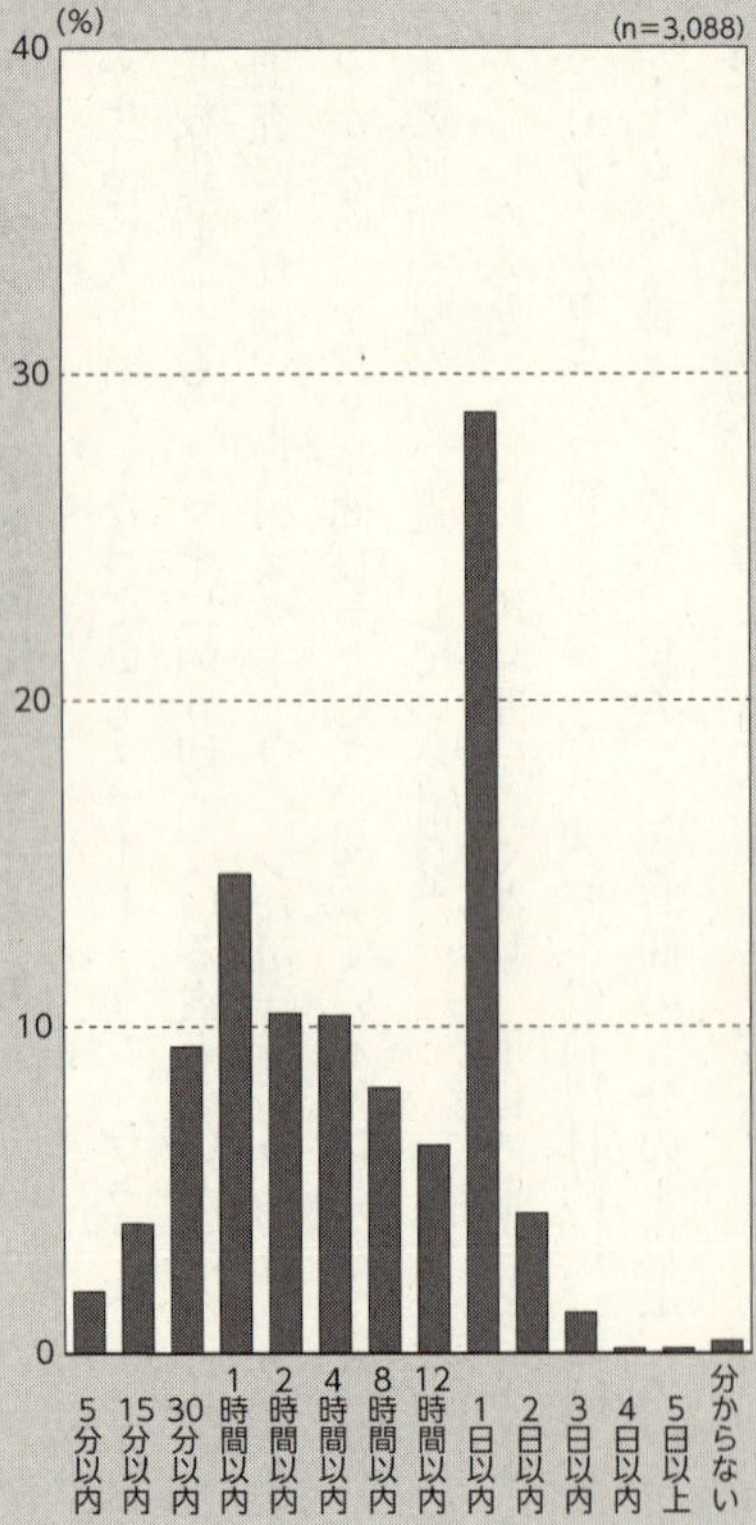

【出典】日本ビジネスメール協会「ビジネスメール実態調査2016」
http://www.sc-p.jp/news/pdf/160701PR.pdf

24時間以内に返信がなければ脈がないとあきらめよう

メールを送ったのに、なかなか返信が来ず、やきもきした経験を持っている人は少なくないだろう。とくに、気になっている異性に送ったメールに返信がないと不安に感じるものである。

ある調査によれば、男性が好意を持っている女性からメールをもらった場合、平均1時間以内に返信をするという。逆に言えば、すぐに返信がなかった場合は、その男性はメールをくれた女性に興味がない可能性があるので、今後の展開にはあまり期待しないほうがいいかもしれない。

いっぽう、女性も好意を持っている男性からメールが来たら、平均で1時間以内に返信を送るというデータがある。ただ、女性の場合、相手に気をもたせるためか、わざと返信を遅らせるケースも多い。なので、男性はあまり焦らないほうがいい。それでも24時間以内に返信がなければ、あきらめたほうがいいだろう。

ちなみに、ビジネス・メールは、24時間以内に返信するのがマナーとなっている。仕事上の重要な案件なら、よく考えて返信する必要があるので即答の必要はないが、1日以上あいだを空けてはいけない。

意外に短い？女性がメイクにかける時間は平均14・4分

◉1日のはじめのメークにかける時間

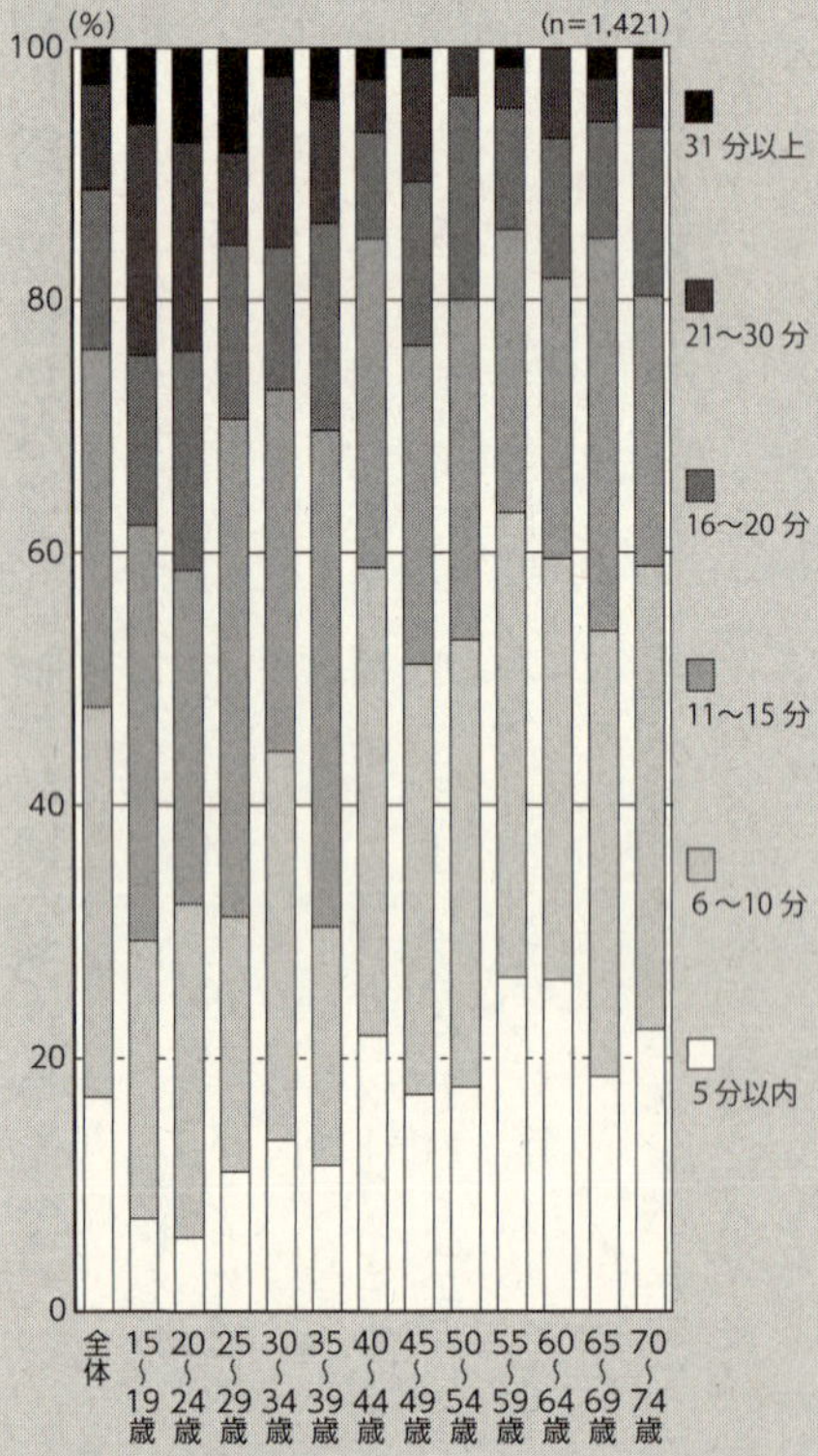

【出典】ポーラ文化研究所「女性の化粧行動・意識に関する実態調査 2015」
http://www.po-holdings.co.jp/csr/culture/bunken/report/pdf/151118make2015.pdf

女性が化粧にかける時間は年々減っている

化粧品会社のポーラが2015年に15歳から74歳までの女性を対象に行った意識調査によれば、「毎日化粧をする」という女性が21％、「ほぼ毎日する」という女性が34％で、半数以上の女性が日常的に化粧をしているという結果になった。それほど、女性にとって化粧は欠かせない習慣なのである。では、みんなはメイクにどのくらいの時間をかけているのだろうか？

同じ調査によれば、女性がメイクにかける平均時間は14・4分となっている。もっとも多いのは6分から10分で、次に多いのが11分から15分であった。この結果を見て、もっと長時間待たされるように感じる男性は多いかもしれない。だが、ここでいうメイクにはヘアセットや洋服選びの時間は含まれていないので、実際に女性が出かけるまでには、もう少し時間がかかっているだろう。

ただ、女性のメイク時間は年々短くなっているというデータもある。これは、化粧の仕方が効率的になって時間短縮されているというよりも、単純に女性が化粧品にかけているお金が年々減っているためだと思われる。長引く不景気もあってか、そこまでガッチリ化粧に力を入れるような女性は減っているのだ。

日本人が平日に会話に費やす時間はたったの14分？

◉おしゃべりの平均時間

■平日

		1995	2000	2005	2010	2015
国民全体		0:25	0:22	0:20	0:19	0:14
男性	10代	0:20	0:17	0:18	0:14	0:09
	20代	0:30	0:22	0:24	0:17	0:17
	30代	0:13	0:08	0:13	0:08	0:07
	40代	0:13	0:14	0:10	0:06	0:04
	50代	0:12	0:09	0:06	0:06	0:05
	60代	0:18	0:17	0:17	0:12	0:10
	70歳以上	0:21	0:13	0:17	0:23	0:15
女性	10代	0:28	0:31	0:26	0:26	0:16
	20代	0:42	0:41	0:31	0:37	0:32
	30代	0:30	0:28	0:23	0:24	0:17
	40代	0:28	0:22	0:22	0:21	0:14
	50代	0:34	0:22	0:21	0:21	0:19
	60代	0:33	0:34	0:27	0:25	0:21
	70歳以上	0:32	0:28	0:30	0:30	0:20

■日曜日

		1995	2000	2005	2010	2015
国民全体		0:45	0:43	0:34	0:30	0:28
男性	10代	0:40	0:42	0:40	0:37	0:26
	20代	1:19	1:19	1:20	1:05	0:40
	30代	0:45	0:46	0:34	0:30	0:15
	40代	0:35	0:31	0:20	0:27	0:24
	50代	0:36	0:33	0:30	0:20	0:19
	60代	0:30	0:31	0:22	0:17	0:18
	70歳以上	0:28	0:25	0:13	0:23	0:20
女性	10代	0:39	0:40	0:38	0:27	0:39
	20代	1:26	1:11	1:15	1:00	0:36
	30代	0:43	0:50	0:23	0:39	0:31
	40代	0:38	0:42	0:36	0:37	0:23
	50代	0:46	0:40	0:38	0:22	0:41
	60代	0:39	0:32	0:36	0:27	0:29
	70歳以上	0:44	0:38	0:28	0:27	0:32

【出典】NHK放送文化研究所『データブック国民生活時間調査2015』（NHK出版）

大人になるほど減っていく会話の時間

２０１５年に10歳以上の日本人男女７８８２人を対象に行われた調査によると、平日に会話や交際に費やす時間は平均14分だという。これは、仕事や家事や学業などとは関係なく、純粋におしゃべりや友人づきあいに使う時間だ。平日は仕事や学校が忙しいとはいえ、この数字には驚く人が多いだろう。

じつはこのデータ、１日のうちにまったく会話や他人との付き合いがないという人も全部含めての数値だ。他人との会話や交際がある人間のみに限って言えば、１時間34分となる。当然ながら日曜日ならもっと長く、全体平均が28分、会話や交際のある人のみだと2時間37分にもなる。とはいえ、１日15分以上、会話や他人との交際の時間があるという人は、平日なら15・２%、日曜日でも17・６%だ。

世の中では想像以上に、仕事以外で人と接しない人や、引きこもり、近所づきあいもない独り暮らしのお年寄りなどが増えているということだろう。

なお、全体平均を年代別に見ると、10代なら平日は17・５分で日曜日は32・５分と学校のない日は時間が減り、20代には平日は24・５分で日曜日は38分、40代になると仕事が忙しいためか平日は９分で日曜日は23・５分と短くなっている。

年齢とともに長くなる朝食の時間は平均31分、1日の食事時間は平均115分

◉食事にかける時間（2011年）

（単位：分）

年齢	全体	朝食	昼食	夕食	夜食	軽飲食
総数	115	31	40	46	39	43
10～14歳	105	28	37	43	--	29
15～24歳	95	26	39	43	43	38
25～34歳	105	29	41	48	35	40
35～44歳	110	29	41	47	47	41
45～54歳	111	28	40	47	31	42
55～64歳	121	31	39	47	33	43
65～74歳	127	33	39	47	47	48
75歳以上	138	37	42	47	15	52

【出典】総務省統計局「平成23年社会生活基本調査」

おやつの時間がいちばん長い高齢者

総務省では日本人の生活時間の調査を行なっているが、２０１１年のデータでは、1日のうち食事にかける時間は平均１１５分となっている。朝食は平均31分、昼食は平均40分、夕食は46分だ。夜食を摂る人の場合、その時間は平均39分、その他におやつのような軽飲食を摂る人の場合、その時間は平均43分となる。

年代別に見ると、15～24歳では食事全体の平均時間が95分と極端に短い。この年代といえば高校生、大学生、新入社員などだから、毎日いろいろ忙しいのだろう。20代後半以降になると、しだいに食事にかける時間は長くなっていく。55～64歳では１２１分と全年齢での平均を上回り、75歳以上ではじつに１３８分にもなる。老後ともなれば時間に余裕もできるし、若いときほどハイペースで食べられない人や、嚙む力が弱くなったため食事に時間がかかる人もいるからだろうか。

ちょっと意外なのが、おやつのような軽飲食の時間だ。10～14歳ではこれが平均29分となっているが、75歳以上ではじつに52分と倍近く増えている。昔から、おじいちゃんやおばあちゃんは、ひまなときはこたつでおせんべいを食べているというイメージがあるが、実際にその通りなのかもしれない。

熟年離婚が増えた？離婚した夫婦の結婚年数は平均10・8年

◉離婚した夫婦の数と平均同居期間

	離婚総数	5年未満	20年以上	平均同居期間（年）
1970年	95,937	49,489	5,072	6.8
1975年	119,135	58,336	6,810	7.1
1980年	141,689	52,597	10,882	8.6
1985年	166,640	56,442	20,434	10.1
1990年	157,608	59,676	21,717	9.9
1995年	199,016	76,710	31,877	10.0
2000年	264,246	96,212	41,824	10.3
2005年	261,917	90,885	40,395	10.4
2007年	254,832	86,607	40,353	10.6
2008年	251,136	84,198	38,920	10.6
2009年	253,353	84,682	40,096	10.8

【出典】厚生労働省「平成 21 年人口動態統計」
http://www.mhlw.go.jp/toukei/saikin/hw/jinkou/suii09/divo1.html

離婚件数も増えているが、離婚までの結婚期間も長くなっている

自分の身の回りに離婚経験のある人が1人もいないという人は、あまりいないだろう。それほど離婚は身近なものとなっている。

実際、厚生労働省の調査によれば、1970年の離婚件数は9万5937件であったが、1975年には10万件を超えて11万9135件。さらに、1995年には19万9016件となり、以後は20万件を超え続け、2009年には25万3353件となっている。

破局するまでの結婚年数を見てみると、2009年で平均10・8年となっている。10年も経つと、結婚した当初の気持ちも消え失せてしまうのだろう。

ただ、面白いことに離婚件数は増え続けているのに、離婚までの結婚年数も伸び続けているのだ。1970年は平均6・8年だったが、1975年には7・1年となり、1985年以降は基本的に平均10年以上の結婚生活を送ったすえに離婚するようになっている。ようするに、気軽に離婚するようになったのではなく、我慢に我慢を重ねた上で離婚するようになっているのだ。これは、離婚前に、その後の生活資金の問題を熟慮する人が増えているからかもしれない。

放課後もやることいっぱい！小学生が宿題に費やす時間は49・8分

◉学校外学習における宿題の割合

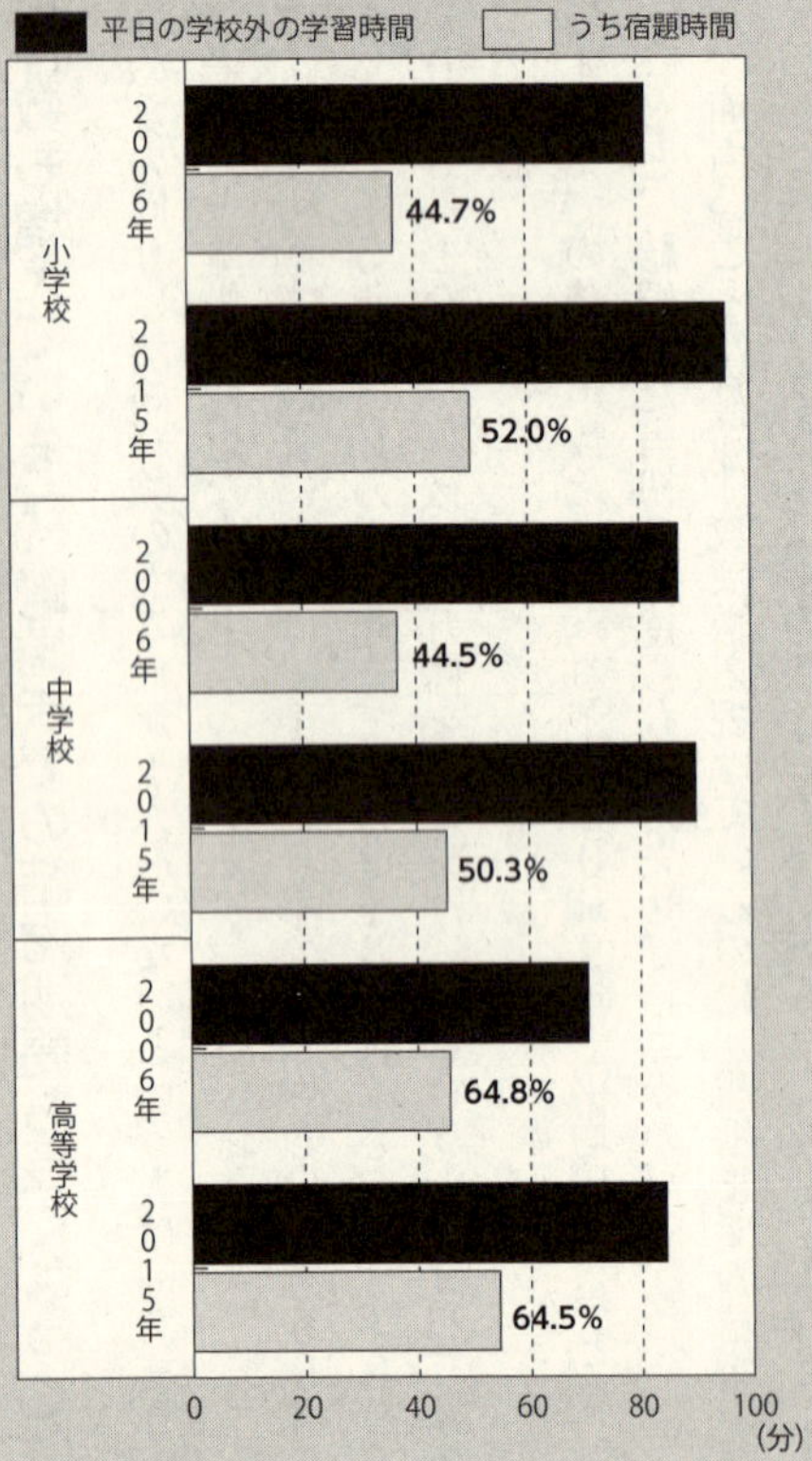

【出典】ベネッセ教育総合研究所「第５回学習基本調査」
http://berd.benesse.jp/shotouchutou/research/detail1.php?id=4862

中高生より学校外の学習時間が長い小学生

小学生時代、しっかり宿題を終わらせてから遊んでいたという人と、学校が終わるとすぐに遊びに行ってしまい、宿題なんてまったくやらなかったという人がいるだろう。当然、宿題をやらずに次の日学校に行けば、先生に怒られる訳だが……。

ベネッセ教育総合研究所が２０１５年に行った調査によれば、小学生が宿題にかける1日の平均時間は49・8分であった。06年の同様の調査では、36・4分であったため、この10年ほどで10分以上も時間が伸びていることがわかる。宿題に加え、自習や塾の時間を足した学校外でのトータルの学習時間を見てみると、95・8分。06年は、81・5分であり、ちょうど宿題の時間の分だけ増えていることになる。

ちなみに、中学生が宿題に費やしている1日の平均時間は45・3分で、学校外の学習の総合時間は90分。小学生時代より減っているのは、放課後、部活動などに時間を取られるせいかもしれない。これが高校生になると、宿題の時間は54・4分と小学生より長くなるが、学校外の学習時間は84・4分と小中学生より短くなる。これは、レポートなど時間のかかる宿題が増える半面、大学受験をする学生とそうでない学生の二極化が進むせいだろう。

ほとんどしていないに等しい！既婚男性が育児に使う時間は1日平均39分

◉6歳未満児を持つ夫の家事・育児時間

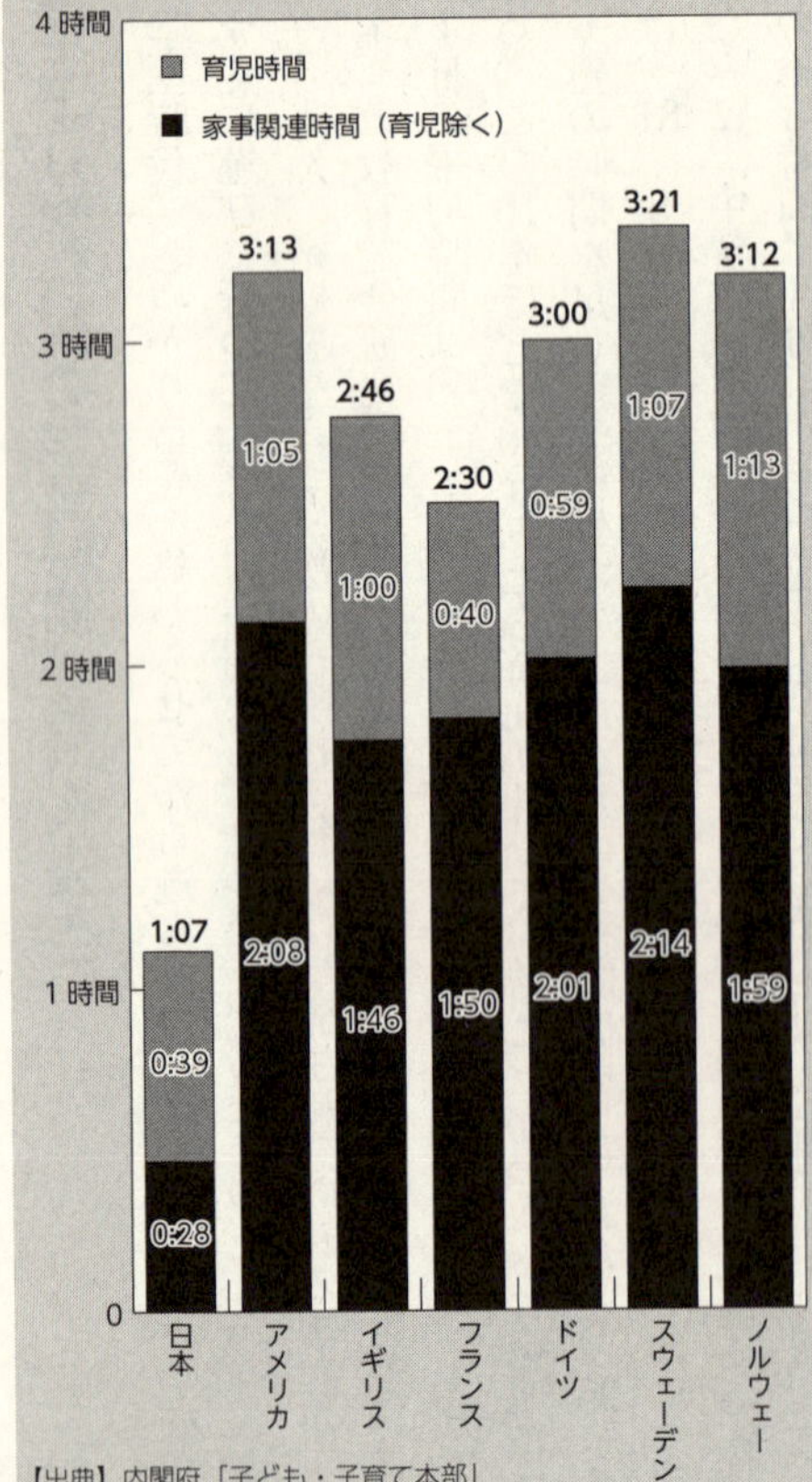

【出典】内閣府「子ども・子育て本部」
http://www8.cao.go.jp/shoushi/shoushika/ottonokyouryoku.html

近畿地方はイクメン後進地域だった？

近年、「イクメン」という言葉を新聞やテレビでよく目にするが、内閣府の調査によれば、6歳未満の子どもを持つ夫が育児に使う時間は1日平均39分だ。「仕事が忙しいんだからそんなもんさ」と言う人が大多数だろうが、他の先進国と比較してみると、アメリカは1時間5分、イギリスは1時間、ドイツは59分というから、明らかに日本は短い。フランスは40分と日本と同等ながら、夫が育児以外にも家事に関わる時間全体を見ると2時間半で日本の倍近い。多分、子どもはママに任せて料理や掃除は自力でやるというこだわりのある男が多いのだろう。

もっとも、日本国内でも地域によってばらつきは大きい。総務省が発表している「社会生活基本調査」によると、夫の育児時間トップは秋田県で67分、続いて島根県、埼玉県、大分県、徳島県となる。反対に最下位は和歌山県で23分だ。

単純に、地方は都市部ほど仕事が忙しくないから時間に余裕がある、というわけでもない。大阪府、兵庫県、京都府といった近畿地方の人口密集地はのきなみ40位以下だが、東京都は46分で11位とわりと上位だ。おそらく、男性の育児には企業の理解やそれを進める自治体の取り組みなども大きく影響しているのだろう。

男性との差は2時間以上！女性が平日に家事をする時間は平均2～4時間

◉妻の家事の時間（平日、平均）

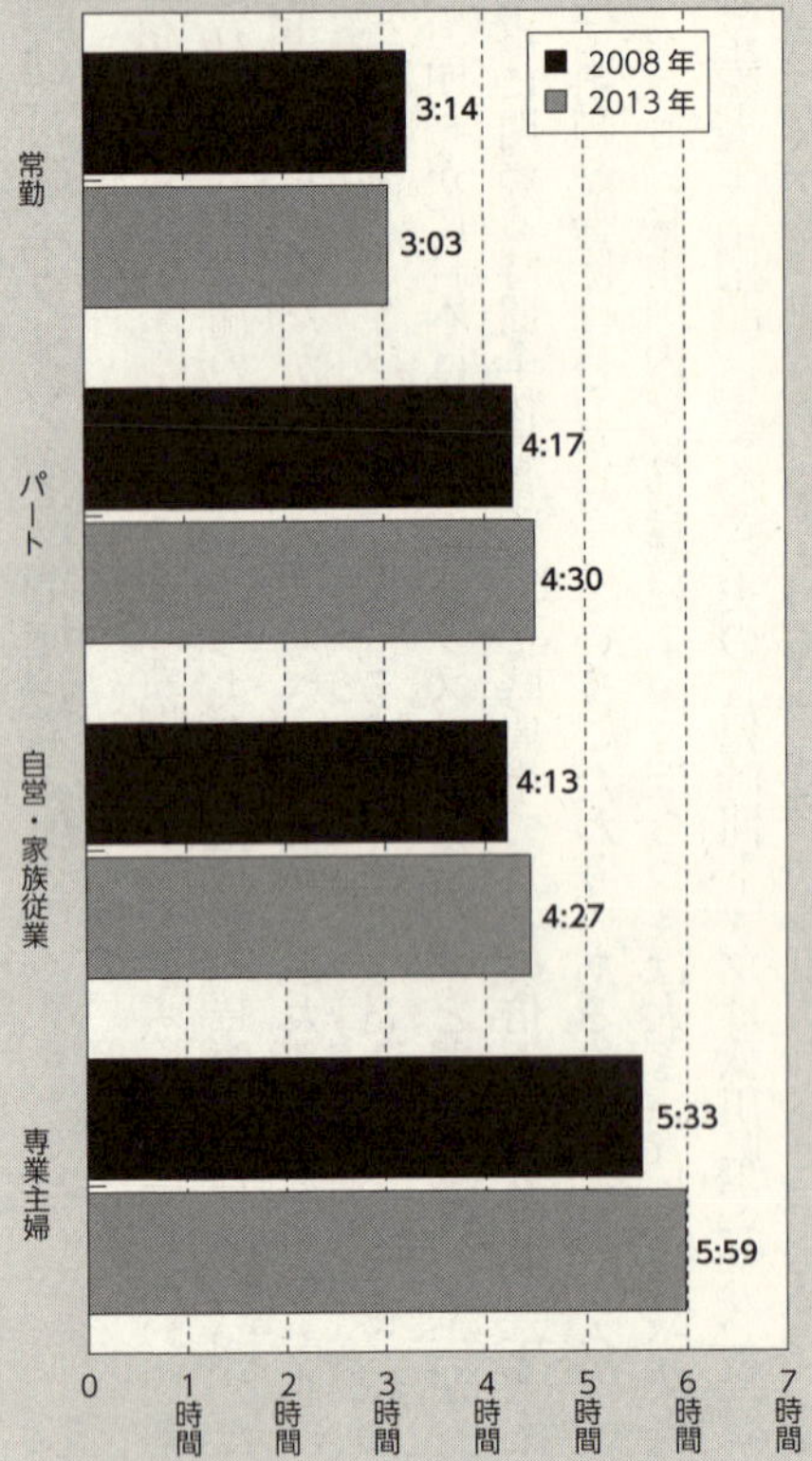

【出典】国立社会保障・人口問題研究所「全国家庭動向調査」
http://www.ipss.go.jp/site-ad/index_japanese/ps-katei-index.html

専業主婦と共働きでは家事の時間が2倍の差！

総務省統計局のデータによると、男性が料理や洗濯や清掃などの家事に費やす時間は1日平均わずか18分、女性でも平均2時間32分だという。じつは

「え、そんなに短いの？」と思う人も少なくないだろう。じつは、この数字、10歳以上の日本人男女すべてが対象だ。したがって、中高生はもとより、勤め人も主婦も、生活の世話を家族に任せている高齢者も全部含めての平均となる。

当然ながら、置かれている立場によって家事にかける時間は異なる。国立社会保障・人口問題研究所が2013年に行なった調査によれば、同じ既婚女性でも、専業主婦が1日に家事に費やす平均時間は約6時間（359分）、個人商店などの自営業者なら約4時間半（267分）でパート勤めの主婦もほぼ同じ、常勤の共働き世帯なら平均約3時間（183分）という数字だった。

地域によってばらつきはあるだろうが、山形市の調査では、女性で平日の家事にかける時間を平均2〜4時間と答えた人が約36％、4〜6時間という人が約30％だ。よほど家族が多いのか家が広いのか、6時間以上と答えた人も11・6％いる。一方、男性では0分と答えた人が約25％と4分の1を占めていた。

9割が車を使用。お盆の帰省にかかる時間は、片道平均2・5時間

◉帰省の手段と時間

■帰省の交通手段

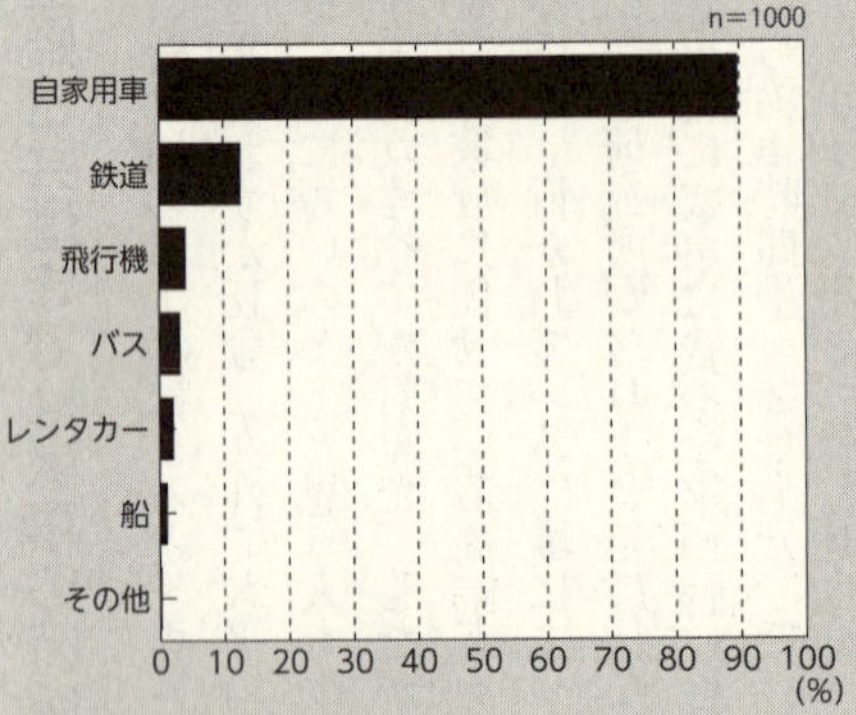

■帰省にかかる時間（片道）の平均

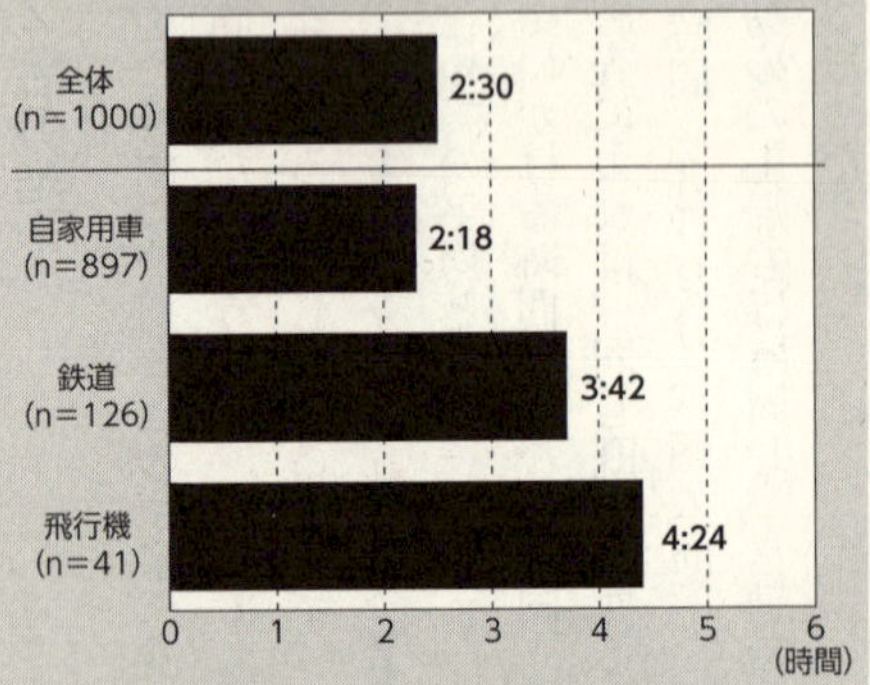

【出典】ソニー損保「お盆の帰省に関する調査（2015年）」
http://from.sonysonpo.co.jp/topics/pr/2015/07/20150730_01.html

費用的にも時間的にも自家用車がいちばん効率いいが……

毎年、お盆の季節になると帰省ラッシュによる渋滞のニュースが頻繁に報道される。苦労することはわかっていても、この時期しか長期の休みが取れない人も多いので、地方出身者にとっては致し方ないことである。

ソニー損保が2015年に行った「お盆の帰省に関する調査」によれば、帰省する人の9割近くが、自家用車を利用すると答えている。鉄道や飛行機を利用するよりも安く済むというのが最大の理由だろう。実際、一世帯あたりの帰省費用を比較すると、鉄道が平均3万6226円、飛行機が6万7537円であるのに対し、自家用車は1万7061円と格段に安い。

そんな自家用車による帰省で、片道の移動にかかる時間は平均2・3時間となっている。鉄道が平均3・7時間、飛行機が4・4時間なので、時間的にも自家用車がいちばん早いことになる。

ただ、鉄道や飛行機は乗ってしまえば自動的に目的地につくが、自動車はそうはいかない。また、多くの人がパンクやガス欠、渋滞によるトイレ問題、事故など、自家用車での帰省中に、なんらかのトラブルを経験したことがあると答えている。

15年で1週間短くなった平均入院日数

◉平均入院日数

	1999年	2005年	2008年	2014年
総数	39.3	37.5	35.6	31.9
0～9歳	9.5	8.83	8.43	7.66
10～19歳	14.4	13.7	12.85	12.65
20～29歳	14.05	13.2	11.65	12.1
30～39歳	20.25	16.55	16.5	13.7
40～49歳	37.15	26.5	27.15	20.0
50～59歳	39.6	36.85	31.85	26.45
60～69歳	47.5	42.5	34.55	29.95
70～79歳	49.55	42.45	40.0	35.2
80～89歳	70.65	57.85	53.9	46.6
90歳以上	125.0	93.5	92.6	76.3

【参照】厚生労働省「平成 26 年患者調査」

高齢になるほど入院日数は延びる

あまりに仕事が忙しかったりすると、「入院でもして、ちょっとのんびりしたい」と一度ぐらい妄想したことのある人は少なくないはずだ。実際に入院するような病気やケガをすると、なにかと大変なので、本気で考えるわけではないが。

２０１４年に厚生労働省が調査した結果によれば、平均入院日数は、31・９日であった。世代によってかなりの開きがあり、15～24歳の若者が平均13日であるのに対し、60～69歳だと29・９５日と倍以上になり、70歳以上になると、さらに日数は延びていく。保険会社が販売している医療保険には、たいてい「１回の入院あたりの支払限度日数」というのがあるので、自分の年齢に適した保険を選ぶのがいいだろう。

ただ、入院日数は年々減っており、１９９９年は平均39・３日であったのが、２００２年には37・９日となり、08年には35・６日であった。ようするに、この15年間ほどで、約１週間程度入院日数が短くなっている計算になる。これは、入院ベッド数確保の問題などから、病院での長期入院をできるだけ少なくし、通院に切り変えようとしている医療界全体の意向が働いているためと思われる。

うつ病による休職期間は平均80日

◉気分障害患者数の推移

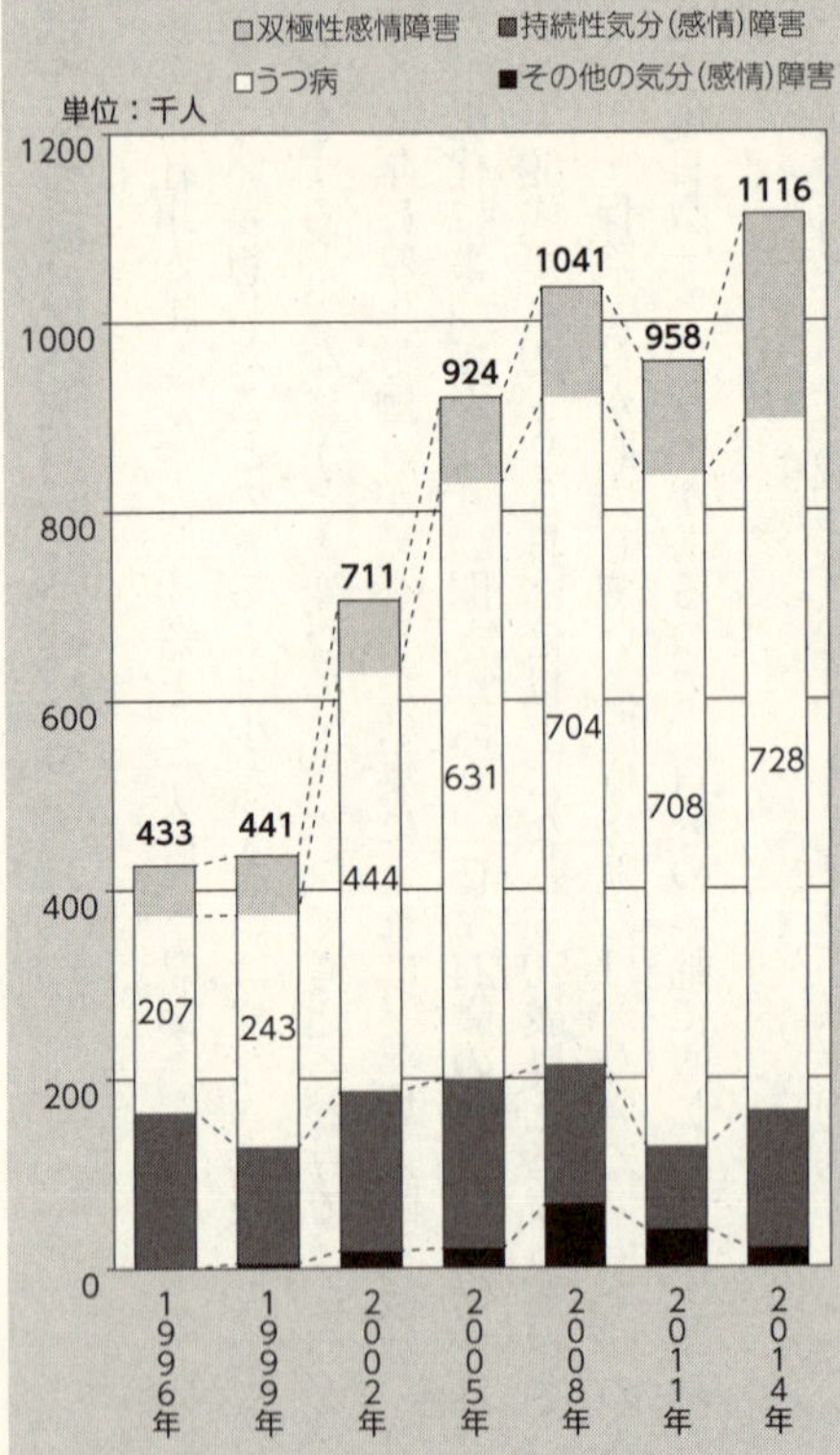

【出典】厚生労働省「患者調査」

ちゃんと治療すれば2～3カ月で職場に復帰できる

職場のストレスなどが原因でうつ病を発症し、休職するという人が、いまはそう珍しくない。うつ病はストレスの原因がなくならないかぎり悪化し続けるので、自分の心身の調子がおかしいと感じたら、すぐに病院で診察を受け、必要ならば迷わず仕事を休むべきである。

しっかりと治療をすれば、うつ病から回復できる人も多い。また、完全には治らなくても、薬の服用によって仕事を続けている人も大勢いる。うつ病による休職期間は、平均80日だという。2～3カ月仕事を休み、きちんと治療をすれば仕事に戻れるので、あまり焦ることはない。

休職制度は会社や雇用形態によって違うが、一般的には就業して1年以上かつ3年未満の場合、180日の休職期間が与えられるというケースが多い。就業3年以上なら、360日の休職期間が与えられるケースもある。この休職期間は契約上の権利なので、うつ病になったら就業規則を確認したうえで、堂々と行使すべきだ。また、就職する前に就業規則をちゃんと確認しておき、ブラック企業などではないかを見極めておくべきだろう。

じつは都市部のほうが長い！
通勤・通学の平均時間

◉通勤時間別の割合

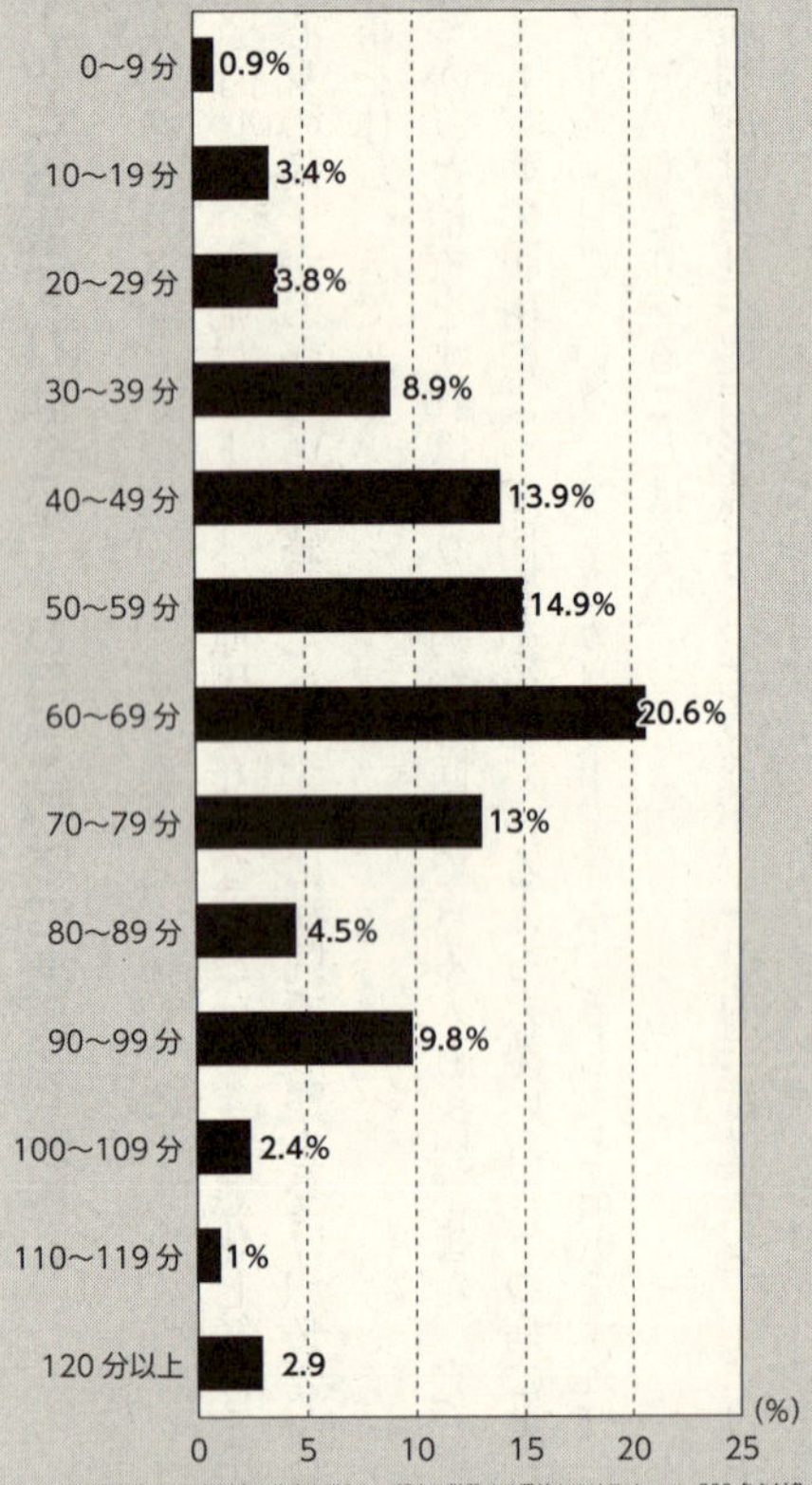

※1 都 3 県在住で、5 年以内に住宅を購入し、都内に勤務する子持ちのサラリーマン 583 名を対象

【出典】アットホーム「『通勤』の実態調査 2014」
http://www.athome.co.jp/contents/at-research/vol33/

都会に近いほど通勤・通学時間は長い！

２０１１年のデータでは、全国の10歳以上の男女の通勤・通学時間は平均31分だ。ずいぶん短く感じる人もいるだろうが、じつは男性は40分、女性は23分と差がある。女性は、出勤しない専業主婦なので0分の人や近所のスーパーでのパートという人が多いからだろう。そこで、以下は男性のデータを基本に見ていく。

一見都市部ほど交通機関が発達しているように思えるが、意外にも、都道府県別で最長は神奈川県と埼玉県でともに55分、続いて千葉県が51分だ。いずれも東京への県外通勤・通学者が多いことがうかがえる。これに次ぐのが東京都自体で49分。都内在住でも電車乗換の手間や自動車の渋滞は大きいし、八王子市や立川市など23区外の西部から都心に通勤する人間も少なくないからだろう。

どうやら近畿圏も事態は同じ構図のようで、大阪府は通勤・通学時間が平均43分、これに隣接する兵庫県は45分、奈良県は46分となっている。

一方、地方に行くほど通勤・通学の平均時間は短い。最短は大分県と宮崎県の25分となる。田舎では移動に自動車が必須といわれるが、渋滞の規模も比較的小さく、電車でも駅の混雑や乗り換えが少ないためだろう。

1年の3分の1は休んでいる？労働者の年間の休日は平均113・2日

◉労働者の年間休日

（単位：%）

	2015年調査計	1,000人以上	300〜999人	100〜299人	30〜99人
69日以下	1.8	0.8	0.7	1.1	2.2
70〜79日	3.9	1.1	1.7	2.6	4.6
80〜89日	6.6	0.8	3	3.4	8
90〜99日	9.6	4.5	6	7.9	10.6
100〜109日	32.9	24.6	29.2	32.6	33.6
110〜119日	16.7	17.9	19.2	19.9	15.5
120〜129日	27.3	49.2	39.4	31.7	24.2
130日以上	1.2	1	0.9	0.8	1.3
1企業平均年間休日総数(日)	107.5	114.4	112	110	106.2
労働者1人平均年間休日総数(日)	113.2	117.7	114.1	111.6	107.2

【出典】厚生労働省「平成27年 就労条件総合調査」
http://www.mhlw.go.jp/toukei/itiran/roudou/jikan/syurou/15/

大企業のほうが2週間弱も休みが多い

仕事をしているうえでの楽しみは、なんといっても給料と休日だろう。毎週日曜の夕方になるとどんよりした気分になり、月曜日の朝から週末を心待ちにしているような人も少なくないはずだ。

厚生労働省の発表によれば、2014年の労働者の年間休日の平均は113・2日であった。普段、働いていると休みが少な過ぎるように感じるが、おおよそ1年間の3分の1は休んでいることになる。江戸時代の丁稚奉公は、基本的に盆と暮の年2日しか休みがなかったので、それと比べれば現代の労働者はかなり優遇されていると言えるだろう。

会社の規模で見てみると、大企業のほうが休みは多い。従業員数1000人以上の企業の年間休日が平均117・7日であるのに対し、100人未満の場合、107・2日しかない。その差は10日間もあり、さらに言えば大企業のほうが当然給料もいいので、うらやましい限りである。ちなみに、職種別に見てみると、電気・ガス・熱供給・水道業が121・8日で、もっとも休日が多く、生活関連サービス業・娯楽業が99・5日で、もっとも少ない。

1カ月の平均労働時間は143時間は働き過ぎか?

◉世界の労働時間(2015年)

順位	国名	平均年間労働時間
1	メキシコ	2246.4
2	コスタリカ	2230.1
3	韓国	2113.0
4	ギリシャ	2042.0
5	チリ	1987.5
6	ロシア	1978.0
7	ポーランド	1963.0
8	ラトビア	1903.0
9	アイスランド	1879.5
10	ポルトガル	1868.0
11	リトアニア	1860.0
12	イスラエル	1858.0
13	エストニア	1852.0
14	アイルランド	1819.5
15	アメリカ	1790.0
16	チェコ	1779.0
OECD平均		1765.7
17	ニュージーランド	1757.0
18	スロバキア	1754.0
19	ハンガリー	1748.6
20	イタリア	1724.8
21	日本	1719.0
22	カナダ	1706.0
23	スペイン	1691.3
24	スロベニア	1676.0
25	イギリス	1674.0
26	オーストラリア	1665.0
27	フィンランド	1646.0
28	オーストリア	1624.9
29	スウェーデン	1612.0
30	スイス	1589.7
31	ベルギー	1541.0
32	ルクセンブルグ	1507.0
33	フランス	1482.0
34	デンマーク	1457.0
35	ノルウェー	1423.9
36	オランダ	1419.0
37	ドイツ	1371.0

【出典】https://data.oecd.org/emp/hours-worked.htm

意外と長時間労働ではない現代日本

かねてから日本人の長時間労働は問題視されており、昨今は仕事と私生活の調和を目指す「ワーク・ライフ・バランス」という言葉も大きく叫ばれるようになった。それでは、私たちは実際、どのくらいの時間働いているのだろうか?

OECD（経済協力開発機構）が2015年に行った調査によれば、日本人の平均年間労働時間は1719時間であった。単純に12で割って月に均すと、1カ月の平均労働時間は約143時間となる。

ぱっと見、月143時間というと多そうに感じるかもしれない。だが、じつは世界のランキングでは21位と、それほど高くはない。1位はメキシコの月187・2時間、2位はコスタリカの185・8時間、3位は韓国の176時間である。韓国はともかく、メキシコやコスタリカはそれほど「働き者の国」というイメージがないので少々意外な結果だ。日本の労働時間が短くなっている原因は、週休2日制が浸透していること、祝日が多いことなどが影響していると考えられる。

ちなみに、1970年の日本の1カ月の平均労働時間は186・9時間。これをそのまま現代に当てはめれば、メキシコを抜いて世界一の長時間労働国になる。

有給休暇の平均日数は18・4日だが実際の取得率は？

◉有給休暇の付与日数と取得率

性別・企業規模	労働者1人平均付与日数(日)	労働者1人平均取得日数(日)	取得率(%)
2015年調査計	18.4	8.8	47.6
男性	18.7	8.4	44.7
女性	17.5	9.3	53.3
1,000人以上	19.3	10.1	52.2
300〜999人	18.4	8.7	47.1
100〜299人	17.8	8.0	44.9
30〜99人	17.6	7.6	43.2

【出典】厚生労働省「平成27年 就労条件総合調査」
http://www.mhlw.go.jp/toukei/itiran/roudou/jikan/syurou/15/

もはや夢のまた夢の有休消化100%

会社に勤めながら海外旅行にでも行こうと思えば、たいてい有給休暇を利用するしかない。有休に関しては、取りやすい職場と取りにくい職場が極端にわかれていると言われているが、みんなは、どの程度、有休を消化しているのだろうか?

厚生労働省の2015年の発表によれば、会社が年間で社員に与えている有給休暇の平均日数は18・4日であった。つまり、建前上は3週間近い有休を取ることができることになっている。

しかし、実際に社員が1年間に取得している有休は、平均8・8日。消化率で言えば、47・6%に過ぎない。余った有休の日数を翌年に繰り越せる制度をとっている企業もあるが、有休を取りづらい職場は翌年だろうと取りづらさに変わりはないので、結局、いつまで経っても消化できないという人のほうが多いだろう。

企業規模で見てみると、従業員数が1000人以上の大企業の有休収得日数は10・1日だが、100人未満の中小企業の場合、7・6日となっている。一緒に働いている同僚の数が少なければ、それだけ有休を取ることに気を使わざるを得ないのである。

休むのが下手な日本人の余暇の時間は1日平均234分

◉余暇と個人的ケアに費やす時間

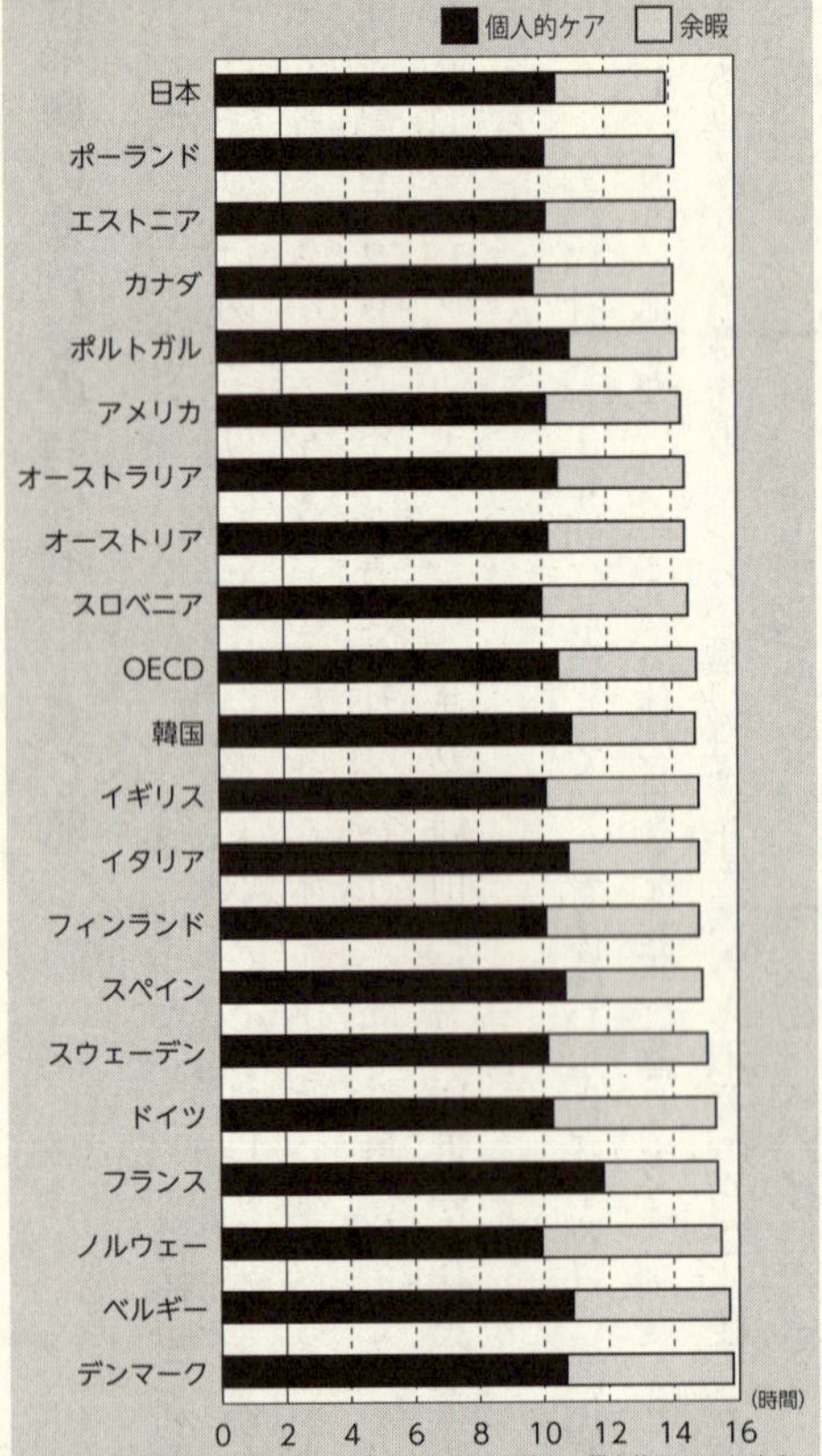

※個人的ケアは、睡眠、飲食、個人的な家事や受療、個人的ケアのための旅行を示す。

【出典】OECD「Gender Data Portal 2011」

世界の先進国の中では下から2番目の日本

日本人の勤労者が余暇に費やす時間は１日平均２３４分だという、つまり４時間足らずだ。ここで言う余暇とは、スポーツクラブで汗を流す、友人と飲みに行く、テレビを見るなどで、日常的な飲食や家事などの時間は含まない。

連日残業が当然で「４時間近くも自由時間があるとか甘えてるよ！」とおっしゃる方もいるかもしれない。しかし、４時間でも国際的に見れば随分と短いのだ。世界の「先進国クラブ」というべきＯＥＣＤ（経済協力開発機構）に加盟している34か国の平均は４・３時間で、日本は３・４時間と１時間近くも短い。ちなみに、トップはノルウェーで３７７分、じつに日本の１・６倍にもなる。このほか上位の国はフィンランド、イギリス、ドイツ、デンマークなど、ヨーロッパのなかでも伝統的に個人主義が根強い新教（プロテスタント）国が目立っている。

反対に日本より短いのはメキシコのみで、平均２２０分となる、このほか下位の国はトルコやヨーロッパのなかでも保守的なポルトガルなどだ。日本と同じ東アジア国家の韓国は平均２９１分と日本より余暇時間が長い、付き合い残業の類はやらないなど、日本以上に働き方が欧米に近づいているのかもしれない。

人生が決まる就職活動の面接は長くても平均46・8分

◉一番長かった就職面接の平均時間

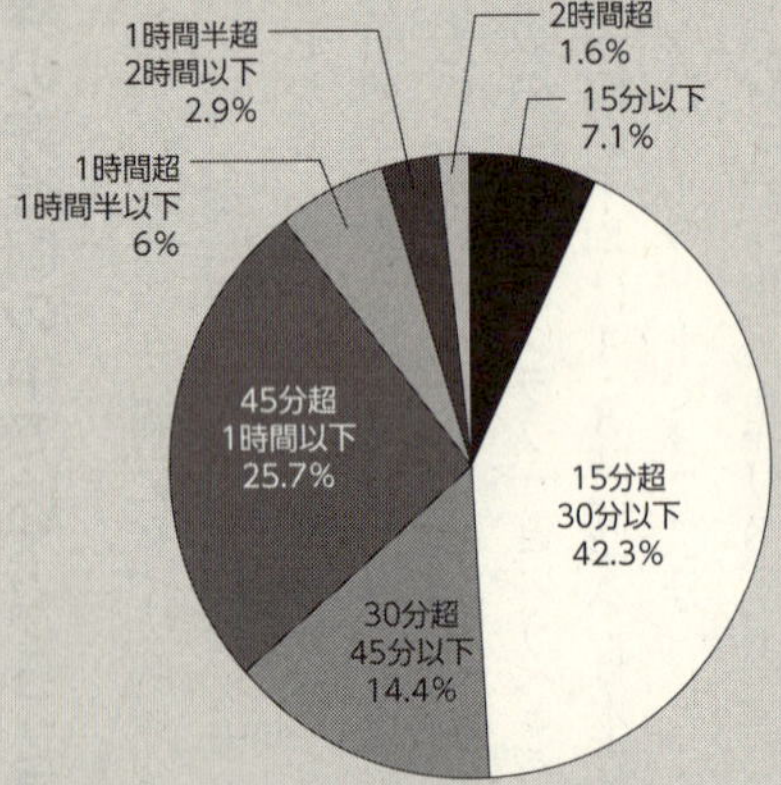

◉エントリーした数

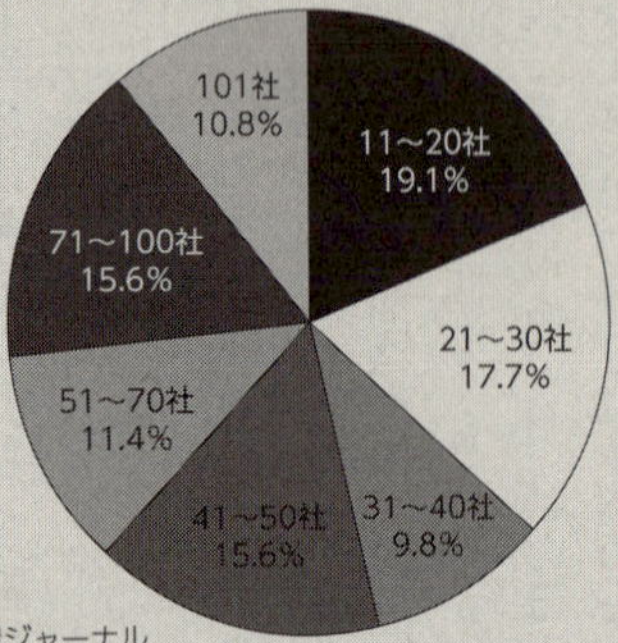

【出典】就職ジャーナル
http://journal.rikunabi.com/student/souken/souken_vol137.html
http://journal.rikunabi.com/student/souken/souken_vol75.html

短か過ぎても長過ぎてもツライ就職の面接

就職活動の面接は、この先の人生がある程度決まってしまう可能性があるので、非常に緊張する場面である。1分が1時間以上に感じられる人もいるだろうし、1時間話しても、ちゃんと自分のことを伝えられなかったと後悔する人もいるだろう。

リクルート社が運営している「就職ジャーナル」が、2013年に就職活動を終えた卒業生に「もっとも長かった面接時間は？」というアンケートを取ったところ、平均で46・8分という結果となった。いちばん多かった回答は「15～30分以下」で、「15分以下」も合わせると、全体の約50％は長くても30分以内で面接を終えている。ただ、「45分～1時間以下」という回答も全体の25・7％を占めており、なかには1時間以上、2時間以上という回答もあった。

面接が1時間以上にもおよぶと気力と体力ともにかなりの負担となるが、あまり面接時間が短すぎても不安になるものだ。そういう意味でも、45分程度で終わるのが、ちょうどいいのかもしれない。ただ、就活生は平均40社程度にエントリーし、そのうち平均13社と面接するというデータもある。45分×13社と考えると、やはり就職活動は大変だ。

民事裁判なら判決が出るまで平均8・5カ月、刑事裁判は平均3・0カ月

◉刑事事件の平均審理期間

年次	平均審理期間	
		うち対席判決で終局した事件
1989年	12.4	20.1
1990年	12.9	20.9
1991年	12.2	19.7
1992年	10.9	18.5
1993年	10.1	17.0
1994年	9.8	16.6
1995年	10.1	16.6
1996年	10.2	16.4
1997年	10.0	15.7
1998年	9.3	14.9
1999年	9.2	14.4
2000年	8.8	13.7
2001年	8.5	13.2
2002年	8.3	12.9
2003年	8.2	12.6
2004年	8.3	12.7
2005年	8.4	12.9
2006年	7.8	12.6
2007年	6.8	11.9
2008年	6.5	11.5
2009年	6.5	10.8
2010年	6.8	9.9
2011年	7.5	11.5
2012年	7.8	11.6
2013年	8.2	12.1
2014年	8.5	12.4

【出典】『裁判所データブック 2015』最高裁判所事務局　編（法曹会）

判決が出るまで長過ぎるのは一部の事件

テレビや新聞では、何年も前に起きた事件について「ついに判決」と報道されることが少なくないが、裁判はすべて長くかかるわけでもない。

最高裁の調査によれば、地方裁判所で民事裁判の第一審判決が出るまでは平均8・5カ月だ。だが、もっとも数が多い中位数（中央値）は4・6カ月となる。したがって、一部の長引く裁判が平均値を押し上げているのだ。過去との比較でいえば、1970年代には第一審判決まで1年〜1年半ぐらいかかっていたが、ここ10数年でかなりスピード判決になってきたといえる。

一方、刑事事件の場合、地裁で判決が出るまでは平均3カ月と民事よりも短い。とはいえ、捜査状況によってケースバイケースで、容疑者が自白した事件では平均わずか2・5カ月だが、容疑を否認している事件では平均8・2カ月となる。

ただし、ここで挙げたのはあくまで第一審の判決が出るまでの日数だ。刑事事件の約10％は控訴されて高等裁判所まで持ち込まれ、上告まで行った裁判の約40％は上告されて最高裁にまで持ち込まれる。つまり、判決まで何年もかかる長期裁判というのは、あらゆる裁判のなかではあくまで一部の話なのだ。

20代の3人に1人は平日はテレビを見ない？

◉テレビの時間量（平日・男女年層別・職業別）

		'95	'00	'05	'10	'15
国民全体		3:19	3:25	3:27	3:28	3:18
男	10代	2:12	2:02	2:06	1:50	1:33
	20代	2:19	2:13	2:11	1:54	1:37
	30代	2:29	2:27	2:15	2:03	1:49
	40代	2:43	2:43	2:23	2:30	2:07
	50代	3:01	2:42	2:56	3:02	2:30
	60代	4:23	4:09	4:18	4:29	3:59
	70歳以上	5:10	5:34	5:22	5:39	5:16
女	10代	2:11	2:27	2:12	2:01	1:38
	20代	2:57	3:01	2:40	2:33	2:11
	30代	3:16	3:05	2:45	2:43	2:37
	40代	3:25	3:34	3:28	3:26	3:00
	50代	4:06	4:08	3:53	4:00	3:38
	60代	4:47	4:42	4:37	4:39	4:21
	70歳以上	5:08	5:04	5:29	5:29	5:29
農林漁業者		3:49	4:00	4:01	3:56	3:43
自営業者		3:31	3:10	3:26	3:45	3:20
勤め人		2:46	2:44	2:38	2:44	2:31
主婦		4:34	4:47	4:41	4:36	4:36
無職		5:30	5:32	5:29	5:44	5:34
学生		2:10	2:18	2:11	1:57	1:35

【出典】NHK 放送文化研究所『データブック国民生活時間調査2015』（NHK 出版）

テレビはすでにお年寄りのためのメディアに

昨今では、テレビといえばリアルタイムでは見ずにあとから録画で視聴したり、インターネットの動画配信で番組を視聴する人もめっきり増えて久しい。

NHK放送文化研究所の調査によれば、10歳以上の日本人全体で1日にテレビを視聴する時間は、平日なら平均3時間18分、日曜日なら3時間57分となっている。ただし、いっさいテレビを視聴しないという人が15%もいる。視聴する人に限って言えば、平日は平均3時間52分、日曜日は4時間37分だ。

これを年代別に見ると、やはり「若者のテレビ離れ」は現実のようだ。20代の32・5%は平日にはテレビを視聴しておらず、視聴している場合の平均時間は2時間47分で、全年齢での平均時間を大きく下回る。土曜日はテレビを視聴しない人が38・2%とさらに数字が上がるが、日曜日は28・2%だ。10代では24・7%が平日にはテレビを視聴せず、視聴している場合の平均時間は1時間36分しかない。

一方、60代のじつに93・9%がテレビを恒常的に視聴し、視聴している場合の平均時間は平日なら平均4時間27分、日曜日は4時間54分となっている。どうやら、今やテレビはお年寄りのメディアということになりつつあるようだ。

東京ディズニーランド「プーさんのハニーハント」の待ち時間は平均128分

◉アトラクションの平均待ち時間

アトラクション	平均待ち時間
アドベンチャーランド　Adventure Land	
ジャングルクルーズ	28分
カリブの海賊	18分
ウエスタンリバー鉄道	18分
魅惑のチキルーム	11分
ウエスタンランド　Western Land	
ビッグサンダー・マウンテン	74分
カントリーベア・シアター	16分
蒸気船マークトウェイン号	15分
トムソーヤ島いかだ	6分
シューティングギャラリー	5分
クリッターカントリー　Critter Country	
スプラッシュ・マウンテン	95分
ビーバーブラザーズのカヌー探検	20分
ファンタジーランド　Fantasy Land	
プーさんのハニーハント	88分
ホーンテッドマンション	67分
ピーターパン空の旅	48分
空飛ぶダンボ	41分
白雪姫と七人のこびと	26分
ピノキオの冒険旅行	22分
イッツ・ア・スモールワールド	18分
アリスのティーパーティー	13分
キャッスルカルーセル	12分
ミッキーのフィルハーマジック	60分
シンデレラのフェアリーテイル・ホール	20分
トゥーンタウン　toon town	
ミッキーの家とミート・ミッキー	85分
ロジャーラビットのカートゥーンスピン	38分
ガジェットのゴーコースター	23分
ミニーの家	11分
トゥモローランド　Tomorrow Land	
モンスターズ・インク“ライド&ゴーシーク!”	99分
バズ・ライトイヤーのアストロブラスター	69分
スペース・マウンテン	69分
スタージェット	38分
グランドサーキット・レースウェイ	22分
スター・ツアーズ	13分

最長で8時間待ちとなった人気アトラクションも

東京ディズニーランドは楽しい夢の国だが、各アトラクションの長い待ち時間が悩みの種。ここでは、長い行列を覚悟しなければならない、いくつかの人気アトラクションの平均待ち時間を見てみよう。

定番の人気アトラクションと言えば、「ビッグサンダー・マウンテン」と「スプラッシュ・マウンテン」だが、前者は平均74分、後者は平均95分の待ち時間となっている。「プーさんのハニーハント」は、くまのプーさんが人気キャラクターなこともあり、平均88分は待つ心の準備が必要だ。過去には、8時間待ちという驚愕の記録を出したこともある。「モンスターズ・インク〝ライド&ゴーシーク！〟」も、映画人気もあいまって連日長蛇の列となっている。平均待ち時間は99分。過去には5時間半待ちとなったこともあった。その他では、確実にミッキーと出会える「ミッキーの家とミート・ミッキー」も平均85分待ちの人気アトラクションだ。

もちろん、平日か休日か、晴れているか雨かなどによって待ち時間は変わってくる。だが、ここで紹介したようなアトラクションはいつも人気なので、ファストパスなどを上手に使って攻略して欲しい。

編著者紹介 **グループＳＫＩＴ**（ぐるーぷ　すきっと）
各社の文庫・新書など多数に参加経験を持つ執筆陣が結集したプロ・ライター集団。また、フリーランスのエディター、デザイナー、イラストレーターなどをつなぐコア・ユニットとして、書籍の企画・執筆・制作に携わる。主な編著書に『日本人を震撼させた 未解決事件71』『これは使える！「○○（マルマル）の単位」事典』『そこが知りたかった！「右翼」と「左翼」の謎』『元号《げんごう》でたどる日本史』（以上、PHP 文庫）、『「仏」と「鬼」の謎を楽しむ本』『「神主《かんぬし》さん」と「お坊《ぼう》さん」の秘密を楽しむ本』『危ない火山がこんなにいっぱい「大噴火の恐怖」がよくわかる本』（以上、PHP 研究所）、『中国 vs 朝鮮半島　憎悪と対立の歴史』（宝島社）等がある。

本書は、書き下ろし作品です。

ＰＨＰ文庫 「平均的日本人」がわかる138

2016年12月14日 第1版第1刷

編著者 グループSKIT
発行者 岡 修平
発行所 株式会社ＰＨＰ研究所
東京本部 〒135-8137 江東区豊洲5-6-52
文庫出版部 ☎03-3520-9617(編集)
普及一部 ☎03-3520-9630(販売)
京都本部 〒601-8411 京都市南区西九条北ノ内町11
PHP INTERFACE http://www.php.co.jp/
組版 プラスアルファ
印刷所
製本所 図書印刷株式会社

ISBN978-4-569-76657-7